美丽的脊梁

——讲述SOS儿童村自己的故事

中国SOS儿童村协会◎编

中国社会出版社
国家一级出版社·全国百佳图书出版单位

图书在版编目（CIP）数据

美丽的脊梁：讲述 SOS 儿童村自己的故事 / 中国 SOS 儿童村协会编 . —北京：中国社会出版社，2017. 6
ISBN 978-7-5087-5689-9

Ⅰ. ①美… Ⅱ. ①中… Ⅲ. ①孤儿—慈善事业—概况—中国 Ⅳ. ①D632. 1

中国版本图书馆 CIP 数据核字（2017）第 106221 号

书　　名： 美丽的脊梁——讲述 SOS 儿童村自己的故事
编　　者： 中国 SOS 儿童村协会

出 版 人： 浦善新
终 审 人： 李　浩
责任编辑： 陈　琛　　**责任校对：** 李　庆

出版发行： 中国社会出版社　**邮政编码：** 100032
通联方式： 北京市西城区二龙路甲 33 号
电　　话： 编辑室：（010）58124835
销售部：（010）58124848
（010）58124864
网　　址： www. shcbs. com. cn
shcbs. mca. gov. cn
经　　销： 各地新华书店

中国社会出版社天猫旗舰店

印刷装订： 中国电影出版社印刷厂
开　　本： 170mm×240mm　1/16
印　　张： 22
字　　数： 317 千字
版　　次： 2017 年 6 月第 1 版
印　　次： 2017 年 6 月第 1 次印刷
定　　价： 45. 00 元

中国社会出版社微信公众号

前　言

2016年“6·23”国际儿童村日，中国SOS儿童村协会举办了“讲述儿童村自己的故事”征文活动，收到来自全国10家儿童村和儿童村协会的作品共计141篇，其中有妈妈写的，有孩子写的，有工作人员写的，也有志愿者写的。在中国妇女发展基金会的支持下，中国SOS儿童村协会和中国社会出版社精选了其中100篇文章汇编成书，以期通过这种方式让更多的人了解儿童村，了解儿童村里这些可爱的孩子、可敬的妈妈、默默付出的工作人员和大爱无私的志愿者。我作为前专业编辑、前儿童村家庭妈妈，受命与中国社会出版社的编辑共同来完成这部SOS儿童村自己的书。

也许您没有听说过SOS儿童村，或者仅仅是听过，又或者知其一不知其二。其实她在世界上已经有68年的历史了，在中国也已30年了！30年来，中国共建立了10家儿童村。如果您想了解中国SOS儿童村，可以登录中国SOS儿童村协会官网http：//sos. mca. gov. cn/，那是打开儿童村的一扇门。

如果说官网上的介绍是一扇门，那么本书中的这些故事就是一扇窗。看看窗里的世界吧，它是那么真实与自然，是那么朴实与纯粹。这些文字也许水平不高，没有什么华丽辞藻，但可能你会被一种朴实和真诚打动，因为用心用情的东西总是最动人。

这些故事就真实地发生在儿童村，当你把自己代入他们的角色，你会知道这就是他们的日常，就是他们的情感。我这么说，是因为我也是他们中的一员，这就是我们的故事。

我在儿童村当了五六年的妈妈，人们要不觉得我们很伟大，要不觉得我们不正常。其实我们真没觉得自己伟大，也没觉得自己有什么不同。不过是自己的人生选择，做了自己喜欢的事罢了。我们爱孩子，我们喜欢儿童村，做自己内心喜欢的事情，仅此而已。

不过所有儿童村的妈妈大概心中都会对自己的父母怀有深深的愧疚。一个儿童村的孩子在自己的文章中写道：越长大越害怕失去，妈妈，一定要记得留出点时间只为您自己而活。妈妈，不要老得太快，因为世上最美好的事是：我已经长大，您还未老，我有能力报答您，而您依然健康。

而这何尝不是我们的心愿。可是除了不能好好陪伴父母，我们甚至在经济上也不能给父母帮助。每当别人听到儿童村妈妈的薪水如此微薄时都觉得很诧异，可是有些妈妈还把自己的钱拿出来补贴孩子，甚至还从自己父母家里往儿童村的“家”带东西。因为他们觉得这就是自己的家，这就是自己的孩子。而如今，随着国际组织每年削减捐赠经费，儿童村妈妈的工资都要难以维持。

但是我敞开心扉告诉读者，儿童村是一个爱的地方，仅仅看看这些孩子，你就知道了。儿童村还是一个神奇的所在，她把一个个原本的悲伤改写成了满满的幸福。她给予孩子爱与坚强，她教会孩子真与善良，她让孩子真正成长为自食其力的人，拥有更多一往无前的力量和信念。她还让妈妈们把平凡的生活过成一种使命，通过自己的汗水和泪水，在爱心机构和人士的支持下，把素昧平生的孩子变成世上最亲的人。

李　庆

2017 年 5 月 15 日

目录
Contents

SOS 儿童村征文进入决赛作品

• 儿童村纪事组 •

• 妈妈心语组 •

SOS儿童村征文其他参赛作品

• 儿童村纪事组 •

• 妈妈心语组 •

SOS儿童村征文进入决赛作品

儿童村纪事组

2016年中国SOS儿童村征文比赛儿童村纪事组一等奖

柏红霞妈妈印象

开封SOS儿童村志愿者孙珂珂
（开封市军队离休退休干部第一休养所）

柏红霞妈妈与我的初次见面并不愉快。那个时候我24岁，刚参加工作，每天穿一双特别高的高跟鞋来上班。那天刚下过雨，天气很凉爽，村长让我熟悉一下环境，于是我独自到村里溜达。突然，我被一个读英语的声音所吸引，一时很感兴趣，便随着声音寻了过来，那是11号妈妈马耐勤。

我们聊到学英语的心得，很是投机，于是我索性脱掉了高跟鞋，坐在她家门前的台阶上。这时，另一个妈妈买菜回来路过，看到我，停了下来，吊起眼睑上下打量我一番，然后目光停在了台阶上的高跟鞋。

“这么高的跟儿，你的？”她问，甚至都没先礼节性地问好或者起码问下我的名字。

“是的，呵呵。”我笑道。

“在儿童村上班，穿这种鞋，怎么干活？”她问，依旧不像善意的搭讪。

“呵呵。”我不知所措，尴尬地笑了一声，不好意思地说了句：“我不知道，明天就换鞋。”

然后她大约是稍微点了点头，转身推车走了！没说再见！我才知道，她叫柏红霞——1号家庭的妈妈。好爽快、好威武的妈！

因为我是英语老师，所以跟孩子们接触的时间比较多。由于好奇，我对柏红霞妈妈家的孩子们多了一份留意。

王硕宇（化名）当时上小学五年级，不喜欢学习，在我的课堂上总是耷拉着脑袋，一看便知是身在曹营心在汉。我批评他了多次，都没效果。于是我想找他妈妈谈一谈，或许，潜意识中，我也是想为自己找个了解她的机会吧。毕竟，和社会上很多人一样，儿童村妈妈对于我来说，很神秘。

当我走到1号家庭门前，脑海中还在闪现第一次跟她见面的场景，不禁有些气馁。她48岁，跟我妈差不多大的年龄，这次的谈话，很有可能变成我被反教育的受训课啊……但是为了工作，我需要找她谈谈。

出乎意料地，她很热情地接待了我，用一个漂亮的瓷杯子为我泡了杯菊花茶。我笑容可掬，生怕再被挑剔出什么毛病，堪比黛玉第一次进贾府的谨慎。

“我换了双运动鞋，呵呵。”我的开场白。

“哈哈”，柏红霞妈妈爽朗地笑了，“比穿高跟鞋舒服多了吧！在这里上班，跑前跑后，还得拔草什么的，高跟鞋哪里受得了？”

“嗯。”我被她的笑声感染，勇气也得到了提升，“我这次来是想跟您谈谈你家王硕宇的事情。”

“哦。”她并没有急切地问我出了什么事，“我家儿子什么都好，就是不太爱学习。”

“您怎么知道我是为他的学习而来啊？”真是神机妙算。

“因为除了学习，他别的都不错啊。”她坦言。

我很是佩服，不住点头。“那我们应该一起努力，多督促他，多批评他，这样才能帮助他提高成绩。他学习好了，也是您的成绩嘛！”

没有像我期许的那样，柏红霞妈妈没有连声附和我的想法，而是停顿了一下，认真看着我说：“孙老师，你的意思我是明白的。当然你是为了孩子好，我很支持你的工作。但是，首先我只是一个妈妈，我做的一切都是为了我的孩子们。选择当职业妈妈，与其说是选择了一个工作，不如说是选择了一种人生。所以成绩不成绩那都是外界的说法，对我而言，养孩子就是我生活的全部。

“你刚来这里工作，关于孩子的教育方式，我们有空可以探讨。我刚来的时候跟你一样，对孩子的学习要求特别严格，下了很多功夫，但是并没有取得我想要的效果，反而出现了很多偏差。我在此不便长篇大论，但就我目前的想法，孩子只要能健康、快乐，像正常孩子那样有良好的心态、积极的生活态度，我就满足了。我不要求他们个个学习都优秀，考上好大学。我是他们的妈妈，我了解他们因失去父母所缺失的实在太多了，成长中需要克服的心理障碍也太多了。学习嘛，有的孩子有天分，有的没有。无论怎么说，学习也只是孩子生活的一部分，慢慢来，着急不得。你说呢？”

“考不上大学，他们长大怎么办？”我蹙眉。

“可以上技校，学一技之长。当然，这是其中一个出路，或者是做他愿意做的事情，毕竟这是他的人生。库廷主席说过，儿童村存在的目的，首先是给孤儿们一个家，其次是让他们长大之后能顺利融入社会，成为自食其力的劳动者。我相信我的儿子，将来做到这一点是没问题的。”她笑了。

我无言以对，因为无论是对王硕宇本人，还是对整个儿童村孩子的认识，我的脑海中基本都是肤浅的，甚至是空白的。我沉思着，默默地回想她的每一句话。

从1号家庭出来，我得承认，我很受震动！因为就我所受的教育而言，作为学生，必定是要好好学习天天向上；要学习古人头悬梁、锥刺股；要懂得一寸光阴一寸金；要克服惰性和懒散，一切以学习为生活重心。我当然也听说过外国人对孩子的教育相对宽松很多，但在中国，除非是万不得已，好好学习、努力考大学就是学生的本分和基本的发展定式。尤其是儿童村的孩子，不更应该珍惜学习机会，发奋图强，为自己挣一个好出路吗？但是柏红霞妈妈告诉我说，她最希望自己的孩子能快乐！学习只是生活的一部分，并且可以缓一缓！

我并没有认为柏红霞妈妈是个不负责任或者不求上进的妈妈，我受震动，是惊叹于她的思路和想法。职业妈妈跟普通的妈妈，真的是不一样的！同时，我也很惭愧，虽然我是教师，但是我脑海中关于对孩子的教育都是以我自己为蓝本，想当然地为孩子们铺了一条路子。想想也是，我从来只是要求他们背单词，教育他们要争气，没有结合实际，没考虑过儿童村孩子的特殊性。他们都是孩子啊，并且是失去父母的孩子。他们需要什么？心里想些什么？担忧吗？恐惧吗？他们对自己是如何定义的？对自己有什么期许？

不知道，我真的什么都不知道！我为自己的无知和自以为是而汗颜、内疚。这次的谈话对我的意义很大，直接触动我开始认真思索儿童村养育孤儿的模式、教育孩子的方法，以及妈妈在教育孩子中应该起到的作用及扮演的角色等更深一层的东西。

而柏红霞妈妈的直率、开朗、坚持、本真更是让我动容。在我上班的六年间，1 号家庭出了五名大学生，同时，这个家庭凭成绩考上重点高中的也最多。这个家庭的孩子们活泼开朗，学业有成，这和柏红霞妈妈的教育方法是密不可分的。这更让我对她刮目相看，肃然起敬。

（最新：柏妈妈儿子考取体中政法大学研究生，柏妈妈说，再难，我也要支持他获取学位。——李进国注）

鸡汤，妈妈的鸡汤

乌鲁木齐SOS儿童村孩子 刘文会（大学在读）

有酒有故事，有鸡汤有故事。

——题记

难以下笔，不是因为没有故事，而是十几年成长的每一天都是故事，不知该从哪天谈起。偶然间在书房的窗台上看到一本“心灵鸡汤”的书，恍然大悟：鸡汤，妈妈的鸡汤。

在我们这个大家庭里妈妈的厨艺无人不赞叹。家里的兄弟姐妹中唯独只有我这个小矮个略带些肉乎，别从外观判定说我是个小吃货，其实我不是，不过是从小养成了不挑食的好习惯，当然也就让我对饭菜并没有什么特殊的念想。但是不知从何时起，我开始喜欢喝鸡汤，不，更准确地说是偏爱妈妈的鸡汤。别家的鸡汤怎么做我不知道，但我知道妈妈的鸡汤却需要小半天的小火熬炖，方能在我们吃晚饭的饭点喝上，它和别处喝到的鸡汤并不那么一样。后来问老妈，老妈说她做的鸡汤并没有什么独门秘方，只是看我们八个到了发育阶段，毕竟开始长身体了，需要营养，之所以不用大火用小火，就是为了让鸡汤更有营养。这是妈妈做的鸡汤，但让我的思想跳动了。这是鸡汤，妈妈的鸡汤——用小火——给我们所需，让我们成长，而非大火拔苗助长没有初心。

鸡汤，妈妈的鸡汤，甜甜的

小学五年级前感觉自己从来没有开窍过，要我评价那时的自己，可能就是：学习认真但空有认真，劳动细心但眼里没活。也不知为什么就是这样的我在学校又招老师喜欢，又受同学欢迎。后来我知道了，当我刚来新学校，是老妈每天跟老师通话，要不是妈妈那时候费心和班主任商讨出一唱一和的想法，让我一点一点地走出自卑，开始自信，估计没有后来这个被改变了的奔向优秀的我。

改变是从作业开始的。妈妈让我撕下一张条形的作业纸，把它横着压在我要写的作业纸下，就可以透出一个一个的小方块，妈妈让我把字写在方块内，等去掉下面那张纸，我发现我的作业整齐得不是一星半点。次日，班主任语文老师在全班同学面前表扬我，小时候感觉老师的表扬就是最至高无上的荣誉。恰巧那时候我又被推举，阴差阳错当了班长，我的自信心真要爆棚了。这是妈妈喂给我的第一份妈妈的“鸡汤”——自信。

在这种状况下妈妈开启了对我的进一步“煽动”，对，妈妈递给我第二份“鸡汤”——错题本。妈妈给了我人生中的第一个错题本，让我把每天的数学错题再在这个本子上抄一遍，没事干就看看。那时的我可以说没啥别的优点，就是听话，就是听妈妈的话。一开始妈妈每天检查作业的时候都会看错题本，后来妈妈是定期检查，再后来是不定期抽查，就这样我的数学也在一点一点地进步。后来妈妈告诉我说：不论干什么都会有个过程，没有人生来什么都会，你要敢于让自己犯错误，这样你才能进步得更快。事实证明鸡汤是管用的，在后来学校组织的速算比赛、硬笔书法大赛中我都是第一名。尝到了甜头的我回家非常喜悦地告诉妈妈，妈妈笑了。妈妈的“鸡汤”又来了，让我没事就多读书，然后要和比自己优秀的人在一起，要学着去发现并学习别人的优点，这样你也会变得优秀。

自此，五年级以后我脱胎换骨成了另外一个人，学习不但认真还优秀，村里评比三连冠。劳动上也积极懂事了，最主要的是妈妈夸我眼里有活了。现在我知道，不仅是身体上的成长需要妈妈的鸡汤，在各方面的成长上妈妈的鸡汤更重要。妈妈的鸡汤在获得成就的时候是甜甜的。

鸡汤，妈妈的鸡汤，腥腥的

到目前为止我见过最血腥的一次是发生在自己的嘴巴上。那是一个夏天，妈妈在家门口择菜。我在家里不知道和弟弟捣鼓什么，在玩的时候，弟弟手中的剪刀在我的左嘴角处不小心剪了一下，那时的我也没什么感觉，下意识地停顿了两秒，用手摸了自己的嘴巴，看到刚碰触嘴巴的手上满满都是血，我当时没想别的就只是“哇”的一声号啕大喊。妈妈闻声赶来，见我脚下都是血，略懂医术的妈妈想给我止血，无奈嘴巴处似乎有冒不完的血。妈妈找来干净的纱布让我放在流血处，赶紧带我去了医院。去的时候妈妈什么也没有说，只是一直催促同去的工作人员把车开快点。到了医院，医生说得缝 3 针，医生给我局部麻醉，虽说麻醉了但还是会感觉到疼。缝好了，医生对妈妈说：这是我见过最坚强的一个娃娃，一声没吭，一声没喊。往回走的时候妈妈一直说我，说了好多，那时的我也不知道说什么只是一个劲委屈地哭。妈妈并没有理会我的哭，还在说，这时我感觉那鸡汤——妈妈的鸡汤，是腥腥的、浓浓的、深深的。

鸡汤，妈妈的鸡汤，咸咸的

我的叛逆期总是来的很不是时候，一次是初三毕业前的一个月，一次是整个高三阶段。

初三时，在二模后，我原本以为自己考得不错，不料回去的时候被泼了冷水，后来才知道妈妈是害怕我骄傲，才那么说的。然而那时的我叛逆地认为是妈妈对我不抱期望，只对家里的和我同届的两个哥哥抱希望。我绝望了一晚上，还发毒誓不理妈妈，作业不写，啥都不干，就那样坐着想，想累了就睡觉，睡不着继续发毒誓，然后再想。随着妈妈房间最后一盏灯被熄掉，我也渐渐进入了梦乡。然而那个晚上睡得并不好：其一因为作业没写，尤其是数学作业，感觉对不起老师对我每日的有问必答，同时感觉对不起自己这么久的努力；其二，心里特别不踏实，总觉得自己做错了，但就是不愿从挣扎的梦中醒来，也许是真的伤心吧。第一次没完成作业就差点被老师抓了，只好用上课的时间默默补完了头一天的作业，那一刻心才定下来。

后来的半个多月里，因为自己的不理解，跟妈妈赌气，一直处于冷战状态，不说话，履行誓言。然而妈妈仿佛已经对我这招免疫了，也不理我，但又对我无微不至。后来我终于憋不住了，自己爆发了一次。那一次是我第一次见到妈妈在我面前掉眼泪，像孩子一样哭。原来的妈妈从不会哭。我记得妈妈以前说过：因为家里有男孩子，她不能表现得太脆弱，这样不利于对他们男子汉气概的培养。看着妈妈掉眼泪，我慌乱了，心都碎了，抱着妈妈一个劲地说“我错了，错了，错了”，眼泪不自觉地流下来了。后来妈妈跟我说了很多，那是妈妈的又一碗鸡汤。这次妈妈的鸡汤夹带着咸咸的味道。

鸡汤，妈妈的鸡汤，涩涩的

高三那年的感觉，都难以回忆，回忆里满满都是苦涩。高三新学期是高中以来第二次分班，说是分班其实只是把我们从平行班里选拔出来重新组一个新班，不超过 45 人的新班。我上学期受到了刺激，学习不算很认真，结果却被荣幸地选了进去，排名中等，不是最好，但也不是最差。但就是在这样的新环境里，我完全没有让自己转换过来。新的老师、新的同学，最主要的是在我的眼里其他人貌似都有伴，而我没有；玩的好的朋友发挥失常没有进来，这里只是我一个人。

我收起了高一时候的任性，收起了高二时大家都喜欢的幽默，在高三的教室里，除了学习还是学习，没人说话，也不知道跟别人说什么。

就在我终于找到高二的感觉时，来了次月考，我直接抓瞎，世界都昏暗了。知道成绩的那天都不知道自己是怎么回的家，回家前的小小掩饰，也没能让低落的情绪躲过妈妈的眼睛。妈妈一个劲地鼓励我，然而我并不能听进去。因为我已经怀疑我自己了，那是我成为好学生这么久来的历史新低，我根本无法接受。但是这却是我不得不接受的事实，我内心没有波澜，那是因为已经无法正常地跳动。我难受，我崩溃，我那时真的是体会到了什么叫作欲哭无泪……

高三一年比我之前上的十一年学都要“精彩万分”，不想再回忆，因为回忆里都是颓废的自己和操碎了心，还有被伤透了心的妈妈的身影，那是说不出来的感受。有一句话说：我们把最坏的脾气留给了对我们最好的人。估计高三那年我每一次的沉默以及每一次的爆发，给老妈的伤害都不亚于扔原子弹吧！可妈妈那时候没有一次把火气反弹回来作用到我身上。此时此刻讲述到这里，我已无法继续，体味到的是沉沉的、涩涩的……

鸡汤，妈妈的鸡汤，神秘的

大三的我和妈妈相处起来不再有小时候的绝对听话，也不再有青春期的绝对叛逆，现在的我和妈妈相处起来很舒服。在学校里不论碰到什么样的事情问妈妈，绝对没错，老妈会用她的说词、她的鸡汤让我有所悟。哦，对了，突然想到的那一次，让我觉得老妈简直是神了。

那年暑假在参加完学校组织的三下乡活动回到家后，跟老妈闲聊，聊到了老妈朋友的女儿要结婚及其女婿的时候，我随口感叹了一句。老妈话锋一转转到了我身上，猜中了发生在我身上的所有事情，就连人的性格、长相、家庭环境、身高等一系列都八九不离十。这简直是太神了！这是我从来没给老妈提过的，这真验证了“知子莫过母”那句话啊。

老妈虽然人不在我们身边，但是对于我们发生的事情她都可以讲述得很真很真，仿佛她就在身边一样。我好想抱抱妈妈，老妈这得费多少的心血才能把我们每个人都了解得如此透彻啊！

老妈您辛苦了！老妈我爱您！

鸡汤，妈妈的鸡汤，是灌输给我们的心灵的鸡汤，是随着我们长大内容不一但爱从未变过的鸡汤。虽然不那么爱喝鸡汤，但是偏爱妈妈的鸡汤，这个鸡汤会伴着我的成长呈现更多的爱！

当我离开时

乌鲁木齐SOS儿童村孩子　麦提玉苏普·伊米尔哈则（大学在读）

再过两个月，我在儿童村生活就满十六年了。

我是乌鲁木齐儿童村的第一批孩子。在这十六年中，儿童村见证了我的成长，我则目睹了乌鲁木齐儿童村从初建雏形到逐步完善的全过程。其实，用“目睹”这个词并不恰当，因为我不是一个旁观者，我是儿童村的孩子，儿童村的变化我置身其中；但是也不能用“伴随”这个词，缘于我有近一半的时间不住在村里。也因此，我对儿童村有着和别人不太一样的理解与感情吧。

我能来到儿童村是我这辈子最大的福分，至于来这里的原因和其他孩子大同小异，借用一句调侃的话，是：“幸福人有着相同的幸福，而不幸的人各有各的不幸。”我们不能忘本，但也不能一味沉浸在过去。我想，不幸的身世正是我们儿童村孩子努力的最大动力。

初到儿童村时，大家年龄都不大，我也不例外。初来乍到的我最直观的感受就是：终于脱离了苦日子了！犹记得当年，在前往儿童村的临走几天，表姐叫我剥玉米，我拒绝了，理由是：我将来是要吃白面馍馍的人，再也不要吃玉米面！现在想来啼笑皆非，同时心酸并着庆幸，为曾经的苦日子心酸，为自己能来到儿童村而庆幸。

回想起过去，感慨颇多，才发现自己已经长大了。与其说这些文字是我为赋新词强说愁的感慨，倒不如说是一个快要离开儿童村孩子的心声。如果我在儿童村的生活和大家大同小异，那我也不敢大言不惭地说自己对儿童村有着不一样的感情。我在儿童村最大的转折点发生在五年级，甚至可以说那是我人生的转折点。

那是我第一次回家探亲，家里只有姥爷和姥姥。曾经在我心中那么伟岸的姥爷患上了帕金森综合征，家里的重担全部压在了姥姥身上。回到儿童村后，心里老想着患病的姥爷和年迈的姥姥，过不去心里这道坎。妈妈瞧出了不对，想要开导我，但我选择了沉默。两天后，我出现在伯伯（不知道其他儿童村的孩子如何称呼自己的村长，在这里我们都叫他伯伯）办公室，并对他说："伯伯，我想回老家照顾姥爷姥姥，不想住在儿童村，我想回去！"我想伯伯当时一定以为我疯了。妈妈和村里的老师知道事情原委后也来开导我，但我还是想不开。

对于这件事，我妈很伤心。我心里也明白，但我只能以小孩子的固执去表现我自以为是的孝心。我心里清楚，这两天大家心里都不好受，我也在问自己：这样做真的对吗？又一次，妈妈与村里的玛依努尔老师试图开导我。这次她们没有给我讲什么道理，她们只是问我："你现在小学都没毕业，回去怎么帮他们？你回去也准备务农，你能做得来农活吗？你现在回去能改善他们的生活吗？"我语塞。同时她们又告诉我，只有我认真读书，将来才有能力改善姥爷姥姥的生活。

虽然我当时没能完全理解她们的意思，但至少明白了一点：努力读书。在这件事上我可以拿年龄当借口，但这事让妈妈伤心，使村里工作人员失望，却是真的。虽然他们对我的态度没有变化，甚至比以前更好，但我可以从他们眼中读出失望，妈妈甚至为此抹过眼泪。因此应该努力读书的动力又多了一个：让妈妈与村里工作人员为我自豪。

这件事对我的影响不可谓不大。直到此时我才明白，这么长时间以来我都是在心安理得地享受他们与更多素未谋面的好心人的关怀，而我自私地只想自己。现在每每想来，都为当时的所作所为羞愧不已。

如果说我曾经学习是为了将来改善自己和亲人的生活，那从这之后更努力地学习是因为我害怕失去现在身边所有的人，这种失去的感觉是无以言表的。失去过，才懂得珍惜。我曾在失去的边缘徘徊，所以我更珍惜。我不敢说自己比其他孩子更爱妈妈和村里的人，但我更珍惜。感恩，我不敢挂在嘴边，更不想挂在嘴边。我知道那时起我长大了，因为我懂得感恩了。这也正是儿童村立身之本。

在那时，我能做的就是努力做好一个孩子，学习是其中之一。我的学习比之前更努力，成为了村里表彰会的常客。村里的表彰会也成了我每学期最期待的事，因为每当我上去领奖总能看到村长伯伯欣慰的笑容和妈妈自豪的神情。但是，小学毕业之后我就离开了儿童村。

当然，并不是离村。小学毕业之后，在妈妈的建议下我顺利考上了疆内初中班（一种国家全免的政策，旨在帮助南疆贫困地区学生），从此我只能暑假回到村里。当时正处在青春期，免不了各种叛逆，恨不得考上的那天就去学校报到，就再也没有人管我了。但是，在到学校的第一天，在一个陌生的城市，看着一群陌生人，那天晚上我哭了。我无比想念那些每天对我唠唠叨叨的人，同时也非常羡慕其他还在村里的孩子。

我又长大了。生活并不总是一帆风顺，这种未知的风浪有时来自外界，更多的时候是脆弱的心理在作祟。作为社会上的弱势群体，我们这类孩子自尊心很强，也就是很自卑。即使很不想承认，但我害怕别人用异样的目光看我，那些饱含同情的目光总是能轻而易举地击溃我那所谓的自尊心。所以，我曾经最怕有人知道我是孤儿，是儿童村的孩子。但我生活在一个群体中，我的鸵鸟心理不可能一直“保护”我。

学期末临近，我们的成绩要邮寄回家，信封上贴着每个人的家庭住址，我知道自己完了。当时我没敢抬头，也不知道信封是怎么到我手里的。我从来没有觉得一节课有那么漫长，每一分钟对于我来说都是煎熬。即使低着头，我也能感受到来自四面八方的异样目光。那天，我的心理几乎崩溃，我恨自己的身世，我恨儿童村！现在想来多么可笑，一切都是我自作多情。我太高估了自己，自以为是世界的中心，所有人都关注着我。

第二天，我发现大家还是以前的大家，没有人问我关于儿童村的问题，只有我变成了卸掉伪装的自己。这让我感到庆幸的同时又有点鄙视自己。一方面，我依然害怕别人知道我来自儿童村；另一方面，我又觉得必须得面对它。我感激我的妈妈，不仅仅是因为养育之恩，还有她的耐心与理解。当她知道情况后，并没有责备我，反而让我不要有心理压力。她还和我的班主任沟通，让她尽量隐瞒这件事。我不知道若是换个人能否也像我妈妈这样，为了顾及我脆弱的自尊心，而包容我的“忘恩负义”。又或者，这正是母亲的伟大之处吧，见不得孩子受一点委屈。

这之后我自己的心理年龄也在成长，关于身世与儿童村这个问题也渐渐看开了。以上文字，我并非是想表达自己的心理成长史，而是在用现在成年人的眼光去回顾曾经的人和事，希望将来的自己也能以此为榜样。

正如我开篇所述，我从初中到现在的大学都是在外求学，只有短暂的假期在村里。所以，儿童村的每一点变化我的感受都无比强烈。我在外这么多年，心中在不停地比较儿童村的孩子和外面普通家庭的孩子，找出双方的优缺点并努力取长补短。儿童村人最大的优点在于懂得感恩，这是每个儿童村人教给孩子的，这也正是儿童村赖以成功的关键。生我者父母，养我者儿童村。我对儿童村的感情当然不是一篇文章所能表达清楚的，更不是写在纸上的，这是一种实实在在的，但深藏在心底、不足为外人道的感觉。

有那么一天，当我不得不离开儿童村，我希望自己不要伤心，而是能够笑着踏出门，因为这不正是儿童村存在的意义吗?!

2016年中国SOS儿童村征文比赛儿童村纪事组二等奖

身边每一个温暖的人，都值得被认真感恩

拉萨SOS儿童村孩子　白　鲁

“我始终认为一个人可以很天真简单地活下去，必是身边无数人用更大的代价保护来的。”

——《小王子》

有时候，喜欢坐在校园某个安静的角落静静地吹着风，静静地回想这些年遇见的所有人及各种事，无须费力就能想起的一直是那些让我嘴角上扬的片段。那些出现在我生命里并且从来不是来教会我说再见的人，那些本无须对我那么好却依旧待我如己命的人；那些为我筛掉所有悲伤的、太阳般温暖的人，谢谢你们，真心的感谢，不带一丝一毫的虚情假意。

不知道自己是从几岁开始有了记忆的能力，但依稀记得祖祖辈辈都在高冷地区以放牧为生，日出而作，日落而息。如若没有分离，这或许就是永生最幸福、最纯粹的活法。然而，命运的编剧从来都不是我们啊！它会让我们尝尽苦难再派“时间先生”为你抚平所有的不堪。

从2000年入村，到今年已经有16年的时间。16年，儿童村给了我一个温暖的家，不管走多远都不忘回头的港湾；16年，儿童村给了我一位世上最好的妈妈，最大荣幸就是一辈子都能叫她妈妈；16年，儿童村给了我一群今生都难以割舍的兄弟姐妹，有他们我的童年才是最亮丽的。或许，在很多人眼里“孤儿院”就是一所暗无天日、没有温暖、没有希望的死大宅；或许，很多人听到“孤儿”这两个字会联想到电影、电视剧中的只会被虐待、从小受尽欺辱的瘦小黝黑的画面。但是，我想告诉那些“很多

人”，其实我们很幸福。

16年前，我带着无知来了，也仅有无知陪着我。16年后，我长大了，拥有了一切。16年前，我来了。16年后，我再也不想离开……

从小觉得最厉害的人就是妈妈：不怕黑，什么都知道，做好吃的饭，把生活打理得井井有条。当我哭着不知道怎么办时都会找她，可我却忘了这个被我依靠的人也曾是个小姑娘，怕黑也怕掉眼泪，笨手笨脚会被针扎到手。最美的姑娘，是什么让你变得这么强大呢？不只是岁月，更多的还是爱呀！

在某一个瞬间，我会讨厌我的亲生父母那么早离开，早到连跟他们擦肩的缘分都没有，害我变得这么不幸。但更多的我会厌恶自己没能用力地记住他们，没能力把他们留下。更多的时候，我更愿意换个角度思考问题，虽然没能跟他们在这辈子在同一空间看到彼此幸福的样子，没办法在同一时空成为彼此嘴角上扬的理由，但不代表没有在其他方面留下更多的念想。感谢在婴儿时期，能躺在你们的怀里，即使模糊了所有关于你们的记忆；感谢你们让我学会更多同龄人没能学到的坚强。都说老天是公平的，你们走后他派了一位美丽的姑娘当我妈妈，她一个人既当爹又当妈，她就是无所不能的超能女人啊。

刚进村时，因为我性格古怪，不能接受一个陌生人做我妈妈，即使嘴上喊着妈妈，但心里抵触还是蛮强的。后来，是妈妈的一举一动慢慢抚平了我内心深处最隐秘的痛楚。

我的妈妈，瘦小瘦小，身上却肩负着抚慰和养育那么多孩子的艰巨任务。我不忍心让这小姑娘为我们操碎了心。由于我长期在外地上学，起初还以为会像很多在外的孩子一样会让思念与感恩渐渐麻木，然而越到后面不舍与念想反倒更加深刻了。不管什么时候，妈妈总会给我寄最好的食物、最好的衣服……即使这些东西在外地买得到，她也从不怠慢，不让我在其他小孩中间感到委屈。妈妈无私却又沉默的付出与爱，就是游子最大的动力与最好的安慰。

妈妈从不会在嘴上说有多爱我们，就像我们从来都不敢开口说有多爱妈妈一样吧，可能会觉得尴尬。所以，我们选择用最含蓄而又最淳朴的方式爱着彼此。

不知是哪个初中假期，我们陪妈妈去买家里的日常用品、学习用具、洗漱用具……顶着烈日大街小巷各处跑，满满的几大袋。我跟在妈妈身后，看着她那瘦小的身板扭曲地背着、提着、挎着大大小小的袋子时，不知我鼻子酸了多少回。那天还有我们帮忙，平时都是她自己啊，每次出去都要买那么多东西，想到这些早已红了眼眶。

越长大越害怕失去，妈妈，一定要记得留出点时间只为您自己而活。妈妈，不要老得太快，因为世上最美好的事是：我已经长大，您还未老；我有能力报答您，您依然健康。辛苦了，我们亲爱的“瘦小姑娘”；还有对不起，总让您操心我们的亲爱“超能女人”；谢谢您，我们亲爱的“怕失去小姐”。

当失去双亲，又被送到完全陌生的地方时，我以为再无晴天、再无欢声笑语，然而当有那么一群活泼可爱的小不点喊我姐姐，当有那么一些高个儿叫我妹妹时，或许我的心也就酥了。从此，我们彼此不离不弃，我们一起上学吃饭睡觉，做着所有亲兄弟姐妹都会一起做的所有开心的事。

那一年那一月那一天，我们相遇，妈妈告诉我，我就是这个家里的长女、我就是她们的姐姐时，或许我就在有意无意中逼着自己长大，让自己扛起更多责任，也试着学会帮妈妈分担一些力所能及的事情。所以，在小学三年级时我踉踉跄跄地学会了做饭、洗衣、干其他家务。“大姐”这样一个称号让我迅速长大，学到了许多同龄人或许从未涉及的东西。因为童年在这样的称呼、这样的责任心下长大，以致不用让背井离乡的我处处碰壁。

当我踏上那列火车奔向远方后，在电话线那头听到你们用哽咽的声音表达思念与不舍时，或许也就只有老天知道我有多感动。这份最纯洁的思念，我想一直封存在内心最深处并时时刻刻都让它处在保鲜的状态。

每次假期回去，最喜欢你们一群小屁孩跟在后面聊着你们的、我们的童年；最喜欢听你们说：姐姐，今晚给我们做花卷吧，好久没吃到姐姐做的了，姐姐今天给我们做炒面吧……最幸福的事是我做的饭菜你们都会吃得超级香，也许有些矫情，但是我每次都会盯着最后的空盘子感动许久。早晨，喜欢挨个叫你们起床，喜欢在书房听到你们朗朗的读书声；午后，喜欢和你们在门口晒太阳聊天，喜欢跟你们肆无忌惮地狂笑；傍晚，喜欢伴着夕阳和你们打球，喜欢跟你们追赶打闹直到天黑才知道回家；晚上，喜欢和你们挨着挤着追看一样的剧，喜欢和你们一样的笑点与泪点。或许，有时候我们之间会有些不愉快，但这些都无伤大雅，在未来的某一天我们会红着眼笑着回忆啊。跟你们的点点滴滴都成为我向别人炫耀的最纯粹的幸福。谢谢一号家庭中的每一个我爱的你们，谢谢一直在我身边的你们，谢谢我的幸福源泉们。陪伴就是最长情的告白，感谢这么久以来无须更多修饰与包装的陪伴、信任和温暖。

当你学会感恩时就会发现身边所有人都值得感谢。感恩，是一个趋向于正无穷大的函数，永远都没有最大值。感谢村里所有的工作人员，有时静静思考，当你们将所有精力全身心地投入到我们身上时，这给你们自己的家庭带来了多少影响啊。曾几何时当看到我们无助的眼神、当我们向你们撒娇闹脾气时，你们脑海中应该会浮现你们自己的孩子吧。每逢过年过节，当你们将最宝贵的时间花在我们身上时，你们的孩子有多么想你们啊，多渴望醒来第一个看到的就是自己的父母、多渴望醒来就能紧紧拥抱自己的父母。谢谢你们，心甘情愿付出这么多为我们营造一处最温馨的大家庭。谢谢你们的所有好，你们本无须这么无私的。

还有，感谢我亲爱的发小们，不知你们还记不记得那段被我们来来回回走了6年的上学小路。与你们排队携手并排上学已然成为我记忆中最独特最亮丽的风景线，愿我们都不忘那段路上往复唱过的歌、讲过的话；愿我们都不忘一起学会的第一首流行歌曲；愿我们都记得一起做过的所有好事与坏事。追着赶着时间，如今，我们各奔东西，即使忘记了所有，唯愿千万不要模糊了有关那些年陪你长大的发小们的面孔和名字。愿我们没能实现的梦想，在最无助难过时开出最灿烂的花来；愿那些年没能足够珍惜的童年和回忆，在经历了成长的洗礼之后能在心底认真而又平静地告别；愿我们经历了颠沛流离之后还能再度重聚。

或许，世上所有事情都是守恒的，你无故得到的一些东西，到了某个时刻就会还回去，而你失去的那些也不一定就是真的失去了，或许会以别的形式回归。虽然，世界不是由掌声和鲜花构成的，但，也没有你想得那么糟。在经历了风风雨雨后我们也许会有这样的想法吧，但我更多地赞同那些纯真的、鲜活的、永不褪色的回忆里的美好就是身边无数人用更大的代价保护来的。而，这些肯为我们筛掉所有悲伤的太阳般温暖的人们就值得被认真感恩，就应该被认真感恩。

感恩相伴，一路同行

莆田SOS儿童村孩子　暨国强（离村）

接到爱莲阿姨的电话，说要约个稿，其实我是拒绝的，因为已经很久没有静下来好好写点东西了，那点写作的能力早已退化，但许多回忆涌上心头，半推半就又接下了。

1999年是我来莆田儿童村的第一年，那时我刚上完幼儿园，还不知道自己将被带到一个什么样的地方，后来听别人说是SOS儿童村。SOS是我学会的第一个英文发音，虽然当时并不知道那是什么意思。

1999年的儿童村还在建设中，路还没铺好，房子还没全部盖完。我很荣幸成为了第一批小住户。也就在1999年，我第一次与我儿童村的妈妈范红女士见面。不记得见面是怎么一个场景了，就记得她带我去了超市，从头到脚给我置换了一身，买零食买玩具买衣服。买买买并不符合村里勤俭节约的思想，但她依旧我行我素，在我们身上花费决不手软。她说，她要给我们最好的生活。

妈妈这个词是书面语，在现实生活中叫着有些拗口，不知什么时候起，我们都统一称她为老娘。老娘是北方人，有着北方人大方、直爽、大大咧咧的性格。她喜欢笑，哈哈哈的笑声绕梁三尺，老远都听得到。老娘还有些微胖，第一眼看到的时候莫名就把她和我那胖胖的奶奶重叠了，立刻亲切感倍增。

我来之后的几天，又陆陆续续来了许多小伙伴。按年龄排下来，我是老四，不大不小，居中的位置。家里孩子多了，老娘也忙碌了起来，洗衣做饭搞卫生是每天必奏的三部曲。当然，家务不能老娘一个人包了，不大的我们也会分工合作，做些力所能及的事情。每到周末，还要进行一次大扫除，大大小小的家具都要搬出去，洗刷刷洗刷刷。这是一个比较痛苦的事情，大扫除大概要持续一天，不过完成后的感觉还是很棒的，而且大伙儿可以窝在一起看电视、玩游戏。干净的地板，躺着也舒服。

上学的日子，并没有什么稀奇的事情，每天起床、洗漱、跑步……当时有几家的孩子每天会跑一圈，后来这就成了村里的集体项目。所以，大早上“一二一”的脚步声也成为我们记忆中一段难忘的时光。冬天，有时天还黑蒙蒙的，跑着跑着，太阳才懒洋洋冒出来。之后赶紧回家，吃过早饭，在村门口集合，一群小孩两两排队，手拉手，上学去。现在想想，那也是一个标志性的景象了。

在小学，我的成绩还不错，加上我性格内敛，不爱调皮捣蛋，是一个标准的乖小孩，所以并不受老娘的特别关注。用她现在和我讲的就是：你当时真是太乖了，完全不用操心。当然，太乖的后果就是和老娘的交流并不多。很多时候人就是犯贱，感情都是打骂出来的。不被打骂的我默默地成长着，却感觉不到老娘的特别关心。

然后就到了初中。按照村里规定，到一定年龄的男孩子就要离开家庭，到青年公寓过集体生活。离开家总是不舍，不过熟悉了新环境后，却又很少回家。每次回到家，老娘都会说，你咋这么多天都不回来看看？在公寓过的咋样，想吃什么，我给你做……老娘絮絮叨叨地讲着，我有一句没一句地应着，大口地吃着老娘拿出的各种好东西。

时间总是向前飞奔，好像没怎么着就到了高中、大学。我寄宿在学校，一个月也回不了几次。难得回家，老娘总会拉着我讲讲最近身边的趣事、烦心事，有时还会聊聊我们小时候的事。我越发地感到了老娘对每个孩子倾注的爱与心血。都说养儿方知父母恩，其实长大了，许多父母的不易与辛劳慢慢地就会感同身受。有次和老娘一起站着，突然发现，我已经高了老娘一个头，低头看去，老娘的白头发已经出现了，老娘老了。

老娘真的老了，曾经牵着我的大手已经不再光滑；曾经我所仰视的笑脸，现在却要抬头和我说话了；曾经可以拉着我买买买，逛一天不累的身体成了医院的常客。老娘用她最美好的那几年浇灌了我们的成长。

小时的我并不懂您，长大才知道您的不容易，感谢有您，老娘。

您陪我长大　我陪您变老

成都SOS儿童村孩子　刘晓菁（研究生在读）

在一个人的一生中，亲情、友情、爱情，最重要的莫过于这三种感情了。然而在我的字典里，存在着“第四种情”，那便是我与她之间的感情。这种感情也许有种说不清道不明的感觉，慈爱里夹杂着严厉，严厉中又不失呵护，呵护中又饱含期望。但也就是这样的“第四种情”伴随我慢慢长大，顺利走入了我人生最美好的时光。

时间就是这样，徜徉其中尚觉慢，定睛回望弹指间。1997 年到 2015 年，她已陪我度过了 18 个春夏秋冬。

1997 年 4 月，那年我 6 岁，她 27 岁。回想起那时的我，对于家的概念模糊不清，但是我知道在我进入的成都 SOS 儿童村 5 号家庭里有这样一位妈妈：年纪轻轻的她带着 8 个孩子，家里布置得井井有条，一日三餐丰盛而健康，8 个孩子的生活学习有条不紊地进行着。如今 24 岁的我与那时的她年龄相仿，但是坦白地讲，我承担不起也挑不起这样一个大家庭。

2007 年，我 16 岁，她 37 岁。那时的我正值漫漫人生长路的第一个转折点——中考。当年的我年少轻狂又带着些许叛逆，我总想走捷径不参加中考而直接进入职业高中上学，那时的她坚定而严厉地对我说：“取乎其上，得乎其中；取乎其中，得乎其下；取乎其下，则无所得矣。中考必须得考，没有条件可谈。”经过艰难的挣扎，我的中考成绩为 499 分。我一个人在房间撕心裂肺地哭了，努力了那么久难道就因一分之差与高中失之交臂吗？是她骑着自行车带我跑遍了成都市的所有普通高中。那是 2007 年的 7 月初，骄阳似火，烈日当头，看着她推着自行车爬上苏坡立交奔向城郊外的成飞中学时，我只恨自己为什么不再努力一点，并下定决心有机会上高中一定会加倍努力。最终我有幸被成都一所普高录取。感谢那时她的严厉和支持，在我迷茫无知时给予的约束，才使得现在的我有获得更多更好教育的机会。

2010年，我19岁，她40岁。我迎来了被中国人视为通向美好未来的独木桥——高考。高中三年乃是我至今最难忘的时光，心无旁骛地读书学习，充实而令人感到满足，只因为有她全力的支持。每天晚上9点，一到家就能听见微波炉热好饭菜的“叮”声，我深知那是她掐着点算好我回家时间而为我准备的。高三学习的压力使得我有几个月身体失调，然而每周五晚上的座谈会无疑是紧张备考压力中的一剂宽心良药。最终，我顺利地进入了一所语言类学院学习我所热爱的英语。

2015年，我24岁，妈妈45岁。如今读研二的我已能感同身受体会这些年来她的不易，感谢她在最美好的年华里把时间和青春奉献给我们；感谢她如今给予我轻松又不乏约束的自由，支持我做自己想做的事情，去看外面的世界。如果说前十年她扮演着严母的角色，现在我们的关系更像是朋友，相互倾听、扶持和鼓励。只希望她健康顺心，弟妹再争气一些，时间再慢点，自己更快地强大起来。

如果说亲情是生命的付出、爱情是言语的付出、友情是时间的付出，那么我与她之间的“第四种感情”则是上述多种感情的集合。芸芸众生之间我们相遇，是您陪我长大，就让我陪您变老。

（刚刚获知：晓菁顺利通过了硕士论文评审。——李进国注）

往事般般，此情依旧

莆田 SOS 儿童村孩子　许芳芳（大学在读）

身为一名纯粹的理科生，说实话，对于“写作文”这种事我是很排斥的。所以，当爱莲阿姨和我约稿时，我的第一反应是找个理由推脱掉。但同时，身为一个在儿童村长大的孩子，毕竟还是习惯了顺从。是的，顺从，这或许也是我现在依然是个缺少主见的人的原因。在一个十几二十人管着上百人的生活起居的集体里，孩子们几乎是没有什么做决定的权利的。

然而这个集体于我，依然是爱的，因为它给了我一个家，一个承载了我许多欢笑和泪水的家。

村里的工作人员和妈妈们是爱我们的，只是这份爱要分给太多人了，所以它必须隐藏在苛责中，于是培养出了比大多数孩子更坚强的我们。

不知道别的孩子有没有像我一样，如此清晰地记着自己第一次进村时的情景。记得当时先在会议室里见到了一个叔叔——原谅我已经想不起具体是谁了，他让我写自己的名字。幸好在此之前，还不太会写字的我为了能表现好点，在来的车上竟是硬生生给学会了。我甚至还记得，在进村前，我曾给村里的医生阿姨唱过歌。

然后，我被安排到了 13 号家，可能自己天生是个胆大的孩子吧，对于陌生的环境我似乎丝毫不胆怯。在送我的亲人悄然无息地离开、6 岁的我就这样被抛弃时竟也没有哭。等我缓过劲儿，知道自己或许“再也回不了故乡”时（原谅我当时认知有限，当时的我确实是这么理解我与儿童村从此他乡变故乡的渊源），6 岁的我居然狠狠忍住了想哭闹的冲动，因为我想讨好我们家妈妈。谁会喜欢哭哭啼啼的孩子呢？现在想来，原来自己还真是天生适合集体、适合社会的人。也正因为如此，小时候的我一点儿也不天真可爱，有点幼稚的早熟，所以不讨我们家的第一个妈妈的喜吧。

我们家的第一个妈妈叫施秀梅，她太凶了，这是我现在对她唯一的印象。况且我当时还是最小的，我想要她对我好一点儿，但我不知道怎么才能做到。

我多想要她对我好一点儿啊！可我却摆脱不了自己是家里那个最爱哭、衣服总是在四处撒欢后沾满泥巴的不省心的老幺的身份。我，在家里一直被冷落着。

果然，得不到爱的孩子是不会好好学习的。还记得自己曾在上一年级时考出过60分这样的成绩，而当时我们的语文老师正好临时有事请假，学校安排了幼儿园老师来上课。事实证明，幼儿园老师还是只适合教幼儿园的，因为她竟把我好不容易考到的60分算成了40分！不及格，天哪！这在人人都90、100的一年级里，不及格就是智商低下一样的存在。而且小学的卷子是要拿回家给家长签字的。秀梅妈妈果然对我更失望了，责罚是在所难免。而我，在很长一段时间里几乎可以用一蹶不振来形容，八十几是极限，不出意外的话就是六七十了。而学习不好的孩子果然是得不到爱的。

本以为自己会一直伴着“差学生、脏孩子”的标志孤独下去时（是的，是孤独：在家，妈妈不爱；在学校，成绩差的孩子自然是没有好人缘的），秀梅妈妈辞职了。我当时高兴疯了，我最怕的人如今要永远离开我了，这简直是天大的好消息！

当然，现在的我已经不那么想了。秀梅妈妈或许最凶，可有她在的13号家最有家的团圆感了。那时的我们，不仅仅因为会放假而期盼新年的到来，因为那时的我们会真的在中秋节的夜晚搬出桌椅来，全家围坐成一个圆赏月聊天。当然，类似这样的回忆还有很多很多……

所以，仔细想来，我对秀梅妈妈的印象或许只是和大多数孩子一样。谁童年里没有一个凶巴巴逼着自己做各种不情愿的事的父亲或母亲呢？

然而，对于秀梅妈妈的辞职，我到现在依然是庆幸的，因为接下来加入我们家的蔡丽燕妈妈简直是拯救了我！比起秀梅妈妈，她温柔太多了，少了那么多严厉负担后的我逐渐变成了一个成绩好、衣服能保持干净的女孩了，甚至还留起了长头发。要知道在此以前，我一直是个板寸头的假小子。

而且在家里加入双珠、美炫后，我从老幺变成了姐姐，我终于不再一直被冷落了。只是或许是因为我依然不够大、不够成熟，也或许在我自己还是家里老幺时得到的爱和温柔太少，所以在我高中以前与他们生活的记忆里，我只记得自己对他们是满满的管束。终于不是最小的孩子了，我开始有了点所谓大孩子的“权利”，对于如何教导他们要乖，我简直是太有经验了。于是，身为姐姐的霸气，我展露得毫不含蓄。

不过好在大一寒假回去时，我问起双珠对我以前的印象，想对自己的年幼无知道个歉时，她告诉我：“小姐姐，我没觉得你对我不好。”幸好，即使无知，我还是本着良心适应了姐姐这个突如其来的身份。当然，这或许也是儿童村的孩子总想快点长大的原因吧。越小就意味着要听越多人的话，同时服从那么多人并在其中权衡，这是一件大人们也做不到的事啊。

丽燕妈妈不仅有温柔，她甚至会陪我们一起玩各种游戏，会带我们出去逛街，也会陪我们聊天。她教会了我做第一顿饭，这让我的心里终于有了妈妈这个角色。我开始觉得自己会永远这么幸福下去。我甚至学习也好了，我的成绩一下从家里四个同龄孩子中的垫底变成了第一，生活简直不能再明媚了。

在丽燕妈妈的陪伴下，我顺利地升上了当地最好的初中，真的是太顺利了。我对于优人一等的学习条件并不珍惜，只是沉溺于一中学生这个身份中沾沾自喜，毕竟在儿童村这么多孩子的环境里，我一直觉得学习决定待遇。而在成绩单再也不用找家长签名以后，一中的头衔足够证明我就是成绩最好的学生了。我依然维持着在家中最得宠的地位，所以，安于现状，不知道未来就是靠现在一步一步走出来的我，就这么放任我的成绩一直往下掉……

当然，成绩下降还有一个原因——处于青春期的我终于意识到自己与一般家庭的孩子有什么不同了，这让我变得自卑。班上的孩子都比我开朗活泼太多了，我甚至从来不敢在课上举手发言，即使多次答案已经在我嘴边呼之欲出，我仍然选择了沉默，并且希望老师也如我内心祈祷的一样忽视我。于是，只有在第一次单元考排在班级前几名的我，在认识到自己越来越融不进这个集体后，我的成绩就落到了中等并维持到了毕业。而我在班上最好的朋友也永远只能是我的同桌。

更糟糕的是，在此期间，丽燕妈妈辞职了。我没法形容自己当时的心情，这是一个逐渐形成了情感观的孩子的情感世界第一次面临别离。一直以来，我是真的把她当母亲，我想过她会离开我，毕竟她是如此年轻，但我没想到竟这么快。我是一个才上初中的孩子啊，我当时多么依赖她啊！她离开的前一天，我的人生从来没有如此悲伤过。是的，悲伤，一个 12 岁的孩子哪知道悲伤是什么，可在她离开的好多个日子里我一直悲伤得无法自拔。

送她走的那一天，家里两三个大孩子陪着她走了很长一段路。她叮嘱了我很多，我觉得她一样舍不得我，可她仍然决绝地离开了……

之后我就不停地哭，我多么想忍住啊！毕竟 12 岁已经到了会害羞，连哭也要偷偷躲起来流泪的年纪了，可我实在忍不住。而即便是她走了，我依然有许多琐事要做，像吃饭、写作业，我不能一直躲起来。况且当时新来的带家阿姨已经到了，我更做不了这种把自己锁在房间里哭到地老天荒的任性的事了。

我已经不记得对于那次与丽燕妈妈的离别我调适了多久，可即使是现在回想起这段往事，我依然只能以沉默、以眼泪面对。

或许是她对我们也有着深厚的情感吧，她的第一次离职失败了，她在离开的几个月后重新回到了我们家，家里的孩子都高兴坏了。可她却直接明确地告诉我们她还是会走的，我听了觉得难过。可在我做了几个月再也见不到丽燕妈妈的心理建设后，我能接受了。

之后确实没多久，她是真的真的离职了，而此时的我已能像朋友一样面对她了。果然青春期的孩子成熟得快，我竟也能拿捏好自己把她当朋友或母亲的心态了。可这样的心态于我并不见得是好事，因为接下来，赖丽君来到了我们家。

她太年轻了，甚至比丽燕妈妈还年轻，对于以朋友的身份来定位她这件事，在我心里调整起来简直是太得心应手了。所以我对她缺少了对长辈的尊重，我甚至第一次开口喊她妈妈，也是在不情不愿的情况下。

可能是丽燕妈妈的离开耗尽了我对母亲这个角色的所有感情吧，我变得不再那么依赖人了。所以在赖丽君每次想亲近我时，我都没有回以热情。

而同时，我也上了高中，上了一个中等偏差的高中。但是在高中后，我像是突然长大了一般，我在学校变开朗了，虽然仍然不愿多提及自己是儿童村的孩子，可也没那么逃避了。我比之前更加积极面对生活和学习了，也终于对未来有了一定的认识。所以即使学校不好，我仍然试着努力学习，而从高二开始，我几乎也就一直维持着班级第一的成绩。

比丽燕妈妈还年轻的小赖妈妈果然如我所意料：离职了。只是此时的我，已经不再难过了。毕竟只是暂别一个好朋友而已，我还有那么多事要忙，学校还有那么多作业没做呢，考个好大学最重要。她要选择追寻自己的幸福，我当然由衷地祝福她了。

之后林丽芳成了我们家妈妈，而对于家里这个位置的不断变化，我太习惯了。所以对她，我只剩下生疏的尊重。再因为自己住宿，假期少课业忙，我与她的相处几乎可以用相敬如宾来形容。

这或许就是我在儿童村生活的概况和心路历程了。当然，还有在村里结交的两三个亲密的朋友，能有这样知根知底的闺蜜，我觉得自己如此幸运。

所以，对于儿童村给了我一个家和那么多家人一样的朋友，我太感激了。虽然，最终还是没有人弥补母亲这个在我成长里接二连三缺失的角色，可我依然爱这个大集体，到底是一个给过我欢笑大过眼泪的家。

该写完了，可突然就想起了小学时每天早上大家一起晨跑的“痛苦”时光、停电时借着月光跳皮筋的快乐时光、初中时每周五参加军乐队在排练的休息空档的游戏时光，还有现在想起来有点傻气的元宵晚会和各种曾经无比热衷的花式运动会，以及好多好心的社会人士的善举和善良的外来的哥哥姐姐们带我们做游戏的幸福时光。

还有太多太多美好的回忆发生在这里了，这叫我怎能不爱它呢？

从来没有如此仔细地回忆过自己的人生，它竟如此美妙。

弟 弟

开封 SOS 儿童村孩子　王倩文（西安体育学院在读）

我同弟弟，是异父异母的亲姐弟。

我们都是生活成长在中国开封 SOS 儿童村里的孩子。第一次见到弟弟，是他四岁刚入村时，小脸上写满对未知环境的恐惧，一只手紧紧抓住哥哥的衣领，好像害怕哥哥突然离去。“这个孩子，好没安全感。”我当时想到。

最初与弟弟相处得并不愉快，因为弟弟的到来，让我在家中感觉受到冷落，而弟弟也因为我对他的态度而不敢亲近我。

妈妈知道我们关系不和，便故意让我辅导弟弟功课，我虽不愿意，但也不好拒绝。相处久了，我们之间的关系也缓和很多，但他还是不肯叫我一声姐。

弟弟不善言表，之前的一些事情形成他心思细密、极为敏感的性格。只有先对他付出真心，他才会认真待你。

弟弟贪玩，搞得头破血流才肯回家，又怕被妈妈发现挨吵，总是偷偷喊我给他包扎。一次，我正在给弟弟上药，听见弟弟喃喃地说：“谢谢，姐姐。”那一刻我知道，他终于认同我了。每天陪弟弟玩耍，教他握笔、写字，听他讲老家的事，我们之间的距离变得越来越近。

在同龄人中，弟弟算是佼佼者，一首歌听一遍就能记下来。当时幼小的他踩在板凳上，一边刷牙一边唱“我的心在等待，永远在等待”，笑翻了我们一家人。

上了小学四年级，弟弟与同龄的朋友也都熟悉了，每天找各种理由出去和他们玩。本以为是朋友之间的正常交往，却发现每天晚归的他身上有一股烟味。询问了好久发现四年级的弟弟竟然迷上了网游，晚归的原因并不是商讨作业，而是在网吧上网。一股无名火涌上心头，第一次，我打了弟弟。一滴滴泪水从眼中掉落，弟弟诧异地望着我，弟弟没哭，我却哭了起来。之后我再也不愿意理弟弟，倔强的弟弟也并未主动示好、承认错误。到学期期末，弟弟将一张成绩单放到我面前，看到直线上升的成绩，我与弟弟也终于和好了。

随着年龄越来越大，我的学业也越来越重，经常早出晚归，一天与弟弟见面不超过十分钟。每天早上，都是弟弟把我叫醒上学。每晚回家，总有一杯凉白开放在桌子上。弟弟虽然什么都没说，但我知道他是想帮我缓解压力。

临近高考，弟弟突然因为肠梗阻住院，没有了早上的人工闹铃、晚上的一杯凉水，我慌了起来。因为害怕影响考试发挥，我不被允许去看弟弟，连打电话都不被允许。下了考场，直奔医院，看见几日不见消瘦的弟弟左手举着吊瓶、右手拿着胃管望着我发愣。本以为见到他会笑的我哭了起来，暗暗责备自己不是个好姐姐，在他最需要自己的时候不在他身边。“都会好起来的。”抱着他，我对他说。“姐，考试怎么样？”已经很难说话的他从喉咙里挤出这几个字。没想到，他所关心的，竟然是我。

如今，我身在异地，与我的好弟弟相隔两地。我知道在我们成长道路上会有无数的坎儿，但有这个不是亲人更胜亲人的亲兄弟，我相信未来的路即使走不远也能走很宽。

2016年中国SOS儿童村征文比赛儿童村纪事组三等奖

痕迹

莆田SOS儿童村孩子　胡勇（大学在读）

今日南普陀一游，望着天王殿中供奉着的笑容可掬的弥勒佛，还是想起了她——我的母亲（我在儿童村的第三个妈妈）。时隔多年，恍然大悟，生活的一切都似乎留有她的痕迹。

2006年春天，连绵的阴雨扰乱了春的作息，寒冬的感觉迟迟未散，而我的心也跌到了谷底。小孩儿的心总是敏感而又脆弱，还没好好感受第二个妈妈带来的爱，好似从梦中拉回现实一样，我又换妈妈了。

若说孩子的心是玻璃，那么母亲便是那光，她那么亮、那么暖。面对母亲，幼小的我总是那么倔强，像好斗的小公鸡，剑拔弩张丝毫不让地与她对峙，她也只是笑笑："这小孩儿皮，耐心点总是好的。"有了光，玻璃总会发光。她的耐心与包容逐渐打破了隔阂，尽管我有百般不愿，也不得不承认她是真的爱我们。不知不觉中，耐心与包容在我心中留下了痕迹。那时的我总哭，年轻的她初为"人母"，哪里懂管教孩子！现在想想，幼时的我们就像是她人生修行路上的绊脚石，一路跌跌撞撞，待我们长大时她却走不动了。多么希望我们的成长能够抚平她多年来养育我们所经历的苦楚。

母亲今年四十有六了。《论语》曰："四十不惑，五十知天命。"多年来的辛劳和苦楚给她的身体留下了残忍的病痛，她的前半生都奉献给了养育我们这伟大的事业当中。勤劳而又朴实的她为我们投入了百分之九十九的心血，我甚至怀疑她是否有为自己想过那么一分。作为她众多孩子中的一员，我常常自私地祈盼：上天能对她好一点，哪怕她不爱我了，只要她能够有一个健康的身体和开心的笑容，一切都足够了。

2009 年夏天，我考上了高中，乐极生悲的是在报名的前一天晚上我闹了肚子，一阵阵的绞痛让我痛不欲生。逞强的我并没有表现出来，只是默默承受着痛苦，这一切并没有逃过她细心的眼睛。她看着我苍白的脸，我能从她眼里看出怜爱和痛苦。雷厉风行的她迅速交代好家里的事，推出车子就载我去了医院。坐在自行车后座上，她柔弱的背影在夜灯下拉得很长，高频率的蹬踏下汗水湿透了她的衣衫，就算晚风带来的清凉也无法冷却她焦急的心。门诊部前有一个大坡，她坚持要背我上去，我拗不过她便由她去。瘦小的她竟能背起我，步履蹒跚，跌跌撞撞。这时我望着她的背，眼泪很快就流了下来。我赶紧拭干了泪，怕她知道，也怕别人看见。到了医院，她的脸颊淌着汗，用手背擦擦汗，满不在乎，心里很轻松似的。过了一会儿，她对我说："别担心，好好治病。妈没事。"我走进了门诊室，她似乎累了，在外边等我。等看不见她了，我的眼泪又来了。

近几年来，我在外求学，与母亲总是聚少离多。随着年龄的增长，她的身体也是一日不如一日。前几年对自己满不在乎的她也开始信起了佛，我想她最盼望的也是我们都好，纵使佛祖能给她万般好，她也不要，我们好才是她想要的。她渐渐忘了我的不好，开始念叨我们，只是惦记着我们，惦记着她的子女。

前段时间通了电话，她道："我很好，别担心我，照顾好自己。"听到此处，鼻子泛酸，在晶莹的泪光中我仿佛又看到了她那蹒跚的步履，瘦小的身躯，她的一切又绕上我的心头。唉！多么希望我能陪在她的身边！

佛说："世界上有两件事不能等，第一孝顺；第二行善。"

多年来，未能服侍她，在她左右尽孝，此乃无量之罪孽。愿我能走上正途，不求飞黄腾达，只求她平安无事，并能常侍她左右。

我爱她，她毅然决然来到儿童村，为了那份执着、为了那份爱；我敬她，敬她不畏世俗，抛弃一切支撑起我们的家。这么多年来的点点滴滴，我也终归忘了她的不好，念的全是她的好。她脸上有越来越多的皱纹，我也有了稀疏的胡茬，这是岁月给予我们最好的礼物。这一切已经在我心中打上烙印，那痕迹，我想应该就是爱吧。

后记：在儿童村生活已有16载，16个春夏秋寒。谢谢我的母亲和村里工作人员以及帮助我们的爱心人士！古人云：“施人慎勿念，受施慎勿忘。”愿我常怀感恩之心，学会感恩。

（胡勇2016年7月刚离村，在领到工资的第一个月，就回到村里献爱心。——李进国注）

天使妈妈 & 阳光孩子
——烟台 SOS 儿童村纪实

烟台 SOS 儿童村村长　吴厚胜

有人说，世界上最伟大的爱就是母爱。因为母爱是人类最纯洁、最无私的情感，因为她只有付出不求回报。

而如果这个母亲并非那个怀胎十月一朝分娩的亲生母亲，却能同样给予孩子人间最温柔的拥抱、最温情的关注、最温暖的呵护，那这又是怎样一种爱呢？

人生就是一次跋涉，只有前行，没有退却；岁月，就是一种磨砺，只有坚毅，没有怯懦；风雨，就是一种沧桑，只有无悔，没有悲叹。

当机缘让我走进烟台 SOS 儿童村，并让我成为这里的一员，我每一天都被这里的一切震撼着、感动着，对于人生、对于世事似乎都有了另一种认识、另一种领悟、另一种思考……

因为有爱，别样人生更精彩

走进 SOS 儿童村，你会发现，每一个儿童村的妈妈都如同一本书籍，每一个儿童村的家庭都如同一幅画卷，虽然形式大同小异，但内容各有各的精彩，情节各有各的激荡。

在这里，作为家庭核心的母亲与千千万万的女人一样，也有过青春的梦想与激情，有过人生的憧憬与规划，她们还有着刻骨铭心的过去，有着鲜为人知的经历。但提及过去，她们有的真情告白，有的轻描淡写，往事如烟，曾经和过往早已在岁月的背景中远去，如今让她们牵牵念念的唯有一个个由她们带大的孩子，而这些孩子无疑成为她们骄傲与自豪的源泉，成为点缀她们平凡人生的那抹亮色。

59岁的张雨霄妈妈是烟台SOS儿童村最有代表性的缩影，她是儿童村创建之初招募的首批妈妈。当年走进SOS儿童村，她背负着传统观念与家庭伦理观念的双重压力，那个年代不仅“大龄剩女”让人非议，“离经叛道”的人生选择更让人瞠目结舌，但追求独立、性格倔强的张雨霄还是顶住各种压力，迈出了艰难的一步。而观念传统、信念执着、乐观豁达的张妈妈，一朝踏进SOS儿童村，便没有想过再回头。

虽然没有生养过自己的孩子，但从小喜欢孩子的张雨霄妈妈很快便进入了角色，并且一干就是30年！如今她已经是23个孩子的妈妈，最多时同时带9个孩子。她每天从早忙到晚，天不亮就起床做早饭，由于孩子年龄跨度大，从小学到高中，早上上课时间不一样，她为了保证孩子们休息，早饭让孩子们分三拨儿吃。除了孩子的一日三餐，她白天的工作就是收拾屋子做做家务，上街采购食品或生活用品。晚上孩子们吃过饭，她还要给他们检查作业，辅导功课直到深夜……周末她像社会上的妈妈一样，带孩子们到特长班学习。她的孩子们可谓多才多艺！除了休假的日子，她一天都没有懈怠过。

在张雨霄妈妈的眼里，她的孩子都是最好的。她说，孩子的智力和能力有大小，但最重要的是培养他们健全的人格，让他们每一个都成为对社会有用的人。提起孩子们，她总是如数家珍，不论是曾经获得过全国“抗洪勇士”称号、参加过国庆50周年大阅兵并受到国家领导人接见的大儿子张建成，还是赴美留学的女儿王丽媛；不论是惹她生气的吕毅，还是让她骄傲的王明志；不论是智力有障碍、无法融入社会的小B，还是曾经做过脑瘤手术的张璨……每一个孩子，都让她牵肠挂肚，每一个孩子都令她眉飞色舞。

2015年，张雨霄妈妈应邀登上了浙江卫视名牌栏目《中国梦想秀》的舞台。这个曾经荣获2004年度“感动中国人物”、2006年度“中国十大杰出母亲及首届中国百名优秀母亲”称号的胶东妇女，不仅圆了她少女时代当歌唱家的梦想——在全国观众面前一展歌喉；还实现了她当下最迫切的梦想——为孩子们赢得两台钢琴和艺术教育的机会；更在节目中实现了多年来未能与已长大离家的孩子们团聚的梦想！一群大孩子共同唱响《烛光里的妈妈》，一张张洋溢着幸福与快乐的笑脸，一副副或帅气或朴实的面孔，一个个满怀感激与热情的拥抱，都让张妈妈的幸福指数达到顶点，让她付出的所有艰辛都获得了补偿，让她的生命焕发出绚丽夺目的光彩！

在烟台 SOS 儿童村，每一个妈妈都有着不同寻常的故事，除了张雨霄妈妈，还有全国“五一”劳动奖章获得者、山东劳动模范郑忠燕妈妈，“烟台十佳文明市民”孙爱丽妈妈……

她们是平凡的，她们更是伟大的！虽然她们养育的孩子都不是她们亲生的，虽然她们为这些孩子终生未嫁，但孩子就是她们生命的延续！孩子就是她们幸福的源泉！孩子就是她们快乐的资本！孩子就是她们今生最大的成就与财富！

岁月无情，人生如梦。儿女如此，夫复何求？

因为有爱，凤凰涅槃获新生

有位名人曾经说过：没有无私的、自我牺牲的母爱的帮助，孩子的心灵将是一片荒漠。对于失去双亲的孤儿来说，母爱无疑是奢侈品，就犹如天上的月亮一样可望而不可即，可对于有幸走进 SOS 儿童村的孩子来说，失而复得的母爱就是幸运之神给予他们的最大眷顾，使他们原本凄惨、荒凉的人生有了急转直上的命运，甚至预示着柳暗花明、绚丽多彩的结局。

来到 SOS 儿童村的孩子，都是缺爱的孩子。他们早早失去双亲，幼小的心灵受到过极大的冲击和伤害，自卑、自闭倾向很普遍。在烟台 SOS 儿童村的 11 号家庭里，张春泓妈妈带过一个有严重自闭症倾向的孩子，她叫贾京旋。4 岁时她来到张妈妈身边，当时的京旋不仅营养不良，而且从来不和别人交流，总是喜欢躲到床底下或者大衣柜里不愿见人。张春泓妈妈带她到各大医院询医问诊，大夫说她是由于长期忧郁和痛苦造成的，没有什么良药良方可治。张春泓妈妈不想放弃这个孩子，她给予她更多的关爱。慢慢地，她发现京旋在音乐方面很有天赋，于是她联系烟台市少年宫，决定让她学习乐器。那时交通不便，从 SOS 儿童村到少年宫要跨越两个区倒两次车，每次都要在路上耗费很多时间，但张春泓风雨无阻。有一年冬天，烟台连降大雪，厚厚的大雪没过了膝盖，大雪封门怎么办？张春泓妈妈不想耽误孩子的学业，她背起京旋，手提着乐器，深一脚浅一脚地前行。趴在妈妈背上的京旋哭了，妈妈这么拼，她怎么能辜负妈妈的一片苦心呢！

读高二时，京旋已经学会了7种乐器，并且经过专业机构的考核都达到了一定的级别。后来有人向中央电视台李咏主持的“非常6+1”节目组推荐了京旋，张春泓妈妈特别珍惜这个机会，她认为让从未出过远门的孩子到中央电视台参赛这件事本身就很有意义，可以让孩子开阔视野增长见识，是提升孩子自信心的好机会！当京旋向“非常6+1”节目组展示了她的钢琴、长笛、竹笛、电吉他、电子琴、箫、架子鼓等多种才艺后，她以绝对优势进入了决赛。进京参加决赛时，京旋高超而全面的才艺展示、张春泓妈妈执着而艰辛的付出和催人泪下的感人故事深深打动了现场的评委和观众，京旋最终毫无悬念地获得了当期冠军。

第二年高考，专业优秀的京旋因文化课成绩不达标而名落孙山，在张春泓的鼓励下，京旋选择了复读，第二年以高出文化课提档线80分的好成绩，被山东艺术学院电子音乐专业作曲系录取。

从烟台SOS儿童村走出的孩子学有所成、出类拔萃的比比皆是：曾经内向懦弱的闫乐乐，在李桂英妈妈的艰辛付出和谆谆诱导下，聪慧的潜质被挖掘出来，最终考取211重点大学——西安电子科技大学；瘦小柔弱的王丽媛曾经成绩平平，张雨霄妈妈发现她很有语言天赋，便鼓励她在英语方面下功夫，高三毕业时她为自己赢得了SOS派出挪威的留学机会，继而以全额奖学金考取美国一所大学，又在一个美国家庭的资助下完成了研究生学业，如今已在美定居。

他们曾经很不幸，就像一粒微尘被整个世界漠视和遗忘；他们曾经很凄惨，失去亲人的护佑，就像一棵野草无人问津、自生自灭。他们又是幸运的，命运之神眷顾了他们，并把他们带到了“天使妈妈”的面前，妈妈用无私的大爱浇灌、呵护着这些被视为草芥的孩子，给予他们阳光、雨露的滋润，给予他们不曾拥有的温暖，给予他们茁壮成长的养料，给予他们振翅高飞的羽翼，让他们冰冷的心灵感受到母爱的温情与力量，让他们干涸的心田感受到大爱的呼唤与感召！从此之后，他们凤凰涅槃！他们阳光灿烂！他们重获新生！

我的SOS生活

烟台SOS儿童村孩子　王　娜（高中一年级）

提笔前我思绪万千，也不知道写点什么，因为在这个大家庭里有那么多的事情，有那么多的兄弟姐妹，这里是我开始幸福的源头。如果有人能够看到这篇文章，我想告诉你，在这里的我生活得很快乐、很充实、很幸福，而这一切都要感谢帮助过我的人，感谢陪在我身边的兄弟姐妹，但我最应该感谢的人是我的妈妈。

和普通的家庭一样，妈妈是世界上唯一照顾子女无微不至的人，我的妈妈也是。但在我的心中，她是更伟大的。有谁能在二十几岁花样年华的时候违背父母的意愿，终生不结婚而选择把自己的一生献给那些没有父母的孩子？有谁能早起晚睡一个人照顾七八个孩子？又有谁能舍弃自己当前的幸福，丢掉自己亲手创建的事业呢？

刚来村的我是在乡村一向野惯了的孩子，进入家门的时候，那么多哥哥姐姐看着我，一向无拘无束的我在这么多人面前顿时安静了下来，不说话，一个人倚靠在沙发上，盯着墙上的那幅挂画。“哎……这个孩子……”叔叔向妈妈介绍我，我不知不觉盯着那幅画哭了。“他们要走了，快，孩子起来送送。”“我不，我不要。”我撕扯着嗓子，终不能留住家人远去的步伐。我哽咽着，望着渐渐远去的背影。这时，我感觉到有一只温暖的手轻轻拍打我的肩膀，转身一看是妈妈，她双手把我搂在怀里，委屈、孤独顿时消散而去。我永远忘不了那一刻，我只想对妈妈说一声谢谢。即使是无言的安慰，却也让我幼小的心灵得到一种精神的寄托。我又抬头看那幅画，映入眼帘的还有那几个字：你是不是想家了？

家是什么？是陪伴的小屋吧，这是我心目中的家。当然，每个家庭成员要和睦相处，要爱着对方。那爱是什么呢？爱就是当你掉了颗门牙，却仍可以坦然微笑，因为你知道你的家人不会因为你的不完整就停止爱你。

小时候洗澡都是妈妈在一旁帮我搓背、擦身子、吹干头发，甚至连洗衣服都离不开妈妈的帮忙。她一个人给我们那么多的孩子洗澡、洗衣服。妈妈，谢谢您，因为您，我们才穿上舒适、干爽的衣服。

孩子多，家里吃饭的人多，做的饭也多。我大一些的时候，妈妈就教我们做饭，大家围在面板上一起包饺子，妈妈总是耐心地做示范，给我们讲解。下饺子，要等水开后再把饺子放进去，过一小会儿用铲子从锅底轻轻拨动饺子，盖上锅盖，饺子咕噜后，要点两次凉水，一次是让皮熟，一次是让馅熟。等再开锅盖时，饺子就浮在水面上了，这时就可以盛出来了。现在，家里煮饺子的任务还是我负责。

妈妈会说一口流利的英语，她曾经是英语老师，然而她在那个年代里却选择了我们。她每天让我们在饭前读10分钟英语，傍晚也要复习每天学习的英语。她不仅教自己家和村里其他的孩子，她还免费教社会上的孩子学英语，这一切已经坚持快五年了。

妈妈喜欢打太极拳，可惜我可能对太极过于敏感，学了第一招儿就放弃了。她很喜欢读书，当遇到好的文章时，她总会读给我们听，从她那里我学到了很多。学习、做人都离不开妈妈对我的付出。

印象中记得妈妈教给我的一句名言：Quality means doing it right when no one is looking（品质就是在没有人的情况下仍然把事情做好。）这句话让我受益匪浅。每当宿舍卫生没有人打扫时，我总是主动去打扫，帮着收拾慢的舍友。

我所学到的一切都离不开妈妈，我要感谢我的妈妈，感谢她的辛苦操劳，感谢她为我们煞费苦心，谢谢她的教诲。但我更要谢谢她的善良，因为善良才让我们有缘相聚在一起。妈妈，谢谢您！

现在，妈妈的膝盖受伤了，我只希望她能快点，再快点好起来。如果，如果能重新开始，我不会再让她做妈妈，她累了，老了。年迈的她不再有花季的容颜，她是那么憔悴，但她在我心中永远是我的妈妈！如果，如果您能看到这篇文章，我想告诉您，我真的很幸福！

美丽的脊梁

天津 SOS 儿童村工作人员　高　源

曾经看过一篇关于母亲“工资”的文章，文章里记叙了著名的“埃德尔曼财经服务组织”经过缜密思索、计算与评估得出的一个结论：若将母亲所做的工作改为出钱聘人代劳，那么，子女一年所付薪水高达 63.5 万美元。

绝大部分人看到这段话或许会一笑了之，但读过这篇文章的我，在三年前刚刚入职儿童村的时候，心里却装满了“猎奇”的复杂心情。因为我知道，在天津 SOS 儿童村里便有着这样一群以“妈妈”为职业的女性，为了心中一个温情脉脉的梦想，放弃了人世间最平凡的爱情与婚姻。她们是“科学家”，研制出了可以黏合无数被命运打碎心灵的治愈胶水；她们是“魔术师”，拥有能够抚平苦难车轮在孤儿心上压过碾痕的慈爱之手。

我来到儿童村的第一天是神奇的一天。在这一天，我看到一道如雨后彩虹般弯曲着、放射着无比美丽光辉的脊梁，这道脊梁立成一支翔鸾凤舞之笔，在我心中刻下了震撼之书；这道脊梁化作铜铸铁打的钢筋，扛起了 SOS 小楼里一个个永恒的家。

早上来到 3 号家庭，立刻看到两个“小淘气”正在闹情绪。五年级的嘉嘉和六年级的小超是儿童村的“老人儿”了，两个孩子这些年在全国性的少儿京剧大赛中屡获殊荣，成为了儿童村孩子们心目中的“大明星”。可说起学习京剧的经历，嘉嘉和小超却不约而同撇起了嘴，“妈妈最烦了，整天追着带我们上京剧课，刮风下雨都不让休息，我俩可不敢不去。”几句“埋怨”说得张妈妈笑开了花。“孩子嘛，自觉性总是差些的。我从小就看出嘉嘉和小超有这个天赋。其实没指望他们一定要有多大成就，我只是想，有翅膀的孩子，我就努力给他一片天吧。”

一片天，这是说起来轻描淡写，撑起来却如千斤厚重的一片天，这片天里，饱含着多少个日夜缝衣补裤的付出、艰辛劳苦的忍耐、满怀深情的守候、期盼成功的等待。拼凑起这片天的原子，是每一次下雨时为孩子撑起的雨伞，是每一回孩子遇到困难时身后坚定的目光，是每一件干净整齐叠放在孩子枕边的衣衫，是每一天孩子吃到的干净可口的早餐。

说到妈妈，嘉嘉和小超的眼里忽然闪现出与年龄不相符的严肃与动容，许久之后，孩子突然说：“那时候，妈妈总是挺胸抬头的，走路还特别快。前几天我发现，妈妈的脊梁骨好像变弯了……”

吃过午饭后来到 2 号家庭，一张铺满习题的书桌映入眼帘。高三的叶子如今已经到了高考前的休整备战阶段，付妈妈也成了叶子身边的“转陀螺”，一天要嘘寒问暖，端茶递水无数次。就这样，叶子的冲刺也成了付妈妈的冲刺。付妈妈说，孩子从七岁就来了，现在要高考了，孩子终于长大了……

孩子的教育问题一直是付妈妈带家的重点。为了最大限度地激发孩子的潜力，使他们真正找到适合自己的道路，多年来，付妈妈利用孩子上学时间阅读各种教育书籍，勤做读书笔记，总结出一套符合自家孩子特点的教育模式。付妈妈说：“我不仅要做妈妈，还要做老师。”2014 年高考，付妈妈家的两个高考生双双考入了一本和二本大学，向妈妈报喜时，小于半开玩笑地说：“付老师，您的学生上大学啦！”

由于孤儿与众不同的特殊童年经历，教育孤儿就犹如在茫茫原野中放风筝，是一门深奥的学问。风筝如鲸，载浮载沉，妈妈的手握着那根既不能太紧又不能太松的线，而那紧紧缠在线轮上的，是妈妈的丝丝白发啊。

问到高中三年印象最深刻的画面，叶子放下手中的笔，悠悠地说：“有一天午夜，复习完功课刚想上楼，转头看见妈妈坐在我侧面，她的背真的驼了好多好多，那一刻我忍不住落泪了。”

傍晚时分，一对喜气洋洋的青年男女进入了儿童村大门，原来是郑妈妈的女儿小陈和张妈妈的儿子小李。让全村高兴的是，两个人已经在春节前喜结连理，是回家发喜糖来的。如今的小李就职于一家汽车公司，已经长成了顶天立地、雄心勃勃的大男人。他身边的小陈贤淑文静，一脸满足。两人说，这次回来一是向村里报喜，二是看看两人的妈妈。这些年，从学校毕业到参加工作，从南疆到北疆，每次遇到困难或挫折时总会想起妈妈，想听到妈妈熟悉的声音，想从她那里得到安慰，找回温暖而无尽的力量。走在陌生的街头，耳边总是想起妈妈那声声的叮咛；住在异乡的旅店，眼前时常浮现出妈妈那操劳的身影；甚至妈妈曾经的责备，都成为了最深沉宝贵的回忆。“我来的时候，妈妈很年轻漂亮的……”小李说着说着低下了头，“这么多年了，妈妈老了，背也弯了……”

是啊，妈妈的背弯了，这道执着倔强、坚挺笔直的脊梁，却甘愿在命运的狂风暴雨中弯曲成一把厚实的大伞，只为隔绝雨点再度打湿这些苦难的小花。时光荏苒，年轻的SOS妈妈仿佛陪着蜗牛散步般努力迁就着身边的小人，只为了牵着他软软的小手，慢慢向前走；岁岁年年，老去的SOS妈妈犹如原地不动的老树，生出了一片又一片绿叶，只为了抽尽自己的养分，还大地一片枝繁叶茂。

我在SOS儿童村的第一天结束了。日落西山，当我远远望着SOS妈妈站在小楼前的背影，仿佛有一道秋日午后的阳光打在背上，剥离了春天的青涩、夏日的燥热和冬夜的酷寒，这条美丽而微曲的脊梁依然坚强撑起一片屋檐，挂着累累飘香的果实，写满了温暖而安静的力量。

幸福的密码

开封SOS儿童村孩子　朱玉军（石家庄师范大学在读）

胸怀感恩，笑看庭前花开花落；拥抱幸福，漫看天际云卷云舒。

——题记

上帝是公平的，他在给人关上一扇门的同时给人打开了一扇窗。命运对我来说是公平的，它带给了我悲伤的童年回忆，却又在困境中对我伸出了援助之手，给予我无限的温馨与感动。

我永远忘不了家里发生重大变故，父母双亡，我和妹妹瞬间成为孤儿时的无助；我也永远忘不了孤苦无依时，儿童村带给我的温暖与爱。村长叔叔、妈妈和儿童村的每一位叔叔阿姨都是我和妹妹的恩人，他们为我们付出了太多、太多。我庆幸，我也感激，我庆幸在无依无靠、无所适从之时来到了儿童村；我感激儿童村每一位叔叔、阿姨对我和妹妹不计回报的付出，也感激这些年来每一位奉献爱心的好心人。好人就有好梦，愿你们平安幸福一生。

十多年前的那段日子，对我和妹妹来说就像是一场噩梦，突如其来的变故，打破了我们原本平静的四口之家的幸福生活，霎时以前的幸福快乐被无尽的苦涩所代替，只剩下年迈多病的爷爷奶奶和两个幼小的孩子，每日为了生活辛苦劳作。很幸运，我们遇到了民政局的杜叔叔，在他的帮助下，我和妹妹来到了儿童村，遇见了我美丽的妈妈、优秀的哥哥姐姐和可爱的弟弟妹妹。

依稀记得初次见面时，刚到门口，我就收到妈妈热情的问好，并且体贴地告诉我，如果叫不出“妈妈”来没关系，咱们慢慢适应。一句简单的话语瞬间温暖了我，我心想这就是我要的妈妈，第一声“妈妈”脱口而出。家里所有的孩子也都站在门口迎接我们，看着那一张张笑脸，我心里充满了前所未有的感动。当然，来到新的地方，面对身边陌生的一切，我也会感到害怕和无措。但是，妈妈无微不至的照顾，哥哥姐姐热心的帮助和弟弟妹妹真挚的关怀，赶走了我所有的忧愁和焦虑。

来到儿童村，我重新拥有了一个温馨的家庭，妈妈给了我很多的帮助与感动。忘不了第一次去学校时，大门口妈妈无言的等候，对于学校的陌生又因为妈妈的等待而变得快乐起来。因为在学校住校，在家时间变得很少，妈妈怕我在学校吃不好，家里每次发了什么东西，她总会想着我，给我留着。印象最深的就是，每次回家吃东西，一旦我说什么东西好吃，妈妈都会立刻说：“回学校时给你多带点啊。”当我回学校时手里提的都是大兜小兜。

在我的印象里妈妈是很少买衣服的，她对自己很节俭，穿过好几年的衣服也舍不得扔，但她对孩子却毫不吝啬。我们家前前后后十几个孩子，不管是穿衣还是饮食，她都打理得很妥当。

妈妈的关心，并不仅仅止于我和妹妹，还有我在老家的爷爷奶奶。当听到老家爷爷患病家里经济压力大时，妈妈一直在尽她所能帮助我的家人。每次回老家，妈妈都会为我准备很多东西，就连我们老家村里的人，都知道我有一个好妈妈、一个美丽善良的妈妈。

儿童村不仅重新给了我一个温馨家庭，也圆了我的求学梦。记得刚上高三时，我的数学成绩很不理想，考试给了我很大的打击，对自己没有一点儿信心。是我的妈妈不断鼓励我，并且给我找了补课老师，每周来家里补课。渐渐地，我的学习有了起色，当成绩出来时妈妈比我还兴奋。我永远忘不了妈妈当时说的话：“只要你们过得比我好!”现在想起来依然想掉泪。

高考时，妈妈动员全家支持我，每天准备营养美味的饭菜；弟弟妹妹也主动帮我承担家务，哥哥姐姐也都打来电话鼓励我；考试时村里的叔叔还专门接送，在炎热的夏日中不辞辛苦；是他们带给了我无限的动力。幸运的是付出有了回报，在大家的帮助下，我和妹妹都考上了大学，圆了彼此长久以来的大学梦。

爷爷奶奶对儿童村也充满感激，当听到我和妹妹考上大学时，爷爷奶奶热泪盈眶地说：“我们家三代农民，到了我们这里终于出了大学生，这都是儿童村的功劳，这都是妈妈的功劳。如果没有儿童村的帮助，我们根本供不起两个大学生啊！他们是我们的恩人啊！”

现在的我依然被身边的一切感动着，我也时刻提醒自己：努力学习，不忘初心。大学刚开学时，妈妈帮我打点好一切行李：衣服、被褥、洗漱用品，甚至是一些应急备用药品，妈妈都帮我准备妥当。害怕我东西不好拿，一向不懂压缩包为何物的妈妈，还多方询问别人，为我买来一个，好让我更方便打包行李。

上大学后，她打电话时总说：“咱老家家里负担大，爷爷奶奶不容易，你回家好好陪他们。我这儿你放心，没啥事。”每当听到这句话，我几乎都会泪崩。

这一件件的事情让我慢慢喜欢上妈妈，也让我更明白了“妈妈”一词的意义，我的妈妈她也以自己的所作所为对此进行了最好的诠释。

我还要感谢不辞辛苦把我送到石家庄的姨妈、每到假期对我殷切叮咛嘱咐的村长叔叔……他们都是我坚持的动力。我深知自己现在的生活离不开很多人的帮助，我唯有努力才能不辜负大家的付出，所以大学我也不断尽力充实自己。

几年的大学生活，我连续三年获得了专业奖学金，并且学习成绩一直保持前列，在大三的顶岗实习中也获得了“优秀实习干部”的称号，还获得了说课比赛一等奖。不断努力，是因为我知道成绩是对妈妈最好的回馈，也是对每一位关心爱护我的人的最好回报。诚然，这些都只是开始，未来还有很多事等着我去经历，但不管怎么样，因为有了他们，我便有了前进的力量和勇气。

与儿童村的相识，是我生命中一场最美丽的邂逅，在这里我享受着妈妈的关怀，感受着家庭的幸福。如果生命是一场梦的旅行，那么在儿童村的这些日子，必定是我最美的一次驻足。因为我敬爱的妈妈、因为每一个为儿童村辛苦付出的人，我懂得了感恩、奉献是我们幸福的密码，是我们快乐的秘密武器。我会时刻铭记，尽自己最大的努力回报社会。

重获那份亲情

拉萨SOS儿童村孩子 索朗白姆（重庆西南大学在读）

那年冬天

在最无助的人生路上，亲情是最持久的动力，给予我们无私的帮助和依靠；在最寂寞的情感路上，亲情是最真诚的陪伴，让我们感受到无比的温馨和安慰；在最无奈的十字路口，亲情是最清晰的路标，指引我们成功到达目标。这几句话，虽然感人，但搁在17年前对我来说也只是别人的亲情。那年的遭遇，使我失去了双亲，只是当时的我还小，不太懂得死亡的意义，只是模模糊糊知道，那就是他们永远不会回来了，也就是从那以后我就自己一个人要生活下去。可是当时我只有四岁左右，什么都不会，也什么都不懂。但是唯有一点就是，我特别不喜欢别人用怜悯的眼光看我。我只想离开那个地方，反正没有什么留恋了。有句话是："上帝为你关上门的同时，也会为你开一扇窗户。"

那年的冬天老家特别冷，除了下雪还是下雪。也许很多人都开始冬眠了，只有我和爷爷格外高兴，就像到了春天一样。那一天，有一辆白色的车来接我，他们对我说："我们会把你带到拉萨，到了那里你会有自己的妈妈、兄弟姐妹，有你自己的家，你还可以上学。"听到这些话我就按捺不住了，什么都没想就跟着他们走了。只是有点舍不得养我的爷爷，可是爷爷是支持我去的。虽然爷爷没有什么文化，但他觉得这也许是我的出路。就这样，那年冬天我离开了家乡。

那一瞬间

到拉萨时，已经是晚上了。他们把我带到一个院子里，因为是晚上，所以看得不太清楚。我记得，跟我一起来的还有两个孩子，我们都站在那儿，等待着人生中一个重要的宣告。突然村长爷爷说："妈妈都到齐了啊，下面开始分孩子，把自己的孩子带回家，然后给他们洗澡、吃饭。"我心里特别好奇，我会得到一个什么样的妈妈？村长爷爷把他们两个分别给了两个阿姨。轮到我了，村长爷爷说："索朗央金，从今以后这是你的女儿，她叫索朗白姆。"我抬头看了一下我的妈妈，那一瞬间，我觉得我的人生从此改变了，不再是孤儿了。她也看着我，她看上去很年轻、很慈祥，感觉比较好说话，我松了一口气，心里有点激动又有点迷茫。

回到家后，也许因为才开村，家里没什么装饰，感觉空空的，但是她已经给我准备好了洗澡的热水以及干净的衣服。她帮我洗完澡后，给我做了青椒炒饭，把我辣得眼泪哗啦哗啦往下流。这一幕把她给吓到了。现在想起来，感觉当时的自己好滑稽。当时最难的是就是我们的语言不通，我听不懂拉萨话，而她也听不懂我老家的话，所以其间闹了好多笑话。

差不多在家待了两个月后我就去上学了，学校的生活没有我想象的那么有趣。当时的我还有点自卑，但是好在她每天晚上都会陪我做作业、复习、预习。她总是跟我讲好多的道理，这让我认识到自己与别的小孩不同的地方，让我意识到只有自己努力才能改变自己的未来。我在学习上更加努力，当时我就觉得只有我的成绩才能证明我的努力。就这样，我们一起度过了我的小学阶段。小升初时，因为有民族政策，我考上了江苏省南通西藏中学。

那一离别

考上南通后，妈妈说："这次要去四年，而且寒暑假都不能回家。"我当时没那么在意。但是就在那个暑假，我学会了洗衣服、打扫卫生、买东西、做饭……那天早上在贡嘎机场，她哭得很厉害。可是当时的我心里都是坐飞机的幻想，因为很好奇坐飞机是一种什么样的感受。就这样，我都没有好好说一句再见，直接奔候机室去了。

刚到南通时很不适应，感觉什么都不对，就每天给她打电话，一听到她的声音，我就会忍不住哭。那时的我一天会哭好几次。不过，时间是很好的东西，后来我慢慢地适应了学校新生活，只是每次过年时特别想家。

初二那年夏天，她来看我了，她说她参加儿童村北京培训班顺道来看我，当时的我还以为是真的。不过后来才知道，从北京到南通坐火车都需要三十多个小时，而且她当时坐的是硬座。现在每次想起，我都有种想哭的冲动。她一个人坐三十多个小时的硬座来这个陌生的城市，只因想看一下她的女儿。

后来我初中毕业了，同样我的高中生活也很顺利。后来的后来，我就很幸运地考上大学——重庆西南大学。

那份情

身为大学生的我，更能懂她的辛苦与不易。我上大二的时候，她生了一场重病，到成都去做手术。我当时想，现在该轮到我来为她做点事情了。我向学院的领导请了假，去了她在的医院。她那时刚做完手术，不能说太多的话，也不能做其他事情，就只能在床上躺着。照顾她的那几天对我的触动很大：我发现她不再是以前的她了，她有白头发了，她的精力不像以前那么好了。感觉她老了好多，难道是我之前都没有好好地看过她吗？那时，我就想，如果我现在已经工作了，那该多好，这样的话，可以帮她很多。所以当时的我只想早点毕业。当时的愿望现在已经快成真了。

我知道人一生中最亲亲不过双亲，可是对我来说最亲亲不过养育我的妈妈。可以说是您改变了我的人生，若没有遇见您，也许我现在还是牧民，更别说学习知识、上大学，到更多的地方去看这个世界的各种美好。如果要说那些慈善家拯救了很多灾区的人的话，那您拯救了十六个孩子的灵魂。是您让我重新拥有了一个家，是您让我重新获得了那份情，那份原本已失去的情。

老妈，这些年，您辛苦了！

时光时光慢一些吧

烟台SOS儿童村孩子　韩君青（烟台城乡建筑学校在读）

来儿童村前，我在不同的亲戚家过了两年，我明确知道自己孤儿的身份，知道寄人篱下的生活是怎样的。当有人告诉我，儿童村是让孤儿也有家、有妈妈的时候，我是表示怀疑的。

踏进儿童村大门时，我根本分不清东南西北，就感觉这里好美，有树木、有长廊、有雕塑，还有我最爱的滑梯，像个花园。新家很大，有漂亮的家具，干净整洁，看着就很舒服。新妈妈挺好看的，说话语气很和蔼，总是笑盈盈的。我立刻就喜欢上了这里，喜欢上了她。我叫了一声“妈——”，有点不自然，要知道这称呼我可是有两年多没有叫过了。

那天中午妈妈做了面条，她说这天是正月初七，叫“小人节”，是专门“管小孩儿”的，吃面条就是拴小孩儿，拴住了就不生病了，就长长久久了。原来吃饭还有这么多讲头，为什么以前没有人跟我说这些呢？那碗面我吃得很香，埋头吃发出很大的响声，哥哥姐姐们都笑我。妈妈也笑了，她说看我喜欢吃她很高兴。后来我也知道了哥哥姐姐为什么笑，反正那样的吃相我现在是不会再有了。

午饭过后，我像是解了紧箍咒的孙猴子一般，挨个房间造反，跟兄弟姐妹们嬉戏打闹，毛绒玩具满天飞，床上的被褥全都乱套了，房门被摔得啪啪直响。喜欢安静的姐姐受不了了，让妈妈管管我，妈妈说：“这孩子一看就是被拘束久了，在亲戚家哪能这样自由自在地玩呢？这是真拿这儿当家了，过几天她自己就好了。”

哦，家，多么诱人的字眼啊！那一刻起，我忘记了自己孤儿的身份，我又有了一个永远包容我让我身心放松的家，有了一个真心疼爱我的妈妈，我再也不是没有妈妈的孩子了。

时光匆匆碾过十个年头，不知不觉间我长大了，而妈妈也剪去了她的长发，曾经细致光滑的脸，如今已经满是岁月的痕迹。回首往事历历在目，仿佛就发生在昨天。十年间，我们一起哭过、笑过、开心过、争吵过，从陌生到熟悉，再到超越血缘建立亲情，我们的心已经紧贴，无法分离。

“时光时光慢些吧，不要再让您变老了……您牵挂的孩子长大了，感谢一路有您！”

我是我了

南昌 SOS 儿童村孩子　习书婷

你一定对《我是我了》这个题目感到惊讶或是好笑吧！我不是我，难道会是别人吗？告诉你吧，没来儿童村前，我真的不知道自己是谁。

2010 年 8 月 2 日，新建县检察院的叔叔阿姨把我送到了南昌 SOS 儿童村六号家庭，也就是从那时起，我才知道自己是被父母遗弃的孤儿。我养父是年过五旬的残疾人，养母是有智力障碍的聋哑人，生活自理都很困难。于是在我八岁时，无力抚养我的养父母，把我交给了在县城里的姑姑抚养。或许因为那时姑姑正处于人生低谷吧（后来知道是因为她和姑父闹离婚），在我没做好事情时，便会遭到姑姑的打骂、罚饿、罚站、罚不睡觉等。我身上的伤痕让邻居们多次报警，还有妇联的阿姨也来帮助我，可是后来姑姑还是把我打得遍体鳞伤……是检察院的叔叔阿姨给我治好了伤，并把我送到了南昌 SOS 儿童村——一个以家庭为单位培养孩子的地方。

还记得妈妈跟我讲的第一句话是叫我不要去记恨我姑姑，毕竟她也是费心带了我两年，而且仇恨会让人变丑，变得更加不幸福、不快乐，只有爱才能使人变得美丽快乐和幸福！这是妈妈给我心灵播下的第一粒种子，于是我学会了爱。

有一次我去参加村里的活动，活动结束后，我高兴地抱着一大堆礼品回家，哥哥姐姐们看到我拿那么多东西回来就都拿过去看。我非常生气也非常委屈，心想“那都是我的东西，你们不能碰我的东西”，想着想着眼泪就流了下来。见状，妈妈一下把我抱到怀里安慰并教导我说：“村里发的东西是属于家庭的，家庭的东西就是家里每个人都有份的东西 ，大家一起吃、一起玩才开心。而且你是新来的，又是家里最小的孩子，你喜欢的东西哥哥姐姐也不会跟你抢。但是你要学会跟大家分享。”从此我学会了与他人分享，学会了以家庭为单位，要为家庭事务着想。

我特别胆小怕事，别人要我做的事情我都会做，即使有时根本做不来也不会去拒绝别人。妈妈发现以后就找我谈心，妈妈告诉我要明辨是非，学会做自己的主人，自己做不到的事情就要去拒绝别人，尤其是女孩子，要敢于向别人说不。

我来村半年后，村里又接收了一批新孩子，妈妈考虑到我在家里没有玩伴，性格又孤僻，就向村里申请选了一个比我大两岁的男孩到家里。他的性格活泼开朗，胆子大，也有点子，我们经常一起满院子玩耍。

每个礼拜天，妈妈都会带着全家出去玩，什么“渔舟湾”、“秋水广场”、“艾溪湖”、“天香园”等。她让我们与大自然亲近，和天地一起呼吸。有时妈妈也会带我们参加一些大型社会活动，让我们参与到儿童村以外的世界中去。在这样的环境下，我渐渐地变得开朗起来。可喜的是，我现在也敢走近别人了。

检察院的叔叔阿姨每年来看望我时，都夸我的气色越来越漂亮了。这都得益于妈妈每天变着花样给我们做的营养餐。记得中考的前一晚，外面半夜还在偷建房子，发出了巨大的噪声。妈妈怕会影响我们的睡眠，就打了110报警。在半夜1点多的时候，妈妈孤身一人去村门口接警，警察叔叔走时对妈妈说：“以后晚上不要一个人来接警。”警察走后，那家施工的声音又响起了，妈妈担心得一晚上都没睡好觉……

就像妈妈说的，我们要常怀感恩慈悲的心去对待生活。我也在儿童村悄然成长，慢慢改变着……很多事情都是我来到儿童村后才懂得、才学会的。我在这里学会了爱和感恩，学会了分享和感知快乐，懂得了当家做主的自信和自豪。最重要的是我拥有了属于我的户籍和学籍，当这一身份确定以后，我发誓要把这世界上最美好的东西赋予她——习书婷。我是我，不一样的习书婷！

青葱岁月

——儿童村伴我走过

南昌 SOS 儿童村孩子　杨争平（浙江师范大学在读）

倘若时光定格在我九岁之前，我的人生将是灰色的。

从我记事起，奶奶就告诉我，我出生不到三十天，爸妈就走了，由爷爷奶奶带我长大。不幸的是，爷爷在我六岁时中风了，奶奶虽身体无恙，但也年过花甲，不仅要照顾着生病的爷爷，还要哺养着从小调皮不懂事的我。灾难的突然降临，使本来就不富裕的家庭雪上加霜，我的心也跌落至冰点。我们的生活自然变得拮据很多，每天要靠卖菜，省吃俭用来维持生计。叔伯虽然也会给予些帮助，但都已成家，有自己的孩子需要照料。生活在不富裕的农村，能让我吃饱穿暖，就已经非常满足。当我读书后，费用便开始多了起来，每年的费用虽不多，但对于两个手无缚鸡之力的老人来说，并不是一笔小的开销。

那时，虽然爷爷奶奶对我疼爱有加，但我还是缺少同龄人应有的一切：不能吃到妈妈做的饭菜，不能拥有妈妈亲手扎起的小辫，不能骑在爸爸的脖子上看戏。懵懂的我，总以为爸妈在和我捉迷藏，暂时离开，等我长大后的某一天，就会突然双双出现在我面前，给我一个天大的惊喜。我等啊等，却一直没有等到。无数个夜晚，我对着星星诉说，对着窗口眺望，抱着枕头哭泣。

爷爷奶奶常对我说："要用功读书，不要总迷着玩儿。"当时的我便暗暗下定决心一定要好好学习，好好听老师、爷爷奶奶的话，长大后赚很多很多的钱，不让他们为生活所累，不让他们伤心、失望，让他们过上更好的生活。

难以忘记，爷爷因为要省钱，教我用石子在地上练字的场景；也难以忘记，奶奶因为心疼我没有零食吃，脸上挥之不去的无奈表情；更难以忘记，放学后和同伴们追逐在田埂上，带来一时的欢声笑语。

我以为一直会这样，过着清贫、简单的生活。但是，并没有那样，上天为我关闭了一扇门，同时也为我开了一扇窗。

2004年3月，改变了我的人生轨迹。我怀着紧张而又有些期待的心情，来到了一个陌生的地方——中国南昌SOS儿童村。承蒙上天善待，儿童村给予了我家庭的温暖、母亲的疼爱、兄弟姐妹间的手足之情。多少次梦想中的生活得以实现，我迎来了另一种全新的生活。

三月，那是一个美好的季节。门前碧绿茶树上挂满了争奇斗艳的茶花，坐在树下，阳光透过茶树，折射出斑驳的光圈，温暖可人。路边的迎春花也竞相开放，给青葱的春天添上了一抹嫩黄。我们像可爱的小蜜蜂一样，在这个美好的花季里快乐地生活、学习，健康地成长。

三月底，这时的小学已开学大半个月了，我从老家带来的教材和这里版本不一样，妈妈便挨家去找旧书，可是别人家小学生读过的书学完就都卖了。妈妈只好去市里的书店淘教材，骑着自行车跑遍了市内大小书店均无收获。明天上课急需教材，妈妈就借来老师的教材，在村里的复印室连夜复印出来。那时候的复印机远没有现在的便捷，要把几本教材全都在一个晚上复印出来实属不易。我期待着拿到特殊教材的欣喜，可是眼皮不久就不听话地粘在了一起。等妈妈把复印好的散页拿回家时，已晚上十点多。妈妈让我去睡觉，明天早起要上课。灯光下的妈妈正在把一页页纸码齐，用针线再一张张订在一起。刚来到这个新家的我，一种久违的感觉扑面而来。我很感动，这一幕一直留在我的记忆中，那本教材我也一直珍藏着。虽然是一本普通的教科书，但对我来说，那是一种爱、一种寄托、一种期待。

在这个大家庭里，我拥有了兄弟姐妹。哥哥比我和弟弟大一岁，也比我们高一个年级。我们有不会写的作业都会问哥哥，他也会很有耐心地教我们。每天早上，我们都相约一起背书、背英语单词。我总是比弟弟背得快，常常在他面前嘚瑟，笑他背不出来。弟弟看我背完了在一边玩耍，他就开始着急，越急越背不出来，边嘟囔着有什么了不起的，边继续背。

有时，哥哥也会趁妈妈不在家的时候，带我们做“坏事”。读小学的我们放学很早，只要发现妈妈不在家，哥哥就会带领我们偷看电视。我们有明确分工，分配好时间，轮流坐在窗口拿着本书装作看书写作业，实际是在放哨。每当看到妈妈回来就立刻发出信号，或唱歌或大声和妈妈打招呼，手握遥控器的就赶紧把电视关掉，然后装作什么事都没有发生，或假装看书或出来帮妈妈拿东西。妈妈一直蒙在鼓里，还总是表扬我们懂事。现在想起来，都觉得好笑、好童真、好幸福！

妈妈和二姐会拉二胡，或激昂、或低沉，或悠扬、或哀怨，琴声天天围绕在耳畔。我和哥哥比较好奇，觉得挺好玩儿，就和妈妈说我们也想学二胡。刚开始我们学得都很认真，又感兴趣，所以学得很开心，很快我们就学会了一些喜欢的儿歌。随着技巧的增加，难度的加大，兴趣也慢慢减退了。我们有些退缩厌倦，找各种借口拖延、缩减练琴的时间，眼睛总是不停地盯着墙上的钟表，时间好像有意和我们作对，感觉不到它的走动。看到其他小朋友在院子里玩耍，我们心里就发毛，如坐针毡。妈妈去忙家务，哥哥有时就会偷偷把钟表指针拨快。

妈妈是个做事认真严谨的人，看到我们的心思不在练琴上，就告诉我们，不管学什么都要有个好的态度，不能当玩儿，只有坚持下来才能有所收获。学习是一个过程，要充分享受学习带来的快乐。二姐这时就会过来，边鼓励我们边示范指导。正是有了这个阶段打下的基础，才有了我今天的艺术求学之路。

从中学开始，我慢慢叛逆起来，没有了上小学时的乖巧，变得不再那么认真学习，学会了唱反调，学会了情绪无常，讨厌学习的无趣、讨厌练琴的枯燥、讨厌妈妈的管教、讨厌老师的教导。上课不听讲，每天和一些不读书的人打成一片，打牌、逃课、追星、看电影样样都有我的身影。我把这些当成了长大成熟的表现方式，自以为这就是友谊、这就是生活。我开始找各种回家晚的理由，次数多了，实在找不出来就搪塞。有一天回家太晚，妈妈问我为什么这么晚才回来，我很不屑地说："我也不知道为什么。"妈妈无言以对。这句话成了我那个时期最好的挡箭牌。

我的成绩下降很快，老师劝我要好好学习，不要天天混日子。我却跟老师说，我比较聪明，不用太认真，不读书照样生活。我把家长、老师的教导当耳旁风，认为他们老气、愚昧、有代沟。我鄙视那些埋头苦读的人，认为他们是傻子。却不知自己已上迷途。我用最有锋芒的形式来表现自己的存在，用冷漠怀疑的心态看这个世界，不管别人怎么说、怎么看，只追求心中自以为是的那种自由快乐。

同学生日的晚上，我们看完电影唱完歌已很晚了，各自回家。我要过一个地下通道才能坐上公交车，我在里面转了近半个小时，越转越迷糊，越转越害怕。我是一个粗线条的人，平时上下课坐车从不记路，都是机械地直来直去。地理从不学，方向、指示路标根本看不懂，以前过地下通道都是问别人或跟着别人走，现在可好，连一个人影都不见，身上又没电话，这可怎么办？平时表现的张扬，那都是做给别人看的，其实内心软弱得很。眼泪在打转，恨自己平时不学习，哪怕平时认真看两眼地理标示，也不至于困在地下通道里找不到出口。我大声喊了起来，幸好有个阿姨正好路过，才把我带出地下通道。我一路上都在想妈妈说过的话：生活、学习都是一个积累的过程，要用心去感受这个过程的美好。什么技能都要学，哪怕是以后用不到，万一用到不至于犯难。回到家本以为妈妈早就睡了，可是没想到妈妈却一直在等我。妈妈看到我疲惫的样子，轻轻地说：你累了，去睡吧，别误了明天上课。晚上，我想了很多很多。从此，和以前的我告别，重新回归正途。

命运从不会亏欠我的努力。2014 年我以全省小专业第一名、文化成绩过线的成绩考取浙江师范大学，攻读音乐表演专业。2015 年我加入了校志愿者团队，尽自己的微薄之力将这份爱传递给那些需要关爱的孤儿、老人。

十二年，从天真懵懂无知的童年到青春叛逆的少年，再到以理性思考的青年，我变得不再那么叛逆、不再那么锋芒、不再那么自以为是。

十二年，我得到了社会各界爱心人士的帮助和关爱，使我的人生路上不再孤独。

十二年，也让风华正茂的母亲韶华倾逝，付出了最美的青春，付出了一生的心血！

十二年的经历告诉我，生活就像是一条河流，无论前方是潮平岸阔，还是暗礁密布，我们只能往前走，不能往后退！尽自己最大的努力向善！向上！

（一直记得，争平悦耳的长笛。——李进国注）

真好，成长路上有您

南昌 SOS 儿童村孩子　邹斌辉（高中）

童年在不知不觉中已经是我美好的回忆了。

在一个阳光明媚的早晨，我坐上了人生第一次的小轿车来到了大人们给我描绘的人间天堂——一个叫 SOS 儿童村的地方。哇，大人们真的没有骗我呀，这里真的是人间天堂。

可是不久，我发现天堂里的束缚和规矩太多了，这也不能碰，那也不能走。我开始想念我们大山的自由广阔：上树爬墙，摸鱼捞虾，满山遍野疯跑，摘果子，捉兔子，困了就钻到洞里睡觉，那才叫神仙一样的日子呢！想到这些，我偷偷地哭了，心里想，我怎么离开这里呢？

记得那天中午我偷偷地骑着自行车出去玩，在一陡坡地方，见路上没人，我撒开把手往下就冲。这时一辆大货车从对面快速朝我开过来，情急之下，我手也找不到车把和刹车了，闭上眼睛，心想完了。我听见大货车呼啸着从我身边过去了，等我回过神来时，发现旁边围了好几个人问我怎么样，还说我命真大，竟然毫发无损。我一看自己没事，那些人我又不认识，就赶紧推上自行车往回跑。回到家好久，我才平复下来。我悄悄地溜进自己的房间，没有把这件事告诉任何人。

过了几天，妈妈带着我们去游乐场玩，项目太多了，玩都玩不过来。“过山车”、“海盗船”对于我来说就是挑战极限，玩了一个我就不敢玩下去了，可妈妈却说：“你连死都不怕，还怕玩这个吗？”我吓得赶紧躲到妹妹身后。那天玩完后，妈妈还带着我们去吃了大餐。回来后，妈妈让我们每个人谈今天的体会，大家热闹地讲着刺激呀、极限啊、勇敢啊、开心极了，只有我一句话都说不出来。妈妈严肃起来，就把我那天差点被车子撞到的事说给大家听，最后还声泪俱下地讲了我的生母就是被大货车碾压而死的……那一天我懂得了什么是真正的勇敢和自由，什么叫敬畏生命、敬畏天地。那一天我知道了一个人怎样用所学知识武装头脑，然后让自己获取更大能量，最后去服务他人和社会。那一天我还懂得了爱也是牵挂。当时一股暖流涌入心头，从此再也没有想离开的念头了。

随着我们的长大，感觉妈妈越来越像小孩子了。她经常让我们找这找那，大小事情也问我们怎么做，一旦我们说出方法，她不管对错都照着去做。如果错了，她又会问我们，为什么这样会错呢？不知不觉中，我们家每个人都能处理一些问题。

现在，我们家有五个在读大学的哥哥姐姐，剩下我们四个读高中的孩子中，只有我一人是在普通高中读书，有时想想心里不免有些酸酸的感觉。欣慰的是妈妈和其他兄弟姐妹从来没有嫌弃我，而且还经常鼓励我，找我身上的闪光点夸奖我。我也尽量将大事小事担起来，不让妈妈为我操心、为我们家操心。

妈，儿子已经长大了，我的肩膀可以让您依靠了，我的胸膛也可以为您遮风挡雨了。从现在开始，您就去做您想做和您喜欢做的事情吧。您用您仁慈、博爱、智慧、宽容、细致、温婉的心灵陪伴我们长大。未来，我们会把您给予我们的所有的爱发扬光大。妈妈，我们爱您，愿您幸福、平安！

2016年中国SOS儿童村征文比赛儿童村纪事组决赛作品

TWINS SISTERS

成都SOS儿童村孩子 王守祝（离村）

我清楚地记得我和她是1997年8月那个炎热的夏天到成都SOS儿童村的。因为这是我们出生以来第一次离开家乡到大城市、第一次看见在大街小巷穿梭的汽车、第一次看见宽阔无泥的马路、第一次住在绿树围绕着的红砖红瓦的小别墅、第一次……

她不是别人，她是我同年同月同日生的双胞胎姐姐。我俩长得一点也不像，因为我们是异卵双胞胎。我俩一同住进了四号家庭，每天我们同吃同睡，受着同样的教育。但是我们两人的性格完全不同，我是一个比较随和的人，做家务慢但是很仔细，我是典型的完美主义者。而她性格急躁，做家务迅速但是不够完美。我喜欢音乐舞蹈，而她喜欢羽毛球、乒乓球。就因为这样，她成为了家里妈妈的得力小助手，而我勤奋努力学习成了家里学习的榜样。

十二岁那年夏天，妈妈们出去了三天，家里没人做饭，是姐姐学着妈妈的样子骑着自行车顶着太阳到菜市场买一些平时我们喜欢吃的菜回来，然后到厨房洗出了一天要做的菜，最后做了几道家常菜让我们吃得饱饱的。虽然没有妈妈做的好吃，但是能吃到姐姐亲手做的热乎乎的饭菜，我们心里已经很满足了。到了晚上，我们都进入甜蜜梦乡时，姐姐还在帮弟弟妹妹洗衣服。当我半夜醒来时，看见姐姐正在给弟弟妹妹们盖被子，我也去帮他们赶走身上的蚊子，点上蚊香。这三天我和姐姐配合很好，把弟弟妹妹照顾得妥妥帖帖，妈妈回来后还特意表扬了我和姐姐。妈妈的表扬和鼓励让我们对独立生活有了更美好的向往。

2003 年 9 月，我们都上六年级了，这也是比较关键的一年，因为我们面临着小升初考试。我的学习妈妈并不担心，因为我小学六年都是班长，成绩也一直是班上数一数二的。可姐姐就不一样了，从小她就不爱学习，她宁愿多帮妈妈做点家务也不愿意安安静静地坐在那里多学习一会儿，妈妈对她的学习很是担心。我是家里的学习榜样，也是姐姐最亲的妹妹，所以每当我把自己的作业做完后，都会去监督姐姐学习，给她出一些专题训练，让她做一些同学们容易出错的题，让姐姐尽量达到老师的要求。经过我的努力，我们都考出了一个比较好的成绩，并顺利进入了初中开始新的学习。

就这样，我俩互帮互助在一起度过了懵懂的小学、叛逆的初中、坎坷的高中。高中毕业后姐姐踏入了社会，而我走进了大学继续我的音乐生涯。在我大学期间，姐姐总会隔三差五地回来看我和弟弟妹妹，并给我们带来好吃好玩的。再后来，姐姐有了自己的家庭便很少来了。可是我俩的姐妹之情一直未断，每当放假时我都会去姐姐那儿玩，看看可爱的侄儿，陪姐姐聊天，帮她哄哄孩子做点家务。

时间飞逝，如今我也为人妻为人母了，终于体会到当妈妈的不容易，也体会到照顾好一个家庭的辛苦。想想当初我们在儿童村一起度过的每一天是多么美好、多么快乐、多么无忧无虑啊！

我爱我家

——齐齐哈尔 SOS 儿童村

齐齐哈尔 SOS 儿童村孩子　王恩爽（小学六年级）

家是温暖的，像一团火苗照亮每个人的心房；家是幸福的，有着许多的兄弟姐妹陪伴着我；家是五彩的，有着孩子们欢歌笑语的声音。家是人世间最温暖、最和谐、最幸福的地方。当然我也不会例外，我的家是一个特殊的大家庭——齐齐哈尔 SOS 儿童村。

儿童村的孩子都是像我一样的孤儿，我们是不幸的，童年是黑暗的，只能眼睁睁看着别的孩子拥有母爱。当别的孩子在母亲怀抱里玩耍的时候，我们正在痛苦的阴影里悲伤地哭泣。虽然我们是不幸的，但我们却又是幸运的，因为我们来到了这个充满爱的儿童村，是这里给了我家一般的温暖，是这里给了我一位和蔼可亲的妈妈。

我出生在讷河县的长发镇，爸爸妈妈都因意外事故而不在了，家里只剩下了年老体弱的爷爷奶奶。爷爷奶奶的年龄都很大，照顾自己都很困难，怎么还有力气照顾我？于是在我九岁的时候，二舅把我送到了齐齐哈尔 SOS 儿童村。

刚刚迈进儿童村的大门，我就深深地被这里的环境所吸引。只见两根高大的旗杆矗立在村前，一棵棵大树枝繁叶茂生机勃勃地生长着，儿童村村牌在周围绿树红花的映衬下显得格外显眼。来到村内，放眼望去到处都是错落有致的小房子，还有一座葡萄长廊；每个家庭四周都种植了果树，种类各不相同。

我们被领到一幢房屋前，门上方有一个大大的数字 8，看来这就是 8 号家庭了。开门的是一位慈祥的妇女，这就是以后照顾我的妈妈。妈妈用眼睛默默地打量着我，那眼神真像罗丹注视塑像的眼神，我从她的眼中看出了她对我的希望。

春天，小草探出了脑袋，树木长出了绿色的枝叶，各种各样的植物都如雨后春笋般汲取着营养茁壮成长，小巧玲珑的鸟儿在树上高声歌唱，迎面吹来一阵惬意的风。

夏天，每一种植物都长得枝繁叶茂，绿叶在微风中不断地轻轻摆动，许多昆虫在花丛中飞舞，不时传来小鸟的啁啾声，而蝉儿则在树上高声鸣叫。这是一幅多么和谐的图画啊！

秋天，儿童村的水果都成熟了，空气中弥漫着瓜果的香气，院子内的花朵也都舒展开花瓣，散发出一阵阵迷人的香味。伙伴们都被吸引到果园里，迫不及待地尝起这丰收的果实，汁水吃得满嘴都是。看到这个画面我不禁有了一些感慨：儿童村不仅是一个风水宝地，还是一个充满温暖的天堂啊！

冬天，儿童村成了一个白色的世界，好像给大地铺上了白色的地毯，伙伴们在外面堆雪人、打雪仗、滚雪球，真是太有意思了。这个季节也是我最喜欢的，我多么希望快乐的时光能延长一些啊！

村长特别注重我们的学习，给我们请了各方面的老师来教我们，教我们文化课和各种乐器，好让我们能有一技之长。助养人也常来村里为我们送爱心，就是为了让我们健健康康成长、安安心心学习。正所谓“赠人玫瑰，手留余香”，助养人的善举让我们由衷地感谢与敬佩。外面的许多爱心团队也常来村里慰问演出，还为我们带来礼物。虽然这些演员里大多都是小孩子，但表演得精彩极了。这都是勤学苦练的结果，只要我们像他们一样勤学苦练，我们也会成功。

令我最感动的是“六一”儿童节的时候，村里为了让我们了解历史，不忘耻辱，组织我们来到江桥抗战纪念馆。在这里，我们增长了见识，了解了很多，知道了现在幸福生活的来之不易，明白了“落后就要挨打”的道理。村里还为我们准备了很多食品，让我们吃好玩好。这些食品都是村里募捐而来的，为了让我们每样都能吃到，叔叔阿姨们精心为我们分配。他们不惜牺牲自己的休息日来陪伴我们，我们太感动了。如果没有他们，“六一”儿童节我们是不可能过得那么丰富多彩的，我们要知恩图报。

村长虽然是一村之主，却又和我们普通人一样，亲切、和蔼，从不趾高气扬。在“五一”劳动节的时候，刘村长组织打扫村子，将村内垃圾通通消灭光。村长带头认真地打扫，我们都应向村长学习，学习她那种“身贵端，慈而宽”的品质。

总之，儿童村里的条件要优于外面很多，在这么好的学习环境下，我们怎么能不好好学习呢？儿童村记录着我生活的点点滴滴，还有我成长的足迹。噢！儿童村，你是我成长的摇篮。妈妈对我的养育之恩、老师对我的谆谆教诲、好心人对我的关爱我将终生铭记。我一定要用优异的成绩回报所有关爱过我的好心人，我一定会考上理想的大学，不辜负所有人对我的期望。

（这篇文章在齐齐哈尔SOS儿童村广播站播出时，全村都霎时安静了……——李进国注）

让我如何不想你，我的宝贝

中国 SOS 儿童村协会工作人员　李　庆

午夜梦回，又想起你们，我的宝贝们。
曾经以为可以永远，却不料世事无常。走着走着就散了。
难道从第一个孩子的离开就预示着以后的各奔东西？
龙飞的离开，让我不舍。
大侠的离开，让我无奈。
悦悦的离开，让我气愤。
胖胖的离开，让我痛彻心扉。
佳佳的离开，让我心沉沉。
不过一年，别离五次。
叹一句造化弄人，
也许只是缘浅缘深。

动了情，伤了心，也许离别是最好的方式，但是我真的想永远。
还记得龙飞第一次放开自己的哭泣。
还记得大侠兴奋地跑过来说：妈妈，我好想您！
还记得大宝说要把他所有的画都送给我。
还记得二宝拉着我的手说：妈妈，我要一直拉着您，到我 32 岁！
还记得佳佳为躺在沙发上的我盖被子。
还记得悦悦第一次穿我给她买的新裙子开心的模样。
还记得胖胖咿呀学语叫妈妈。
还记得我生气的时候你们给我唱：只要妈妈露笑脸，露呀露笑脸。

可是怎么就散了呢，我们渺小如沙粒，试图抵抗，却无法阻止。

我从未后悔，我喜欢当你们的妈妈。

我不伟大，我只是喜欢当你们的妈妈。

现实总以你不可预料的方式出现拐点，既然出现了，就大胆往前走吧！

不后悔过往，不遗憾现在，不惧怕将来。

也许此生再难见，也许你会忘了我，也许你也有埋怨。

但是宝贝们，妈妈只愿你们在各自的天地里平安快乐地成长。

我不信神佛，却又希望他们存在于天地间，让他们庇护你们一生。

情长难述，

唯说一句“谢谢”！

在我最美的季节遇到最可爱的你们，谢谢！

妈妈心语组

2016年中国SOS儿童村征文比赛妈妈心语组一等奖

给孩子们的家书

烟台SOS儿童村妈妈　李文丽

致懂事的文文：

转眼你都到结婚的年龄了，也有了心仪的男朋友，一切看起来顺理成章，终于吾家有女长成大人了，而且能为这个家担当很多责任，让我感到很欣慰。

一路走来，我们这个家真是曲折，你们经历了几位妈妈，新上任的妈妈总是受着磨砺和考验，而我就是最后接手的妈妈。我们严厉，是必须要同时担当另一份威严的父亲的角色。谁不知道现在的孩子难带？你们一个个个性张扬、突出，稍有不如意，反过来会给我们颜色看。我们严厉，是因为孩子多，如果大的孩子都没有做出好的榜样，小的会怎样效仿？所以，我对你很严厉、很严格，每一件细小的事情都不放过。还好，你真的懂事了，明白了我的苦心和用意。一声声妈妈的问候，许多事情一遍遍与我相商，对待弟弟妹妹的许多耐心，都是你真心的成长。我看在眼里喜在心头。亲爱的文文，你长大了，成熟了，妈妈感谢你！

妈妈想对你说："文文，你长得亭亭玉立、稳重大方，是最可爱的。虽然你的专业课是学的化妆，但很听我的话，从不浓妆艳抹，从不刻意打扮自己，保持着本真的孩子气。知性装扮的你，总是落落大方，穿衣得体，为人师表的样子很有模有样，而且待人接物有礼节，是我最感到骄傲的地方。因为妈妈我就重视这些，所有好的习惯有你继承，不失为一幸事，而有些人是怎么教也教不会的，对吗？

亲爱的孩子，有你是欣慰、是骄傲，愿你未来的小日子也美满幸福！

妈妈

一月十五日

致亲爱的腾腾：

你是个有个性的小公主，动作利索、快人快语，就是走个路也会时常绊脚，吓我们一跳。至今我也不明白，好好的路我们都能平稳走过，而你却不然。但是你善解人意，能克制自己面对诱惑的食物不多吃一口，所以瘦俏如你，一贯保持。你在学校听老师话在前，回头说老师坏话在后，这是不好的行为。别人是别人你是你，要多思考。凡事不经大脑，背后议论别人，人云亦云，都不是好习惯。我反复提醒你多次了，这是人际关系中最忌讳的习惯，希望你引起重视。

终于，你也长大了，在单位受到领导的认可。你留在了当地政府医院做了一名护士，作为家中唯一的医务人员，在我们生病时都能在家中享受到不用出门就能打针的待遇，我们心中几多依赖、几多踏实。我的欢喜之情真难以言表，妈妈得反过来感谢你了。

最后，妈妈想对你说：你做事利索但很毛躁顾头不顾尾。身为护士，那是个细致活，来不得半点马虎，人命关天，非同小可。我常常唠叨吓唬你，你都记得吧！

望我家的小公主成为真正的白衣天使。

妈妈

十月二十七日

致可亲的三小姐：

叫你三小姐感觉亲切可人，而你给自己取名卷卷，缘于你的天生自来卷头发。随别人怎么打趣你的胖、你的黑、你的自来卷，你都不会激烈排斥，但我想你心里可能也不好受。是啊，你也爱美爱漂亮呀！最近这一年见你在脸上可不少精心伺候了。亲爱的你，这是好事我从不干涉，但是我唯一想提醒你的是要勤洗脸，别堵塞了毛孔，得不偿失呀。

三小姐，你有音乐天赋，这是我很早就发现并开始培养你的。你吹长号、拉京胡、弹钢琴、唱功都具备，所以现在的你不再自卑了吧。你在班级里也是专业尖子生，参加过大大小小的比赛很多次了，舞台经验比我们都丰富了呢。所以，十八岁的你鼓起勇气再战高峰吧！

亲爱的三小姐，妈妈想对你说：你身上具备很好的品质，憨厚、大方、温暖，朋友自然多，大家和你交往没有任何防备心，优良的品质让人感觉容易接近。特别是小弟弟们也对你特别依赖，总想靠着你、依着你。所以根据你的特性、性情，很早我就决定让你报名幼教专业，使你的特长可以发挥。有你和小孩子间的亲切感，有你憨厚的品质，你一定能在儿童的世界里成长，快乐、幸福伴随着你的生活。

妈妈

二月二十四日

致可爱的小香香：

你的到来让妈妈倍感珍惜。由于在原生家庭里你没有被很好地照顾，你的身材格外弱小，头发黄得像染过一样，真是个黄毛丫头，让我想加倍地疼惜、爱护你。你的一切让我想起自己小时候的状态，既调皮爱运动，也重感情。对养育你的有点残疾的伯父和年逾古稀的奶奶，每次陪你回他们身边时你总是泪流满面，让我看到了小小的你心里的善良和对亲情的依赖。所以，陪你游动物园，陪你坐火车，陪你去游泳，陪你学会蛙泳。虽然你弱小，但骨子里有爱运动的细胞，所以现在的你吃得最多，长得很壮实，好像转眼长成大姑娘了。

晚上陪你睡觉、讲故事有一年有余，你的成绩突飞猛进，对待功课也认真了。希望以后的你对自己严格要求，有个好的追求，而不是过只满足于现状的生活。

小香香，你的身材挺拔、俏丽，该是学跳舞的好材料，可惜你一次次摇头不肯学。你的坚决让我那么无奈，学什么你都不积极，有时觉得你的倔强太可气！生活要继续，你的不进取，不知是天生的还是什么原因。没办法，但愿你是快乐的，快乐成长吧，也许你有别样的福分！

好好的吧，亲爱的香香，健康成长，一技之长会让你有美好的未来。妈妈深深地祝福你。

妈妈

二月八日

致我家让人又爱又气的小董：

小小的你，是家中最小的。来的第一天，穿着一双又旧又破的小凉鞋，衣冠不整的你才六岁。稚气未脱的大眼睛透着不是孩子气的精灵，而是有点狡黠的眼光。我很欣喜地接你回家，随后我们带你出去吃了大餐。在饭桌上有客人问你我是你的谁，你不假思索说是妈妈。你知道吗，妈妈当时有多开心、有多难忘！后来的岁月，不管在家里还是在路上，我和几个姐姐陪着你各种玩，晚上陪着你睡觉，路上紧紧牵着你的手。我带你单独去烟墩角看天鹅，去公园看海狮表演，去海边看大海，去电影院看电影，每次都紧紧拉着你的小手。哥哥有去的都在后面跟着，一路上你哄着我们开心地笑。多么可爱的你呀！

因为你最小，多少宠爱都先给你。带你去买了电脑，电脑你就不让哥哥他们玩儿。小孩自有的天性，妈妈不会放在心上。可是你的一些习性着实把我吓着了。刚来的你总是坐在小凳子上，像个庄稼汉跷着二郎腿口中念念叨叨，自言自语，如数家珍般说自己的家事，说你爸爸妈妈去世那天的场景，地上的血迹都深深地印在你的脑海里。你常常想起来就说一遍，我们不会问，只是默默地听，因为这都是你们幼小心灵里最敏感的话题。而我深深地明白，你的童年在你心里烙下了多少深刻的痕迹。所以孩子，你是让人心疼的，是要去抚慰的。我们想尽快让你融入这个大家庭。虽然带你融入的过程中有很多欢笑和快乐，但到后来，你暴露出来的一些坏习气，我想都想不到。在校园里你就是个霸王，三任老师对你都无可奈何。小小的你，闯了多少祸。有时不是你故意，可是老闯一样的祸怎么解释？你像个演员，哭笑自如，人前人后两个面孔。在我们面前你是个非常可爱的鬼灵精，可是离开我们视线又是另外的一个你，一副天不怕地不怕的派头，我们了解以后都感觉不可思议。孩子，你到底有着什么样的心理？为何会如此？我们摸不着头脑。妈妈真的胆怯了，真的害怕了，你不会长期这样任性下去吧？我因你经常头疼，睡不好觉，小小的你要闯多少祸呢？

可爱的小董，你也是很会讨人喜欢的孩子。心理活动多也是你聪明的表现。不管你以前都经历了什么，妈妈都珍爱你。你的玩具最多，妈妈陪你的时间最长，但你也要上进呀。小小的你，我的牵挂我的精力一半都在你身上，但收效甚微，如何是好？等你给妈妈一个答复吧。如果可行，我都会照办。

可爱的小董，叫你小董，是真的希望你早点觉醒，像个真正的男子汉能担当自己的所作所为。因为你做的事不像是一般小孩子会做的，所以不能真把你当孩子看待。但是如果你真的长大了，放任自己去做不好的事，妈妈又是多么担心啊。希望你正常健康地成长。陪伴你长大本是件很幸福的事，别让管教成了陪伴你的主线，这样妈妈和你都不快乐，对吗？

可爱的小董，因为你最幼小，又最淘气，我常常被你惹得上火，但是妈妈还是觉得你能改好。可能你只是心智不成熟罢了，我愿意陪你慢慢长大。希望你的心里阴影早点抹去，早点向着阳光出发。一个孩子一个样，我不能事事顺心。你在考验着我，在磨炼着我，我也在摸索中前行。希望我俩能斩荆披棘，克服困难，努力前行。

孩子，妈妈和你拍了一部微电影，微电影里的你好阳光！妈妈多想好好地爱你。在妈妈心中永远都记得你每天早晨的问候。你不是也常常被电视里的人物感动到落泪吗？妈妈相信你是可以明辨是非的有情有义的男子汉！

小董，一起期待我们美好的明天，好吗？

妈妈

八月四日

致我家小绅士王淼正：

你的聪颖，你的机智，加上你小绅士的气质，让你格外与众不同。可是长期相处下来，妈妈有话跟你说，虽然以前的你因为父母的离去暂时受到了姥姥舅舅的宠爱，养成你喜欢独享的习惯，好的东西从来都不和别人分享。要知道独乐乐不如众乐乐，而你往往做不到这一点。你聪明，所以会比别人耍小聪明，偷看手机，透露作业，都是你的小伎俩。但你总归是孩子，孩子的小把戏老师和我都会识破。希望你端正态度，要知道耍小聪明不是真正的智慧。

正正，你是好样的！曾经的你在病榻前照顾病危的母亲。曾经的你遭受了家庭变故，仍旧爱学习，成绩优秀，所以获得烟台地区的道德模范少年。小小少年心里隐藏着很多心事，时常给人感觉成熟得比别的小朋友早。但是你会动脑，不会做事不顾后果。知道事情的是与非，已经很不错了。所以未来的你，只要掌握好方向，会有出息的。

小正正，人有所长，也有所短，你的短处在于你不爱运动，动作不敏捷。天生体弱多病的你来我身边再没有复发过，滑板骑车滑冰都应该积极去学。小弟弟们都会了，而你还极力排斥，其实是在逃避。这样长大的你是不够优秀的。毕竟男人该有的体魄、该有的气质都要你爱好运动才可以体现。妈妈很想为你做点这方面的努力，希望你有所改变，做个更阳刚的男子汉！

小正正，你是有希望的，可能你会是个军官，因为你的身材很高大。也可能你是设计师，因为你的空间思维能力强，爱动脑。所以对你的未来，妈妈想了无数的可能，望你早日成才！

妈妈

十月二十一日

致我家机灵活泼的小鹿：

你像个小猴子，动作敏捷，身手矫健，我欢喜的不得了。妈妈也爱运动，所以有个爱运动的孩子来到身边，特别开心。我常常带你出去打羽毛球，两三次你就打得有模有样了，孺子可教也。妈妈很高兴你有运动的天赋。要知道，一个男子汉，有个强健的身体多么重要。妈妈愿意陪伴你强健身体，做个真正的男子汉！

可爱的小鹿，每每捉迷藏，你总是偷看妈妈的方位，一定要捉到妈妈才甘心。如果捉累了捉不到，就会撒娇哀求，“妈妈，你出点声音吧！”“妈妈，你不许乱动，让我抓到你一次吧！”，我在一旁忍俊不禁，笑到眼泪都流出来了。孩子，妈妈知道你心中有妈妈，妈妈心中也有你呀。时光穿梭，让我们一起成长吧。

小鹿，你身上最可贵的是你的孝心。你有个把你养大的奶奶，你的作文中经常提到奶奶，她把你从襁褓中带大，你都铭刻在心上。你时常在作文中说到，最感谢的人就是自己的奶奶。生活的点滴，你都深深刻在脑海。我常常让你和奶奶有视频。每次近距离看奶奶时，你都泣不成声。妈妈知道你是个懂事的孩子，虽然自己有点小失落就会哭鼻子，但是妈妈从中也了解了你的真性情。你是感性的孩子，从不会隐藏，从不会伪装，这是可贵的品质。我得小心爱护你，让心灵纯真的你有个快乐的童年。

小鹿，你做诗朗诵时声音洪亮，抑扬顿挫，很有韵律感，很有男子汉的情怀。我不由得感慨，性情真的是天生的。你对人友好，如果能在健康的环境中好好成长 ，一定会是优秀的孩子。妈妈有了你，更有动力了！

妈妈

九月七日

致我家有理想有抱负的小马：

转眼我们相处快两年了，你都是青年了。你爱思考，有理想有抱负，我们时常在很多问题沟通上有分歧。一些不现实的想法让你沉醉其中。作为妈妈我想跟你说：“好性情成就好习惯，好习惯成就一个好人。你要别人怎么对你，你就怎么先对待别人。”这些都是最基本的做人做事的道理。真的，学做事先做人。我仅仅想要你明白最简单的道理。小马，这些很简单的道理我每每说起来都希望你能重视，虽然做起来不简单。

小马，你浅浅的微笑，清秀的面孔，儒雅的气质都深深地让我喜欢你。我想好好培养你，好好伴你成长。你现在的价值观和人生观都不太成熟，所以不要急着给自己定位。我俩的分歧都在你的不成熟的观点上。我理解你，不强迫你，只是为你着急。现在的你压力大多来自你不切实际的幻想。其实学习上的压力不那么大。你有不一般的自律心，是难得的好青年，所以你是我最放心的孩子。可是我感觉你会更好。要学着为人处世，一味地沉醉在自己的小世界里是不行的。当今社会是交际的社会，要学会和别人沟通，学会最基本的处世礼节。而你对这些完全不以为然，所以朋友不多，生活压抑，头疼睡不好，吃饭也不香。妈妈真为你着急啊！

小马，你这样有理想的孩子很可贵。我很珍惜，衷心希望你成功！如果你愿意，我会做你坚强的后盾。

妈妈

九月十日

2016 年中国 SOS 儿童村征文比赛妈妈心语组二等奖

我在儿童村的 5474 个日日夜夜

乌鲁木齐 SOS 儿童村妈妈　阿斯古丽

儿童村，初印象

2001 年 4 月 7 日，正在乌市某企业工作的我无意中在报纸上看到了儿童村招聘妈妈的广告。“什么？妈妈，这个身份居然还能招聘？”记得当时我第一反应就是这样。

现在想想，会表现得如此惊讶大概是因为那时的我对儿童村一无所知。

当天，我满怀好奇拿着那份报纸来到了儿童村。在负责人的办公室，通过介绍，我对儿童村有了进一步的认知。这里住着很多失去父母、没有任何庇护的孤儿。儿童村的负责人在介绍的同时没有忘记再三重申这里的规定：应聘的妈妈必须是单身。听到这里我顿时犹豫了一下。

接下来，接待我的领导让我自己去家庭参观。当我敲开一号家庭的门时，迎接我的是与我年龄相仿的女子和六名年龄在五至九岁的孩子，这些孩子是那么的可爱、机灵。他们看到我就像是见到了久别的亲人一般，左一声姐姐，右一声阿姨。看着这些自幼失去母爱的孩子们，我的心都要碎了。

第一次接触孤儿，我又伤感又激动。“留下来当这些孩子的妈妈！”我心里有个坚定的声音这样说道，这个声音把我自己都吓了一跳。“不能结婚，不能有孩子，不能有家庭！”儿童村负责人说的话又在我耳边回响。顿时，我的内心有两个我在斗争，一个说把所有的爱给这些孩子！另一个则说你还年轻，未来的某一天你会有属于自己的幸福、自己的孩子，怎能因为别人家的孩子耗费了自己的青春岁月、牺牲了自己的婚姻大事！

从儿童村出来回家的路上，那些孩子们渴望爱的眼神一直在我眼前挥之不去。我知道自己已经离不开他们了，我没有别的选择，我要留下来抚养和照顾他们。

回到家里，我没敢告诉父母，只是和同样是“民考汉”的姨妈商量。可是姨妈一听说儿童村的妈妈不能有自己的家庭，更不可能有自己的亲生孩子时，她立即反对。

当时我很彷徨，我唯一报以希望的姨妈都持反对意见，我失去了唯一的支持者。我含着眼泪告诉姨妈，那些孩子很可怜，我已经决定了！

担任儿童村的妈妈

4 月 8 日，我一个人悄悄来到儿童村。

村里规定所有来应聘的妈妈必须先在村幼儿园和学前班进行实习。当时，我们要照顾的是儿童村四个家庭的孩子。为了让刚刚来到儿童村的孩子较快适应这里的生活，我们和他们一起做游戏、讲故事，培养他们良好的生活习惯，给即将上学的孩子上学前教育课，等等。

越多地接触这些孩子，我就愈加渴望能有自己的家庭。年轻的我感到自己热血在沸腾，恨不得立刻见到孩子们，把他们搂在怀里，拥抱他们，亲吻他们稚嫩的小脸，把我所有的母爱倾注在他们的身上，用我的每一个细胞去爱他们。

在忙碌与感动中，两个月的实习期结束了。我如愿以偿地有了自己的“家庭”，我期待的八名孩子也陆续来到了我的身边。

为了能和他们尽快熟悉起来，我有意观察和了解他们的性格、喜好。他们中有调皮的、内向的、爱哭的、爱笑的、乖巧的，还有几乎每天都会惹事的孩子。无论他们怎么样，我觉得他们都有可爱的一面。我用爱去包容他们，和他们一起玩耍、一起学习、一起欢笑、一起度过每一个属于我们的日子。

渐渐地，这些来自不同地方、怀有不同身世的孩子们相处得越来越融洽，慢慢就情同手足。他们对我也没有了刚开始的拘束，很自然地叫我妈妈，在我怀里撒娇，甚至耍赖。

当妈妈的酸甜苦辣

我的首批孩子是2001年7月2日进村的，他们大部分来自南疆贫困地区。他们没有良好的行为习惯，不懂礼貌，自由散漫。他们上厕所不冲水；饭前便后、玩耍回来不知道洗手；吃饭时嘴上的油、流下的鼻涕随意地往袖口上抹；手上的油污直接擦在衣襟上；脱下的衣服、裤子随意扔在地上；等等。有人说，行为习惯要从小养成，但是一旦养成了坏习惯想纠正过来谈何容易。

七岁的努尔买买提是从莎车县来的孩子，所有不好的行为习惯他几乎都占了。为了让他养成好的卫生习惯，我每天都会看着他洗脸、刷牙，吃饭前再三叮嘱他洗手再上餐桌。晚上睡觉前，倒上洗脚水给他洗脚，和他一起洗袜子。他像只野猴子一样哪里脏就往哪里钻，几乎每天都满身污泥回家。给不喜欢洗澡的他洗澡是最让我头疼的事情，因为他一听说洗澡就逃，我也会像捉迷藏一样在后面追着他，最终变着花样把他哄进洗澡盆。每当用浴巾包着干干净净的他，我会像打了胜仗的战士一样高兴。

为了让孩子懂礼貌、知礼节，我有意带他们去逛街、走访亲友，见到年长者让他们喊爷爷奶奶、叔叔阿姨、哥哥姐姐，见到比自己年幼的孩子叫弟弟妹妹。家里来客人，总是刻意让他们和我一起出来迎送，给客人拿拖鞋、让座、端茶倒水。简单的事情重复做就会变成习惯，慢慢地他们越来越有礼貌，也越来越讨人喜欢。看着孩子们渐渐养成了好的卫生、行为习惯，我心里越发有成就感。

当时“我的大女儿”布艾斯曼十岁了还没有进过学校的大门，这在我们看来是一件非常不可思议的事情，但是在这个无人关爱的孩子身上却真真切切地发生了。从南疆来的孩子因为从小没有语言环境只会说维吾尔语，对汉语一窍不通。由于我是“民考汉”，我想让他们在汉语学校就读，这样我也好给他们辅导功课。

十岁的布艾斯曼上了一年级，由于我对她的情况欠考虑，所以也让她去了汉语学校。她上了汉语学校后因为与其他孩子的年龄差异较大，加之听不懂汉语，她在学校的成绩很差。老师的指责、同学们的嘲笑，让她逐渐对自己失去了信心，性格也变得更加孤僻。她三年级时，看着日益消沉的她，我心痛不已。再三思量后，我决定和她进行朋友一样的交心谈话。我们几乎聊了一宿，她哭着说出了自己真实的想法：“妈妈，我基础不好，跟不上老师的进度，同学们光笑话我。如果您同意，我想转到民语学校。妈妈，我一定会好好学习，不让您操心！”我被孩子的心里话打动了，第二天就向村领导提出给孩子转学的要求。经过村领导的努力，女儿如愿转到了民语学校。为了赶上其他同学，我为她请了辅导老师，女儿格外珍惜这次学习机会，非常刻苦努力，从三年级跳级到了五年级。学习优异的她更加自信，脸上的笑容多了，头也抬得更高了。

我从中悟出了一个道理，孩子的教育应该因人而异。我对自己好意的错误选择让他们走了弯路有些自责。看着他们的学习成绩逐渐有了好转，倒也让我内疚的心得到了些许安慰。

六岁的巴特勒是一名哈萨克族孩子，在山区长大的他像一匹脱缰的野马，在家里不听话，逆反心理严重。上学后不爱学习，慢慢迷上电子游戏，趁我们不注意开始逃课去游戏厅，没有钱就把家里的学习用具拿出去卖给其他同学。我为他花费了多少心血、为他流过了多少泪水、为他受过了多少委屈，这些只有我自己知道。

我苦口婆心地劝导他、说服他，也经常与老师沟通。他倒是不逃学了，但又开始利用放学时间打游戏，我就每天接他放学。有一次，我因为参加其他孩子的家长会未能按时去接他，结果他就没有回家。我带着家里大点的孩子挨家挨户去找，终于在一家超市隐蔽的游戏厅找到了饿着肚子打游戏的他。看着他满脸的疲惫，当时我又心疼又生气。

还有一次是在一个寒冷的冬季，已经傍晚了，巴特勒还没有回家，心急如焚的我在他经常去的地方也没有找到他。汇报村领导后，全体妈妈和工作人员集体出动，彻夜在乌市的大街小巷寻找，因为着急没戴围巾的我耳朵都被冻伤了。凌晨，当我们拖着疲惫的身体回到儿童村时，发现巴特勒居然躲在办公区的会议室里。当时我们虽然都很生气，但是看到孩子安然无恙，心里的一块石头终于落了地。

我的儿子们都非常调皮，尤其是孩子们长到十四五岁，逆反心理特别严重。管松了他们不学习，管严了他们抵触，我也于心不忍。有一次孩子们联合起来惹我生气，把我都气哭了。一气之下我就开始收拾行李，当我拉着手提箱走到门口的时候，我的儿子买西艾力突然冲过来跪在地上抱着我的腿哭着说："妈妈，求求您了，原谅我们吧！我们再也不惹您生气了，求您不要扔下我们，不要让我们再次成为孤儿！"小儿子努尔夏提也跑过来抱着我哭着喊："妈妈不走，我要妈妈，妈妈抱抱。"听到他们的话，我再也忍不住了和他们抱头痛哭，当时我的心都碎了！其实，我当时也只是想吓唬他们一下，也不是真的要走。

为了培养孩子们的自信心，我给他们报了艺术培训班。周末是我最忙碌的时候，因为我要带着他们去上各种培训班。大点的孩子可以自己搭公交去上课，可小点的孩子我放心不下，就牵着他们的手一一送他们去。回来还要抓紧时间给他们做饭。近几年，儿童村建了培训中心，社会各界人士都在这里开设不同的课程，儿童村的孩子还不用交费，对我来说真是省了不少精力和费用。

说起我在儿童村最无奈的事情就是开家长会。因为孩子们年龄不一，也不在一个学校就读，而各学校的家长会往往都在统一时间开，我分身乏术，只有向我的姨妈求援。

我来儿童村当妈妈的事情，父母和姨妈最终理解并支持了我，现在我的父母和亲朋好友都是我的得力助手，平时我忙不过来他们就会来帮忙，还经常做一些好吃的送过来让孩子们品尝。最有意思的是过年过节，因为村里有规定——过年过节妈妈不能离开孩子，我索性就带着八个孩子一起回到远在阜康天山农场的父母家。后来，为了方便我的工作，父母在离儿童村不远的地方买了房子搬了过来。这样，不但我可以经常见到父母，我的孩子们也能常常感受到姥姥姥爷的爱和关怀。

孩子们的精彩片段

每个孩子都有非常有意思的故事。小儿子努尔夏提刚来的时候只有两岁，是个特别黏人、特别娇气、老是哭个不停的孩子。我几乎每天都要抱着他，直到上幼儿园接送都要我抱着。他聪明伶俐，每次告诉他什么该做什么不该做，他都会点头答应。但是，一转眼还是会犯错。家门口的葡萄架上结了很多葡萄，因为还没有成熟，我就告诉孩子们不要摘，等果实成熟再吃。有趣的是，有一次他从外面回来开心地对我说："妈妈，妈妈，我刚刚闻了一下外面的葡萄，原来它们是酸的呀！"我们一家人被他逗笑了，我们笑着说："努尔夏提有特异功能啊，闻都能闻出葡萄的味道！"他居然脸红了。

还记得阳光、幽默的买西艾力五岁的时候，家里来人探望他们，他看到哥哥姐姐都会弹奏乐器表演给客人看，他也坐不住了，就大胆地模仿鸡叫、牛叫、狗叫，满屋子的人都被他惹得哄堂大笑。我看出他有这方面的特长，就送他参加了热瓦甫培训班，他学得很用心。后来他上了学，老师和同学们都很喜欢这个能歌善舞的孩子。由于他组织能力很强，学习成绩也很优异，老师选他当了班长，从此班长的职务就跟着他一直到了高中毕业。

看到社会各界对他们的爱心捐助，孩子们深受鼓舞和感动，常常对我说："妈妈，我们长大了也要帮助更多的人！"

买西艾力也是个非常有爱心和懂得感恩的孩子，他从初中开始就在周末、节假日召集同学们去探望社区的鳏寡孤独老人和病残儿童，为他们做一些力所能及的事情。买西艾力上初中的时候参加了在北京举办的少儿春晚，获得舞蹈和乐器项目的金奖。《新疆晨报》在南京举办的小记者才艺大赛中他也获得过金奖。他在高中上的是艺术特长班，班里有许多有才艺的孩子，他就组织同学和艺术学院的孩子们举办了两次大型的慈善晚会，筹得的善款全部捐助给了患白血病的儿童。他在组织这些晚会时，从打报告获得批准到寻找合适的场所、印刷门票及出售，再到演唱会的宣传等事宜，都付出了艰辛和努力。买西艾力也得到了村领导的高度支持和帮助，他那充满爱心的举动让我们为他骄傲。我为自己能够培养出这样优秀的孩子而自豪。表演是买西艾力的理想，去年他如愿以偿地考上了新疆艺术学院表演系，我们都为他感到高兴。

2015 年，毕业于阿克苏职业技术学院护理专业的女儿布艾斯曼从 7 月开始就在社区医院工作。8 月的一天，她下班回家就紧紧地抱住正在厨房做饭的我，神秘地说："妈妈，请您闭上眼睛！"等她让我睁开眼睛的时候，我的眼前出现了一个红色的首饰盒，我惊奇地打开一看，里面居然是一个心形的项链吊坠。原来，我的女儿用她第一个月的工资为我买了礼物，那一刻我感动得热泪盈眶。布艾斯曼也哽咽地说：“妈妈，这是我的心意，您一定要收下。这些年来是您抚养了我，陪伴我长大，为我倾注了心血！尤其让我感激不尽的是您让我转学、跳级，让我找回了自信。在您的建议下，我又学习了自己喜欢的专业。我能够走到今天，都是妈妈您的支持和鼓励。妈妈，您是我在这世上最亲的妈妈！用第一份工资给您买礼物是我儿时的愿望，今天我终于实现了！”我们相拥而泣，这是幸福的泪水。

经常有人问我：“阿斯亚，难道你就没有想过离开儿童村找个心仪的人结婚生子，有一个属于自己的家庭吗？”我知道他们对我十五年如一日在儿童村养育孤儿的举动感到不可思议。如果说没有想过那是假的，每次觉得累了、心里难过了，就会想：带完这一批孩子我就离开！可是，孩子一个接着一个来到我的家庭，我带大一个又送来一个，看着这些身世悲惨的孩子，我根本走不了。这个工作不是你想走就走的，我和我的十六个孩子都有很深很深的感情，我无法自拔。

我认为当妈妈是一份永恒的工作、是一种责任、是一份担当。我会一如既往把儿童村妈妈当作我毕生的事业和使命，把我所有的爱献给孩子们而无怨无悔。

（某评委感叹：维吾尔族妈妈，汉语这么好！我：阿斯亚大学本科读的就是汉语翻译。——李进国注）

妈在家就在

乌鲁木齐SOS儿童村妈妈　王泓砚

2001—2015年，转眼在儿童村做SOS妈妈已经15年了，第一批孩子除了3个在读大学，其他的都已离开儿童村走入社会，为他们的梦想努力打拼着。我自己从一开始仅仅是为圆一个梦想，想为孩子们做点事，到今天一晃15年，彻底留在了儿童村。原因很简单，我觉得有妈才有家。

在和孩子们一起生活后，我意识到每一个孩子都应该被爱、被关怀、被需要、被肯定。回想刚进家时，孩子中的老大11岁，和前任妈妈关系亲密，进家第一年他对我永远是横眉冷对，视若空气，还要求家里的弟妹一起无视我。家里的老二实际比老大还大一天，她10岁进村，数数只能数到五。听说当时她来了一周便哭着喊着要回老家。我进家时她刚上一年级，已经11岁，几乎整天都听不见她说一句话。家里来客人她就把自己藏到卫生间里，唯独对李助理不排斥。家里的孩子说老二的数数是助理阿姨每天把她接到办公室一个数一个数教会的。

由于接的是二手家庭，进家前村长和助理都和我聊过。村长重点提了家里最大的和最小的两个孩子的情况。他说老大看似叛逆不配合，但他对弟弟妹妹不错，很有当哥哥的样子，你只需给他时间，慢慢他就会接纳你；倒是家里的老小，亲戚联系不上，孩子年龄太小，问题较多，平日里除了生活上的照顾，更要多关注他的情绪问题。助理告诉我老二并不是真的胆小怯懦，实在是村里和她的老家差距太大，又听不懂普通话，孩子有点吓住了；与她沟通一定要慢慢来。可能是被两位领导提前打了预防针，所以面对孩子们的抵触我并不是很着急。进家第二天我就把孩子们聚在一起彼此正式认识一下。我说：“我很尊重你们和前任妈妈的感情，虽然根据村规你们要喊我妈妈，但现在请先喊我阿姨，直到咱们相处后再做选择。”我还告诉孩子们我不太会做饭，但是我可以去学，所以请他们把自己想吃的饭说出来，我提前去学。都说要想抓住孩子们的心首先要抓住他们的胃。隔壁的刘大姐厨艺很好，我们两家的厨房窗户对窗户，所以每天将孩子们送去学校后，我就和刘姐一起去市场。她买什么我就买什么，路上问做法，做饭时打开厨房窗户，边问边操作。结果很长时间我们两家每天吃的都是一样的饭菜。记得我第一次炒鸡，刚好赶上村长转家庭 。本来就对炒菜不熟练，村长往厨房一站，我脑子里的炒鸡步骤就全还给刘姐了。没想到村长袖子一卷就让我靠边了。他说他最会炒鸡了，今天就给孩子们露一手，让我在旁边学。那天最令人震撼的不是村长做的炒鸡，而是家里的老大在饭后不声不响地很快地把厨房整理得干干净净。在这之前他从来不做厨房卫生。我乘胜追击，当晚就试着和他聊天。我告诉他我只比他大了 16 岁，我来这里只是因为我很喜欢孩子，想为他们做些力所能及的事情。弟弟妹妹很喜欢他这个大哥哥，我一个人撑不起这个家，我请求他和我一起把这个家撑起来。虽然事后他依然不太搭理我，却在每天放学后都会先去村里的幼儿园接上弟弟妹妹再一起回家。

一个月后，我很偶然地听见老二和弟弟妹妹们的聊天，弟弟妹妹说很喜欢我，想喊妈妈，结果我听见了我进家以来她说得最长的一句话，她说：“阿姨现在对你们好都是在哄你们，走掉的那个妈妈以前对我们也很好啊，还不是说走就走了，不要我们了。”那一瞬间，我终于明白了初来应聘时助理和我说的那句话：“如果没有做好放弃婚姻的计划，就不要随意地靠近这些孩子。”于是在进家一个月后我再一次将孩子们聚在了一起，我很认真地对他们说：“我上高中时看了沈丹萍以天津儿童村为故事背景的电视剧，有了自己人生的第二梦想——有朝一日来到儿童村成为一个像沈丹萍那样的 SOS 儿童村妈妈。我是来圆梦的。至少在你们离村前我不会离开。”

孩子们似乎把我的话听进去了，对我也越来越信任 。家里最小的孩子是个 4 岁的小男孩，每次小便都像坏了的水龙头偶尔滴两滴，四肢冰凉，哭的时候没有眼泪，睡眠很轻有点动静就醒，白天站着都能睡着。带去医院检查也没有查出有什么病。家里亲戚联系不上，我妈凭借她自己带孩子的经验建议我晚上带着孩子睡。为了找到症结，我去找了教育学院专门教授幼儿心理的孙老师，请她帮我向专业的儿童心理咨询师求助。结果孙老师说目前本地并没有经验特别丰富的儿童心理咨询师。她建议我去调查孩子入村前的所有资料，并结合孩子现有的状况给我提了很多实用的建议。根据我所查到的资料，孩子在入村前曾受过不止一次的重大刺激，孙老师告诫我不要随意给孩子找心理医生，因为如果水平不到位反而会再次伤害到孩子。我才是 24 小时陪伴孩子的那个人，无论何时让他知道我会在他身边就好，要想办法让他哭出眼泪来。我从前任妈妈留下的教育档案中看到，孩子 3 岁入村，来时大小便都不能自理，嘴巴很甜见人三分笑眼神却从无笑意。家里亲戚送他来时骗他是送他去上学。他背着书包开心地和家人来到了村里。牢记在心的电话号码在他来了以后打过去从来没人接。当其他的孩子说起老家的亲人时他从来不接嘴，他说他家没人了。我决心一定要找到他的亲戚。经过多方打听四处托人，最终和孩子的姑姑联系上了，我拜托他们在孩子生日时、过“六一”、春节时能给孩子打个电话问候一句，让他知道家人并没有不要他，只是生活困难不能来看他。经过多方努力，一年后孩子的小便终于正常了。在他 6 岁时的某一天，当他的哥哥从他手里赢走所有的卡片之后，他开始号啕大哭，眼泪鼻涕四处飞散。这是我进家三年第一次在他的眼睛里看见眼泪！谢天谢地，他终于会哭了。

来到儿童村我学习到的第二条就是每一个孩子都应给予机会，去帮助他们发挥潜能。我进家时上面的三个大孩子都已经就近入学，除了老二。老大和老三都不爱学习，还喜欢振振有词地说儿童村的孩子学习都很差，他们来自农村脑子又笨，努力了也赶不上班里的其他同学。我特意去学校进行了了解。由于是就近入学，村里的孩子都在一个学校。老师们刚开始还都很热心积极，后来发现儿童村的孩子基础差还不爱学习，渐渐地都失去了爱心和耐心。平日受到老师同学负面评价太多的孩子们也不再努力学习。

据我观察，家里的老大其实很聪明，进村前在老家都上四年级了，只是因为转学到儿童村附近的学校后，基础差又听不懂普通话，所以才从二年级重读。看他现在学得很轻松，我决定给他跳级并转学。我找到村长谈了我的想法，村领导认为可以尝试。我负责给孩子补课，村里去寻找愿意接收的学校。老大知道后也觉得自己年龄大上二年级很丢人，所以也很配合。时间有点仓促，只有一个寒假的时间找学校。转入新学校的跳级考试成绩不是很理想，所以暂时只能算旁听生。学校表示，要转为正式学生除非他学期末考试能达到单科 75 分的平均分。校长说这些话的时候老大也在，他什么话都没有说。学期结束，他以年级第三的成绩成功留在了新学校。

老大跳级成功使我下定决心将后面的孩子陆续分开转去其他合适的学校，不再和村里孩子扎堆一起上学。村里也认为在保证安全的前提下可以继续推广这个方法。当后面的六个孩子开始陆续准备入学时，我已经不满足仅仅将孩子放在不同的学校了。我和同事们利用“妈妈”这一特殊身份，拿着村里开的介绍信苦口婆心，用尽所有能煽情的词汇，终于打开了市里四所重点学校的大门。为了安全我们商议决定，每个学校都由一个妈妈专门负责接送所有在校的村里孩子。每个孩子即使同级也不同班，这样有事可以互相照应但不会彼此影响，并且拜托班主任对孩子的身份保密。

我家有四个孩子分别进了其中的三所学校。刚入校不久老师就发现我家的老七注意力很不集中。老师了解到孩子在 5 岁入村前居无定所、颠沛流离且缺乏照顾，不仅将孩子的座位调到了第一排，还建议我带孩子通过学习书法进行注意力训练。就这样，书法一学就是 9 年。学校离家很远没有直达的公交车，我们每天要坐 40 分钟的公交车，下车后再步行两站路才能到学校。这里夏天还好，冬天却漫长难熬。一到冬天，堵车就很严重。下雪天为了不迟到，我们总是提前半小时出门。孩子的小短腿一脚踏进雪里，雪都能淹没脚脖子。这样一跑就是 9 年。

在这些学校里，大家都是一样的。城里的孩子也有差的，村里的孩子也有好的，就看他是不是努力了。高考的时候家里的老七以年级第四的成绩考入了内地一所重点大学的本硕连读班。那一年从家里走出的三个大学生就是当年第一批走出去的四个孩子中的一员。都说环境造就人，没有人是随随便便毫无付出就能心随所愿。他们三个能有今天，就是因为紧紧抓住了机会并最大限度地释放了自己的潜能。

我来到儿童村学到的第三条经验就是：作为一个 SOS 儿童村的妈妈，

保持一颗永恒的学习之心是很有必要的，它可以为你在第一次介入孩子时提供帮助，让你可以根据孩子的性别、年龄、文化背景及性格特点精心设计教育层次；可以帮助你在面对层出不穷的问题时能理性对待，创造性地去处理问题。

记得当年上幼教班时，班主任老师曾经开玩笑说：一个好的幼儿教师一定是一个全能型人才，琴棋书画文史理综都要涉足。进家一年后我才发现，纵使以上技能都用上，面对孩子层出不穷的困惑我仍然时常手足无措。当时上二年级的老二学习越来越吃力，语文还行，数学基本就听不懂课。她越来越烦躁，在家里彻底失声了，在学校也是独来独往。她觉得自己真的很笨，觉得我也特别嫌弃她。因为我在家总是不让她出去玩，逼着和她同年级的老三一起学习。我说："你之所以学习困难，是因为启蒙晚了点。城里孩子在娘胎里就开始了早期教育，你来村之前都没见过本和笔。只要坚持，要相信你自己总有一天能赶上。"可是老二的状态越来越差，我也开始变得焦虑。因为不放心替班的阿姨，担心她会不会像我一样照顾好孩子的起居学习，所以我从不休假，也不愿出去参加培训，总觉得孩子离了我就不转了。就这样，这种全年无休的状态一直延续到2004年我去参加成都SOS儿童村主办的妈妈培训。村长极力建议我去参加培训，看看是不是能学习到更好的教育方法。

来到成都村，村里教育科的孙老师是那次培训班的负责人。她为那次培训做了大量的准备工作，除了请专业老师为我们授课外，还私下问询我们有无工作中急需解惑的问题，她可以收集整理找相关专业人士帮我们解惑。我把家里老二的情况一说，孙老师就很明确地告诉我，孩子不是笨，也不是启蒙晚，而是属于LD儿童，也就是所谓的有学习障碍的儿童。这类孩子智商测试是正常的，但总是在学习的某些领域存在障碍导致学习困难。当时在国内连介绍相关资料的书都没有，孙老师也是在工作过程中发现类似孩子时找专家问询才对此有所了解。那次培训结束后孙老师把她收集的一个日本专家书写的有关此类儿童的详细表现及分类的资料给我复印了一份。

一趟成都行，我找到了解决老二学习困难问题的钥匙。回到家里我第一时间和老二分享了那份资料。当她知道自己并不是笨，和她一样有学习障碍的孩子在世界各地有很多时，她不再自卑，性格也慢慢开朗了许多。在她上到初二实在读不下去时，我果断决定让她退学。一直关注她成长的村领导也很支持，教育科李老师根据她的自身特点在网上查找适合她的职业学校，最终为她选择了园林职业技术学校。因为她从小靠挖草药为生，对植物很敏感。结果她不仅漂亮地完成了学业，还以专业课优异的名义去林业大学继续深造并顺利取得林业大学成人大专的学历证书。如今她已成家立业还拥有了自己的小宝宝，成为了一个幸福的妈妈。

小鸟长大了离巢了，新的小鸟又飞来了。送走了 90 后又接来了 00 后，还扯着 10 后。2015 年，我以为送走了 90 后的孩子就可以毫无牵挂地离开了，然而现在我依然在这里，只因为在儿童村有妈才有家，有了家，有我在这里，飞走的小鸟累的时候还能回来歇歇脚。如果我走了家就散了。我在这里不再是为圆梦，只因为妈在家就永远都在。

（我所知道的王妈妈抚育培养孩子点滴：把山沟里来的藏族孩子送到了一流美术殿堂；把爱哭的小女生送进本硕连读的医科大学；帮“不识数”的女孩查遍资料治愈并送进林学院。——李进国注）

我的“寸草心 慈母情”

成都儿童村妈妈　李　红

在2016年1月27日，由康宝莱公司主办的“青春守护，茁壮成长——新春美食大比拼”的比赛中，我做了一道菜，当时我给它起了个很诗意的名字——“寸草心 慈母情”。这道菜在外观上并不是很亮丽，所以在现场评比中名次较低，但在随后两天的网络投票中，却意外夺得第一，为我的孩子们争取到了2000元的奖金，让他们过了一个开心的“大肥年”。

其实这道菜做法很简单，材料也很常见、便宜；内脂豆腐一盒、肉末少许、虾皮少许、青椒半个、红椒半个、葱一根、蒸鱼豉油适量、胡萝卜一根、香菜两根、香油少许。先把豆腐倒在合适的碗里，用刀划几下，倒入少许香油和蒸鱼豉油，让它们自然渗入，然后把剁成末的虾皮撒在上面；等蒸锅里水开了，把豆腐放上去蒸10分钟出锅；这时将切成小颗粒的青椒和红椒用油炒香了淋在豆腐上，撒上葱花，香菜不切放在碗中间；最后把切成花边的胡萝卜片摆在碗四周。一道漂亮、营养、爽口、香喷喷的菜就做出来啦！

当初为了做什么菜来参加比赛我是颇费思量，因为我不是什么大厨，惯会的只是家常菜；而且比赛时间短，要能很快出锅的。当然，我还考虑了成本。虽然康宝莱公司为这次参赛的家庭每家给了200元材料费，但我不想用完。我们全家每天的生活费不高，还有两个住校的孩子，他们全部的生活费拿到学校也只能吃最差的饭菜。所以我想把剩下的钱在周末给他们炖点鸡汤，让他们吃一次久违了的排骨（那是他们的最爱）。如果拿到2000元的奖金，对孩子帮助更大，但我一开始就感觉希望渺茫。

对于我们这些专职“妈妈”来说，孩子的一日三餐是至关重要的。在有限的经费中，既要保证孩子吃饱，还要保证孩子吃“好”，所谓“好”自然只能是基本的营养保证。我们绞尽脑汁，想方设法，可谓是“机关算尽”。

豆腐有丰富的蛋白质、脂肪、碳水化合物和钙、磷、铁等多种人体所需的矿物质，而且豆腐蛋白属完全蛋白，不仅含有人体必需的8种氨基酸，其比例也接近人体需要，营养价值丰富，早已是公认的“最价廉物美的营养品”，是绝大多数家庭都吃得起的营养菜。我喜欢做豆腐给孩子们吃：煎豆腐、烧豆腐、炒豆腐、豆腐汤、豆腐干、豆腐乳等，换着花样吃。我做的豆腐汤孩子们觉得最好吃，我家孩子做的煎豆腐和麻婆豆腐大家公认好吃。所以，思来想去，觉得做豆腐最好，方便、快捷、便宜、有营养。菜谱上它叫——肉末蒸豆腐，我给它加上了虾皮，是因为虾皮是补钙的好东西，而且我们吃得起，其他的东西都是为了提香和好看。

最后菜端出来了，白底上点缀着红红绿绿，一圈橘红花边，中间一簇香菜，像棵小草一样飘扬着，蛮好看的。大家可能觉得它太普通、太廉价，所以现场评分不高。我看着这道菜，心里为它委屈——为什么人们只看外表不看内心呢？我淡淡地说：“这道菜，它最大的价值就是它虽朴实无华但却营养丰富，就像母亲一样。”“母亲？”大家惊疑地看着我。“是的”，这时我的思绪如流光闪电翻腾而过，许多的过往、许多的面孔、许多的声音、许多的酸甜苦辣一一涌上心头，我的眼泪夺眶而出。我赶快转过脸，不让人看到，假装脱围裙。过了一会儿，我说：“你们看这个豆腐，很平常，很容易得到，平凡到我们根本没注意到它其实是多么的好吃有营养，而且还美肤养颜。只有当我们穷的时候，我们才会时时想到它。富有时，可能会嫌它太廉价，没面子。可它还是那么的温润、包容，任你添加什么在里面它都接纳，并一如既往地奉献出自己的营养。是不是很像母亲？她为孩子默默地奉献出所有，任孩子如何对她！而这上面的点缀就像孩子一样，任性、张扬，五光十色。它们在不知不觉中吸取了豆腐的营养，而一心要摆脱廉价的豆腐去展示自己的光彩。是不是像孩子终要离去？”大家面面相觑，无语。“它就叫‘寸草心 慈母情！’”

慈母手中线，游子身上衣。
临行密密缝，意恐迟迟归。
谁言寸草心，报得三春晖。

谨以此文纪念我的母亲，并献给所有的“妈妈”和她们的母亲！

2016年中国SOS儿童村征文比赛妈妈心语组三等奖

我与孩子们共同成长

齐齐哈尔SOS儿童村妈妈　霍淑红

春有鲜花盛开，秋有硕果累累。齐齐哈尔SOS儿童村，这个坐落在喧嚣闹市里的世外桃源，多少寒来暑往，多少欢声笑语，多少辛勤劳作，多少个爱与感恩的故事在上演！而我要给大家讲的就是在这个温暖大世界里的小故事。

我是四号家庭妈妈，2015年3月走进这个家庭。当时这个家庭的情况很特殊，前任妈妈因特殊原因突然离村了，村领导让我接管四号家庭的时候我心里很犹豫。我有我自私的想法：我自己的孩子也大了，很快就会结婚，我来这里也就是个过渡，是暂时性的。可是当村长陪我走进四号家庭时，六双渴望的“小眼睛”齐刷刷地望着我。这六双小眼睛承载了太多，他们本应欢快的童年却饱含苦楚。我看得出他们的无助，我看得出他们需要我。我的心被感动了，孩子们太需要一个母亲了。我是一个母亲，当我看到这一个个可怜的孩子的时候，我无法拒绝接受这个家庭，更不能拒绝孩子们对母爱的渴求。他们渴望母爱，渴望被呵护。我眼里噙着泪水暗下决心要为孩子们撑起这个家。

接触新妈妈，孩子们总会有个适应过程，我也需要慢慢适应这个家。我和孩子们经历了很多，他们的任性、他们的倔强，各方各面都需要磨合。一路上有太多的磕绊，也有太多的感动。我用爱滋润了孩子们干涸的心田，孩子们也用更多的爱回报给我。虽然有的孩子不善言谈，但却用行动给予我肯定；虽然有的孩子调皮顽劣，但言语之中总能听得到关心；虽然有的孩子性格孤僻，但慢慢也愿意和我吐露衷肠。我知道我慢慢地融入了这个家庭，孩子们也慢慢地承认了我这个“半路来的妈妈”。

记得最深的就是我的大儿子任广龙，那时他 14 岁，是个淳朴善良的孩子。但孩子毕竟是孩子，又赶上青春期，多少有点小叛逆。当时村里组织球队，我以为男孩子都会喜欢，也没与他商量就给他报了名。他放学回来我和他一说，他说什么也不同意，我半开玩笑地对他说：名已经报了就去试试吧，就当锻炼身体了。他也没说什么，可是吃完晚饭人就不见了。开始我以为他出去玩了，可是到了晚上 7 点多他还没回来。我开始紧张，我害怕他离家出走，害怕他在半路上遇到什么事情，更害怕我的儿子再也回不来了。当时那焦虑的心情就如同我的亲生孩子走丢了一样。我找遍村里每一个角落，又挨家去问，没有任何线索。就这样一直到了半夜，我急疯了。我跑去村附近的广场，偶尔有几个过路人都以为我是个疯子。我早已管不了那么多，我新买的鞋子都跑丢了。我看着越来越黑的天，无助、恐惧、愤怒、焦虑都化做脸上的两行热泪。人到中年早已看透许多事情，我已经太久没有哭过了。这时我才发现我的孩子对于我如此的重要，他们已经成为我人生中的一部分，一个不能割舍的一部分。

我被二儿子搀回家，这时的我已经没有任何力气，但是看到二儿子恐惧的表情，我瞬间觉得在孩子面前必须要坚强起来。我笑着对二儿子说：“没事，哥哥一定是出去玩了，马上就回来了。”我跟着二儿子回了家，到家发现这个小浑蛋已经回来了。

看到我他只是笑笑说：“回来了！”看得出他也是哭过的。看着他这可怜的样子，我满肚子的气也不忍心再发到他身上。我回到自己房间，心里说不出的委屈，突然我就想起了他的身世：他的父亲从小就和他踢足球，后来他父亲就不见了。对孩子来说足球就代表父亲，让他去踢球就是在揭开他的伤疤啊！我突然发现我工作上的失误，我竟然忘记了孩子的身世、忽略了孩子的感受，这实在是我的错啊！但是同时我也感觉到面对这样一个特殊群体的孩子，在教育方面的力不从心。

我反复地思考这件事情，突然我的脑海里闪出一个念头：“爱”，孩子缺少的是“爱”，如果孩子的内心被爱填满，他们不会害怕揭开过去的伤疤。是我做的不够，是我对孩子的爱还不够，我要用爱去感化孩子们。那如何能让孩子们知道我是爱他们的，让他们感受到我的爱呢？慢慢地我发现，我只要做好妈妈应该做的，孩子们就可以感觉到我的爱。每天按时做好饭菜，早上叫他们起床，晚上烧好热水叫他们洗漱……

有一次任广龙脚崴了，回来之后我赶紧给他脱掉鞋，拿出酒精跪在地上给他按摩，揉了一会儿我发现一颗滚烫的水滴落在我手上，一抬头看到孩子在流泪。我以为是孩子因为脚疼而流泪，就说："没事的，疼就哭出来吧！"可是他却眼睛红红的低下头小声说："妈，对不起！"我心头一颤，孩子在叫我妈妈！我一把将他搂在怀里，他也紧紧地搂着我大叫一声"妈"，边哭边说："我长这么大还没人这样抱过我……"我的心瞬间被揉碎。这一声妈包含了太多，包含了我的努力、包含了他的认可，他在不断地接纳我。

从此以后他特别懂事，主动承担起家里的一些重活，还帮忙照看弟弟妹妹。他现在是我的得力助手，帮我撑起了半个家。即使去了青年公寓，他每天都会回家看看，看看家里有没有活，还时常嘱咐弟妹听妈妈的话，要按时完成作业。每当看到他跑前跑后的样子，我心里有说不出的甜。

再说说在沈阳上职业高中的大女儿马静杨。杨杨朴实、可爱、懂事。我进家以后没见过她，平时也只是电话联系。快到暑假的时候，我突然接到她的电话说得了肺炎，需要回来住院。我马上和村里的保健医生联系住院事宜，一切安排好以后，她回到家马上入院。我陪她做了一系列检查。她胆子小，做CT都害怕得不行，我就在外面鼓励她不要怕："有老妈在什么事都不会发生！"CT做完，门开一条小缝我就挤进去，拉着她的手说："不怕，看这不没事了吗！"

杨杨非常懂事，知道家里弟弟妹妹小，离不开人。每次我去医院她都想尽办法把我撵回家，不让我陪她。她住院我需要两头跑，那段时间真是瘦了很多，她都看在眼里。每天我都给她送来热乎乎的饭菜，帮她拿换洗的衣服。我从她的眼神里看得出她对我慢慢地改变：从最初对陌生人的客气到现在眼底满含感激，我知道她在内心里慢慢接纳我、认可我了。

杨杨出院以后我就生病了。她主动承担起一切家务，细心地帮我照顾弟弟妹妹。最让我感动的是，杨杨承担起做饭的重任，这着实给我减轻了很大的负担。特别是她知道我胃不好，每顿饭就特意给我煮一碗热乎乎的小米粥。这小小的一碗粥，真的温暖了我的心，更拉近了我们的距离。我经常拉着她的手说："我真是有福气，又多了你这件小棉袄。"

家里的女儿宋思语也是个乖巧聪明的女孩，她比同龄孩子瘦小，略带一些小个性。她对我不是很热情，总有些小脾气，更重要的是她没有接纳我，在开始的一段时间里都没有叫我"妈妈"。

我刚接家不久她就患上了严重的感冒，我每天带她坐公交去社区医院打点滴，每次都要花很长时间，中间她要去卫生间，我就一手举着点滴瓶一手帮她提裤子。一次打完点滴，我刚刚拿起她的衣服想帮她穿上，她就一头扑到我怀里，小脸上满是泪水地说："我可以叫您妈妈吗?"那时我真的蒙了，我紧紧搂着那娇小的身体，泪水止不住夺眶而出。病友们都惊呆了问："这不是你女儿?"我含着泪说我是SOS妈妈，大家为我鼓掌说："真没想到，你太伟大了!"但说实话，我没觉得自己伟大，我只是在尽一个母亲的责任，我只是做了所有母亲应该做的事情。从那以后小语开始和我说一些她的想法，我发现这个孩子是如此单纯可爱又善解人意。

我的孩子们都进步很快，他们懂得分享、懂得感恩。每次有好吃的总是要我先尝一口，每当这个时候我就感觉自己是最幸福的!

在一次家风展示会结束回家的路上，小儿子王鸿运看见路上有一点垃圾，马上跑过去捡起来放进垃圾桶，然后对我说："妈妈我这是为别人着想吗?"我抱着他亲了一口说："对！这就叫'我为人人，人人为我'。"

我一直都坚信，只要你用妈妈的心去爱孩子，孩子是会感觉到的。虽然我的孩子们很特殊，但是值得庆幸的是他们懂得感恩，他们都用更多的爱回报给我。希望我所有的孩子们都能健康快乐地成长，都能成为栋梁之才。

(淑红妈妈是儿童村改革后入村的"孤独母亲"，不但把自己两个亲生子女拉扯大、送出国外留学，而且到儿童村挑起了抚育培养孩子并传授经验的重任。——李进国注)

休假随笔

乌鲁木齐SOS儿童村妈妈　刘佩宝

去年一年都没有休假，持续工作了400多天。今年年初村里安排我休假，简单准备一下便踏上了自己计划的放松之旅。

1月份的乌鲁木齐冰天雪地，我飞向了四季如春的海南，希望阳光、沙滩、椰林、美食可以犒劳自己疲惫的身心，让我在兴隆安静地做一个无所事事的人。

休假的状态就是放松，完全不用担心时间和任务。以为徜徉在温润的南国小岛可以暂时忘却工作，可思想会自己转换频道，每个孩子仍会自动跳出来：雪的善良，宇的专注，星和青的善解人意，军的热情，成的沉静，特的睿智，妞的娇气，布的一些疏远（孩子在外省的体育学校学习，难得回来），图的可爱……孩子们鲜活的面容，使妈妈的心悄然颤动，在海边的微风中、在太阳河边的细雨里、在不经意的每一刻。

妞在她一岁多时我就开始带她，小时候的她总是多病，如今远在天涯的我仍能感受到她烧得通红的脸蛋挨着我的温度，即使她现在已经比我还高，亭亭玉立，是个爱唱歌会跳舞的大姑娘了。经常满头大汗，校服总也洗不干净的，是刚从外面打篮球回来的星。趁着妈妈出门，有时淘气的孩子站在书桌上来个表演秀，有时满房子追逐打闹，有时玩捉迷藏……也会有安静看书偶尔嘻嘻笑出声的时候，还有那总是飘荡在家里的各种乐器声……

时间那么快，好像转眼间孩子们就长大了。小学一年级就考试不及格的青曾是我最担心的孩子，我有两年都害怕她不能继续上学，不止是成绩，主要是她总也不想开口谈论学校的事。可如今她就要大专毕业，正在南疆支教，是一名幼儿教师了。和青同龄的宇也大学二年级了，她的古筝早就过了十级，在大学里她因为自己拥有一项特长能为班级增光而感到更加自信。去年还是小男孩的特，今年妈妈看他就要仰视了；几个调皮的男孩都变成高高帅帅的小伙子了，或含蓄沉稳、或热情不定……他们也各有自己人生的轨迹了。孩子们小小的故事，妈妈总是会说得眉飞色舞。

15 年的朝夕相处，因为你们的病痛，妈妈感受到长夜的漫漫；因为你们的调皮和逆反，妈妈有了伤心和愤怒，同时也有了感念和反省，仿佛在某一个时候就理解了家里的长辈、身边的同事和他人；因为你们的成长进步而欢欣鼓舞；因为你们制造的各种状况而担心无奈；因为和你们在一起，妈妈理解了一个词——巴望。在没有带你们时我一度觉得这个词很奇怪，现在我渐渐能明白农夫巴望庄稼收获的心情了，守护好心田，低头耕耘，尊重时序在田间精进，默默地守候、静静地期盼。

因为思念，高高的椰树下有我美丽的孤独。如果有人曾看见我含笑，我想他一定不会说我傻，而是惊讶于我满满的幸福；如果有风曾看见我流泪，它一定羡慕我饱含深情。孩子，生命有缘让我们相遇，使我们已然拥有母子（女）的情分，相信不管前生还是今世一定缘分不浅。让我们珍惜好好在一起的日子，相互辉映，成为最好的自己！未来的生活也许跌宕起伏变化无常，不管是孩子该面对的还是妈妈该面对的，都不要紧，有我们携手一起走。如诗所言：走着，走着，花就开了！

我的女儿梦，我的离别痛

北京 SOS 儿童村妈妈　赵书娴

那一天村里要来新的小朋友，我却在忙着带家里的孩子去看病，下午的时候匆匆忙忙给孩子办理了住院手续，安顿好孩子住院后我疲惫地回到家中。第二天又匆匆忙忙赶到医院去给住院的孩子送换洗衣物，医院严格规定探视时间，我也只能严格遵守。家里的四个孩子也还需要我的照顾，两头跑的日子尽管辛苦，我也还能坚持。晚饭后带家里的孩子们去幼儿园玩，看见了新来的小朋友，第一个就看见大宝哥哥怀里抱着个像洋娃娃似的小女孩。那是我第一次见你，你的笑容给我留下很深的印象，觉得新来的小朋友很阳光很快乐。

后来我还是忙着去医院照顾生病的哥哥，接着就听说每家都要领一个新来的小朋友进家庭，我也第一时间想到孩子没有出院，我没有办法将新来的孩子带在身边，于是我请求村领导考虑我的难处，等小哥哥出院后再领。晚上我从医院回来时，正好赶上已经领孩子的家庭正在搬运孩子的东西进家。哥哥姐姐特别羡慕有新的小朋友能够进家里来，于是和我商量也领一个，我说出了自己的顾虑，他们却异口同声地说一起帮助我照顾新来的小朋友。难得哥哥姐姐有这份热情，于是就让他们一起去看，自己去领。他们来不及吃饭，放下饭碗，争先恐后就出了门，等我去寻找他们时，他们正围着一个小女孩，她就是锦悦。

你当时也特别听话，还让小哥哥们抱你。这是我第二次见到你，当时就特别希望你能来我家，于是我又主动申请要孩子，当时还把名字给报错了。村里让先选大点的孩子，这样带着省心，这个小不点看着才两岁左右的样子，还戴着尿不湿，带起来会非常累。我信心满满地承诺说没事，累点没有关系，我能承受，家里的孩子们也会帮助我。

隔天你的小床搬到我家，放在了我大床的旁边，是那种长方形的带护栏的铁床。我躺在大床上，手伸过栏杆就能摸到你。我都不知道该给你吃什么饭、都不会给你换尿布，甚至我都还不会抱你。一切对于我来说都是一个新的开始，都是一种新的体验，面对你，我什么都没有准备好。

很快问题就出现了，奶粉怎么冲，多少量、多高水温？给你吃什么食物？我来来回回去请教有经验的阿姨们，磕磕绊绊总算给你吃上饭了。晚上洗澡又是问题，无论怎样和你商量，你都不同意洗澡，好吧，暂缓实施。第一天你来我家没有洗澡，在你很困的情况下才开始睡觉。晚上我一点睡意都没有，诚惶诚恐地躺在大床上，听着你的呼吸，握着你的小手直到手麻木才轻轻地移开，迷迷糊糊地睡了。第二天清晨我睡意正浓时，你窸窸窣窣地有了动静。我困意蒙眬地望着你，多希望你能再躺一会儿，可是你眼含泪水地看着我，让我心生怜意。我赶紧起床抱着你，那时候你还不会主动叫妈妈。

锦悦在村的日子。你来我家的第二天我没有在家陪你，我真的把你交给了家里的哥哥姐姐们，我还得去医院看望生病的小哥哥，还好有阿姨也在帮助我照顾你。我心生歉意地匆匆忙忙出了门，也在最短的时间里急急忙忙地回到家给你准备饭。晚上还有一道关要过，总不能天天不洗澡吧！其实我想了一天也没有想出好办法来，只能硬着头皮做了，给你脱衣服洗澡，你根本就不让我靠近，你的哭声听起来很委屈，你的哥哥们没有一个像你这样能让我如此无奈的。当时我好无助，不能拍你的屁股，又知道道理给你讲不通，急得我是真没有办法。你的哭声为我搬来了救兵，娜娜阿姨从我家门前过，听见你的哭声她就进来了，问清楚情况，她说她帮我给你洗澡。我像拿到特赦令一样的激动，站在旁边仔细看着阿姨对你所做的一切。你不哭了，还很配合地脱衣、下水，给你洗也没有见你不愿意，还很容易地把你放到了小床上。当时我感觉娜娜阿姨特别神奇，就像对你施了魔法一样。你怎会有这么乖的一面呢？

你来的第三天，我出门为你买新衣服新玩具，还总结了一下你不愿意洗澡是因为觉得水里不好玩，特意给你买了能放在水里的子母鸭。鸭子的声音吸引了你，可是你还是不让脱衣服洗澡。姐姐带你玩水，给你吹泡泡，希望能够引起你的好奇心。果然姐姐这个办法很适合你，你放松了警惕，用小脚开始试水玩，我们打仗似的，激动地给你洗完澡。还是姐姐会抱你，用浴巾将你包裹起来抱上小床，这次感觉你和姐姐很有缘。我也特别感谢家里来了大姐姐，我有了帮手，对照顾你有了点点信心。可是没有想到你晚上不睡觉，怎么哄都不行，我只能疲惫地躺在床上看着你。晓杰阿姨也过来帮助我哄你睡觉，给你放歌你不睡，给你讲故事你也不睡，给你看手机你又精神了，折腾到十点多你还没有困意，我都快熬不住了。阿姨好不容易将你哄躺下，还给你摇动着小床。我当时觉得自己真不行，真的开始有点后悔领了你到家，真真太累了。你半梦半醒地迷糊了，阿姨才离开。今天的战斗总算是有惊无险地度过，明天又该怎么办？我也沉沉地睡去。

一星期后，哥哥出院了，我将他接回家里再也不用两头跑了，可以和你们在一起了，踏踏实实吃饭，踏踏实实陪你玩了。

眼看快开学了，村里将安排你上幼儿园小班，这样我就能腾出时间出门采购了，我盼着你能够顺利入园。九月份的到来为我减轻很多压力，除了生病的哥哥不能上学外，家里别的哥哥姐姐都上学了。九月二号下着细雨，我带你去参加入园体检，为了你不被雨水打湿，我一直抱着你。一开始的体检你都很配合，可是马上难题就来了，最后一道程序是抽血，无论如何你就是不肯伸胳膊给护士阿姨。强行给你伸直胳膊让阿姨抽血时，无论怎样都抽不出来。后来没有办法，改给你扎指血，你哭得更厉害啦，声嘶力竭。我真没有勇气让阿姨给你扎针。助理阿姨抱着你小心翼翼地才完成抽血任务，我马上给你递上吃的，你抽抽噎噎地边吃边看我。我拿你真没有办法，我知道我遇见了一个比我还犟的女儿，未来我们还不知道有多少关口要过。

体检后的第二天，娜娜阿姨将你平安送到幼儿园，因为我要带着生病的哥哥去医院复查。中午我们回到村后就赶紧去接你，当时你正在食堂喝酸奶，阿姨给你打扮得很漂亮，还给你戴上了漂亮的头花。一问才知道你尿裤子了，阿姨将自己的漂亮衣服穿在了你身上。我知道又有新任务了，如果你不能够表达上厕所的行为，幼儿园你可能去不了了，我的心又紧张起来。

和锦悦在一起的日子。在我担心你可能因为不会上厕所而不能去幼儿园时，你却因为体检不合格而无法入园。我当时很难相信，怎么可能呢，她是合格才被送到村里来的，怎就又不合格呢？我很奇怪，仔仔细细问了很多人，回答说：如果孩子当时比较激动，情绪也会影响体检数据。好吧，反正你也不会上厕所，戴着尿不湿幼儿园也不会收，我只能无奈地接受现实，先训练你上厕所再说吧。

休病假在家的哥哥身体很不好，容易过敏，很多食物都不能吃。我每天都要小心翼翼地为他准备他能吃的饭菜，你就只能和哥哥一起吃病号饭了。我又在零食和水果上多为你补充营养，于是咱们家的零食多了起来。哥哥们都喜欢你，每次吃东西都要先给你吃，姐姐每次回来都要抱抱你，带你玩，咱们家有你更热闹了。

大哥只要听见你的哭声，都会第一时间赶过来解救你。有一天凌晨你不知是被梦吓着了还是哪里不舒服了，大声哭了起来。我刚打开灯，大哥就光脚从楼上跑下来叫我，嘴里说着妹妹哭了。我好气又好笑地看着大哥，告诉他我知道，让他赶紧上去睡觉。要知道，除了童童就数大哥最能睡，每天叫早起大哥总是最难叫醒的那个人，今天楼下的哭声竟然让他这样敏感，大哥直到你睡下才恋恋不舍地上楼去。因为你的到来，哥哥们都懂事了，以前的互不相让到你这里都改变了，小小的你竟有如此大的魔力，我很开心。

训练你大小便，我真的不会，一点经验都没有，不知道从何处下手，只能见着人就问，村里有孩子的叔叔、阿姨都被我问了一遍，心里真是特别佩服他们能将孩子训练出来。总结经验，我的行动开始啦：首先给你买来漂亮的裙子，这样上厕所也方便。又特意给你拿来宝宝用的小便盆，每次我上厕所都先问问你，你也每次都没有回答，我将你抱到便盆上你就哭，一分钟不到就要起来。我说不放弃，继续努力，一次又一次，观察好几天后，我感觉掌握你的规律了，却又总是因为忙别的事将你忘记。每次都是哥哥提醒说妹妹的裤子湿了，或者因为你尿在地上后摔倒哭时，才发现又将你忘记。后悔很多天也没有与你交流明白，而且最可气的是你总是快要尿尿时自己就站在电视前的地板上默默地尿。后来只要你有点安静，我便会条件反射地奔过去摸你的裤子。半个月过去毫无进展，还有两次你在我给你喂完饭后，我刚端起碗吃饭时就感觉到屋里的异味，等发现时，你竟然已经站着完成大便了，地上都是你踩的脚印。我放下碗筷将你抱起，给你洗干净后再收拾地上的，我真是欲哭无泪，食欲全无，忍着难受还得给你讲讲。很快，我走路越来越轻快，身上多余的肉也减下去了。如何才能将你训练出来我没有了信心，尿不湿只能继续白天黑夜给你戴着。我每次上厕所也继续叫你，每次摸着你刚尿湿的尿不湿就计算时间，就开始后悔为什么没有提前叫你！日子一天天过去。

后来你慢慢地不排斥坐小便盆了，无论有没有尿都会上去坐一会儿，坐完后我继续给你戴上尿不湿，还给你买了宝宝的纸尿裤。惊喜总在坚持中出现，有一天照样让你上厕所，你刚坐下不久我就听见了水声，知道你会尿了，我大声地说：廉廉（锦悦的小名）会尿尿啦，真棒啊！我激动极了，你可能也被我的情绪感染，也大声地学我喊。我又及时地给你奖励了好吃的。再后来，断断续续，你自己上厕所的时候越来越多，和我的亲近感越来越强。可是别的叔叔、阿姨想抱你时你有了自己的主意，总听你说不抱不抱，然后径直跑过来寻求我的怀抱。我尴尬的时刻来啦，你太小，大家喜欢你才会主动抱抱你，可是你这不让别人抱会令我很为难，我总抱你也没有那么多的力气呀，你什么时候才会明白呢?！我出去采购的时候需要阿姨们照顾你，我送哥哥上辅导班时还得将你放在别的家庭，你这样我可怎么办?

锦悦在我家的日子。时间过得真快，转眼间你就来我家一个多月了，病号哥哥也开始上学，家里就只剩下我和你在一起了。你像小闹铃一样每天准时六点起床，然后慢慢上楼帮助我叫哥哥们起床。有女孩真好呀，我一直也都盼着家里能有女孩的加入，没有想到还是双喜临门，姐姐来到我家也带来了你的加入。但是早上就变得忙忙碌碌了：给你洗漱、梳头、喂饭、穿衣，背着水瓶抱着你小跑上班车，我们开始了送哥哥们上学的日子。

在班车上没事就想和你聊天，看见路上的动物就给你讲讲，你学得也很快，慢慢会说：小金鱼、小狗狗、小熊、小马……看见大一点的狗狗你会说：小马！呵呵，那不是马。记得有一次带着你去给姐姐办身份证，你看见两条特别好看的小狗，高兴地跑过去想摸摸它们，经过奶奶的同意你和小狗狗玩了一会儿，我把你带进屋你还是恋恋不舍地想着小狗狗。如此三番，最后小狗狗离开时你还去找，没有看见它们你马上就眼含泪水说：小狗狗不见了。看你伤心的样子我马上说：小狗狗回家吃饭了。你马上又跟一句：小狗狗回家洗手吃饭饭了。我被你的话给笑翻了，原来你记住了洗手才能吃饭饭，连小狗狗也不例外。你学得真好。

每天就咱俩在家，时间也充裕起来。我惦记着应该教你背诵《三字经》，看见我拿书你就不会安静地和我学。你喜欢玩袋子、盒子和一些奇奇怪怪的东西，到现在我都不知道你喜欢什么玩具。在你玩玩具的时候，我就在旁边有事没事地念《三字经》，你会学一句：人之初不知道，性本善不知道。可是你为什么要加“不知道”三个字呢？我也当作不知道，还是给你念，真不知你有没有在学。直到有一天童童在背时你竟然能接上，而且“不知道”三个字没有啦。我欣喜若狂，知道你是玩中学，所以我就给你下载了儿歌《三字经》，没事就放给你听。很快你能背六七句了，而且还总是拿着那本书跑过来说：这是廉廉的。哈哈，你还分家来了，知道说你自己的，有了拥有的愿望。好吧，我也说：这是廉廉的。你就会拿着书高高兴兴地跑开，一会儿又会过来重复一遍。我给你起名：小复读机。

你在家里就喜欢跑来跑去，我又很喜欢安静的氛围，每次我出门时都把你放在阿姨家。开始很好放，转身我就可以出门，慢慢地，你的警惕性提高了，会一直盯着我不让走。于是大人和小朋友之间的游戏开始了：有时候是用吃的哄；有时候是用玩具哄；还有时候是悄悄溜走。可是每次走得一点都不踏实，我是满怀歉意。但是又不得不走，带着你真的不方便，把你拉在购物车里也试过，可是回来还得抱你，实在太慢了。有时候我拉着你走，总是因为走太快忘记你而让你摔跤，让你在后面远远跟着也不安全，这时候真希望你快快长大。不知不觉中十月中旬到来了，接到通知说你能上幼儿园啦，这对我来说真是个最大的好消息。

锦悦在幼儿园的日子。十月下旬你体检合格，顺利被幼儿园接收。我真高兴呀，可以有小朋友和你一起玩了，我也不用给你准备午餐了。我们每天还是七点出门上班车，带着你送哥哥们上学后就直接将你送去幼儿园。你有了很多小伙伴，他们都很喜欢你的笑容。第一天你在幼儿园吃饭时好多老师都围着你逗你玩，我心里特别开心。中午就剩我一个人在家吃饭了，我买了酸辣粉回来吃。好久没有吃到辣辣的饭菜了，平时你们都在家我不能做，今天自己一个人在家，要多多吃辣解解馋。饭后再躺在床上，真舒服啊，旁边没有你的牵挂做什么都是自由的。

每天晚上去接你回家是最幸福的时刻了。一天没有看见我，你一定想我了，因为每次我去接你，你都是飞奔过来扑进我的怀里。你会主动和老师说再见，在幼儿园里你说话越来越好了，笑容更多了，和我更亲近了。慢慢地，你融入了这个家，没事就喜欢打开家里的柜子找吃的，可是你会先给我吃，然后再自己吃，我先吃了还没法说不让你吃，好高明的一招儿啊。

你最安静的时刻一定是你吃手指头的时候，那时候你将右手的中指和无名指放进嘴里，很香地吸吮起来。我就开始学你，有时候我说给我也吃吃，你会很大方地把手指头给我送过来。哈哈哈，真是个大方的好孩子。

在幼儿园里你学会了跳舞，听着音乐开始扭动屁股，偶尔高兴了你还会蹦蹦。我最喜欢看你蹦了，每到这时都是我最幸福的时刻。村里陆陆续续有孩子被送回去，看见有人登记孩子的身高或者照相我都会紧张几天，好在你从未被登记、被照相，我心里安慰了很多。和你相处时间长了，越来越怕你走。

每天回到家你会跑去给我拿拖鞋让我换，还会将我的鞋放得整整齐齐，到现在我都不知这是谁教你的，因为哥哥他们都没有给我拿过呀。你会越来越多地到我这里撒娇，我的力气也越来越大，抱别人家的孩子能举得很高，手脚冰凉的我不怕冷了。其实你到我家后我的事情多了很多，但是感觉不累还能承担，心里很快乐。

十一月十一号是个难忘的日子。说实话，我不喜欢十一这个数字。那天早上我们吃完早饭后正收拾时，助理阿姨来看你们了，我以为是简单的签字，签完字后她很犹豫地对我说让我给你收拾一下，说你要走。我愣了一下，追问一句：什么要走？为什么？不可能！当时声音就哽咽了，全身颤抖起来。不可能，但是又不像开玩笑。我进屋，泪水控制不了，又怕影响孩子们，关门痛哭。怎么可能，你从未测量、从未照相，怎么可能，我真的无法接受，怕呀。

我没有办法控制自己的情绪，上楼和姐姐商量，姐姐也很难受。你跑过来说我哭了，姐姐也哭了。我说廉廉不走行吗？你说：廉廉不走。可是我知道你自己决定不了你自己，我也没有办法决定你的将来。我没有力气做饭，这是我第一次什么都没有做而浑身没有力气的时候。中午姐姐给你们煮的饺子吃，十二点我起床送大哥去上英语课，一点半回来继续睡觉。你已经被姐姐哄睡着了，看着你甜甜的睡容我真想使劲抱着你，不想放开，可是我没有力气，泪水总是不争气地往外流，嗓子也是哽咽的，不能相信。日子还得过，还有哥哥姐姐们需要照顾，你明天走还是后天走？我的心提了起来。

由于村里的特殊情况你走的时间延后了，我还可以多和你待几天。哥哥们也知道你要走的消息了，全家都在一片哀伤中。大哥和四哥哭得最厉害，我怎么劝都没有用，他们从楼下一直哭到楼上，躺在被窝里使劲哭。这时助理阿姨来电话，我上楼和他们说：助理阿姨说廉廉暂时不走啦，你们别哭了！还给他们看了电话号码，我是笑着和他们说的，他们半信半疑，哭声总算没有了。我也不敢在孩子们面前流露悲伤了。可是很快，四天时间又过去了，明天你就真的要离开了，这一别可能就是永远。

锦悦将远行的日子。这几天我都在想，其实走对你来说应该算是最好的选择：你会有更好的生活环境，有更好的教学医疗条件，将来也会有更好的发展空间。而且，这对我来说也是一种解放：不用给你洗衣了；不用给你喂饭了；不用天天陪着你了；也不用担心怕带不好你让你生病了；晚上我能踏踏实实睡觉了；能在送哥哥们上学时不用考虑将你托付给别的阿姨了；一切问题都会简单了；我会轻松很多了。可是，我还是舍不得你。

写了这么多，我只想让你知道，我们刚刚建立起来的信任关系不是因为我将你抛弃，而是因为希望锦悦能有更好的生活条件，希望锦悦能够拥有亲爱的妈妈、亲爱的爸爸，一个幸福和谐的家庭！我深深地为你祈祷、为你祝福！锦悦要健康快乐、平安幸福地长大！我喜欢锦悦，我喜欢锦悦，我喜欢锦悦！

锦悦走啦，锦悦走啦，她走啦！今天早上九点助理阿姨、薛阿姨、刘大大一起来家里接你。我这是第一次看见他们就紧张，就想痛哭，难受得几乎哽咽不能言语，可是我还是默默地为你准备带走的吃的、用的、玩的和穿的。不知道给你带什么好，只要你想要的都想给你。可是你的书包太小，力气也太小，你会有更多更好玩的礼物等着你。到了不得不走的时刻，他们都让我不要送你，因为我的状态很差。可是你拉着我的手，要我抱。其实我是愿意送你的，无论你去哪里我都愿意送你，你好我就最好。

出了家门你都一直高高兴兴的，我也特别希望你高高兴兴地走。你的快乐就是我的幸福。知道你的习惯，我逗你，让你上车玩，你上当了。我隔着窗户敲玻璃引起你的注意，你很快坐上车，和我互动起来。平时在家如果每次我悄悄走或者直接和你说再见，你都会不愿意，眼泪汪汪的。可是如果我走到家外面的窗户或者屋里对面的窗户，敲敲窗户看着你，和你说再见，你都会很开心，以为我们在做游戏，开开心心和我说再见。只是这次我知道是永别。我很难受，你还不懂。叔叔摇下窗户，你亲亲我，然后我移开，和你挥手。叔叔发动了车，锦悦要走了，你和薛阿姨一起走了。红梅阿姨一直陪在我身边。

晚上哥哥们回来就找你，我说你没有在家。他们都说你一定走了，因为早上我让你和他们照相他们都感觉到了。哥哥们难受地上了楼，我当时也没有办法去劝他们。今天家里的气氛好压抑，哥哥们都安静地做自己的事。过了一会儿，五号家庭的洋洋姐姐来借东西，问我是不是廉廉走了，我说是。她说她想你舍不得你，她还说她的妹妹王阳姐姐也舍不得你，知道你走还哭了，并且王阳姐姐说长大了要多多挣钱去看你。我听了好感动，说哥哥姐姐们都舍不得你。大宝哥哥最先喜欢你，你没有到我家时他每天都去带你玩，可是你到我家后不让他抱了，他很伤心地说：廉廉是小金鱼的记忆力，七秒就忘。

现在晚上有了更多的时间陪哥哥们，今天晚上他们都上乐器课，我和他们一起去了培训楼。我在图书室看书，他们分别去学乐器，学习完后他们纷纷要求借书。鼓励孩子们多看书这是好事，于是我说我是图书管理员，要求他们一一登记后再拿走书回家去看。其实你知道我最喜欢的工作是什么吗？哈哈，就是想当图书管理员。没有来儿童村的时候我是志愿者图书管理员，还做了两年呢。回家的路上大哥拉着我的手对我说：我……我觉得妹妹走了以后我们家都没有快乐了。哥哥的心思好重啊。我对他说：没有啊，廉廉走了我有更多的时间陪你们了，你们应该开心呀！可是哥哥还是很伤心，慢慢地，我会想办法让他们快乐起来的，因为我们都要快乐。祝福我们都要健康快乐！我们是快乐一家人。

无声的爱

——儿童村里的家庭教育纪实

开封SOS儿童村阿姨　薛　妍

走进儿童村之前，我是一名家庭教育辅导老师，凭着对儿童村妈妈们的崇敬之情，我竞聘了儿童村阿姨的岗位，想跟她们一样，实实在在地为孩子们做点事情。

儿童村妈妈是一项非常特殊的工作，她们的任务就是把痛失双亲的孩子培养成为独立的、负责任、能与人和谐相处、并具备生存能力的人。这是一项非常艰巨的任务，再没有哪件事情比把孩子们培养成为合格的公民更为艰巨、更为任重道远的了。由于曾经从事过家庭教育工作，我也自然对于妈妈们教育孩子的方式方法更多了一些关注。

我来村里的时间短，由于工作关系走进了十一号家庭，对妈妈马耐勤多了一些接触和了解。她是一位学习型的妈妈，她不仅自学了公共营养师、育婴师、导游课程，而且还一直坚持到河南大学的阶梯教室跟大学生们一起上课学习，不断提升自己，乐在其中。

马姐把每天的作息时间安排得紧凑又有规律，每天早早起床为孩子们做好早餐，吃完饭，打扫完卫生，就和孩子们边说边笑一起走，看着孩子们走进学校，她就骑上自行车去学习了。马姐每天过得快乐充实，中午回来给孩子做饭的时候都能听到从厨房的窗口飘出她悦耳的歌声。空闲的时候，她在房前屋后栽花种菜，既美化了环境，也让孩子们学习了植物的栽培。自家吃不完还分送给其他家庭，纯绿色有机蔬菜啊，大家都乐呵呵地分享她丰收的喜悦。她还把成熟的山楂从树上摘下来，细心地清洗干净，做成一串串酸甜可口的冰糖葫芦，叫孩子们挨家挨户地送给村里的孩子们吃。这样做让她的孩子们既争当了“快乐小天使”，又收获了同村小伙伴的友谊，她真是一位智慧的妈妈啊！

马姐非常爱护小动物，由于村里的绿化好，植物茂盛，有许多无家可归的猫狗躲在村里寻求庇护，马姐总会准备充足的食物每天喂它们。冬天怕它们冻着，还在纸箱里放上旧棉衣给它们御寒取暖。一只在外流浪多年的老狗狗还认她当主人，赖在她家不走了！孩子们也从妈妈的行为中学会了关爱小动物，与大自然和谐相处。

中秋节后的一个晚上，我路过她家门口，出于好奇，想看看她们一家子都在干啥，就走进屋里。马姐正在给孩子们讲重阳节的由来和意义，然后在小黑板上工工整整地写下了王维的诗《九月九日忆山东兄弟》，并逐句讲解，又让上五年级的姐姐给二、三年级的弟弟妹妹们当小老师领读。孩子们在诵读过程中了解了我国传统的民风民俗，同时也认识了更多的汉字。姐姐也在当小老师的过程中体会到了老师讲课时的辛苦，同时也提升了自己的自信心，增强了责任感。我离开她家的时候，连那两个刚上二年级的孩子都能流利地背诵这首唐诗了。

儿童村妈妈们的工作和生活是水乳交融的，特殊的工作性质让妈妈们几乎二十四小时都处于工作状态，她们是孩子们永远的班主任。她们对孩子的教育分为三个阶段：

第一阶段：孩子行为规范和习惯的养成。这个阶段的孩子需要妈妈的全程监护。第二阶段：孩子具备了一定的独立性，处于转型期、青春期。这个阶段的孩子如同放风筝，必须有长度合适的绳子牵引才能在一定限度内自由飘动。随着年龄的增长，到了最后一个阶段，孩子在妈妈的教导下，有些生活习惯已经逐步养成，了解社会的行为规范和要求，学会了一些生活常识，具备了基本的独立生活能力。此时，妈妈就可以放手，让孩子自己成长了。

马姐平时勤勤恳恳，对工作认真负责，一丝不苟。她热爱生活，每天早睡早起，培养孩子形成良好的生活习惯。她快乐的学习状态带动了孩子们的学习兴趣，与孩子们同学同修，乐在其中。她栽种植物，浇水施肥，教孩子们在劳动中锻炼身体，观察植物的生长并引发思考，这是很好的生活教育。她关爱并收养小动物，更是爱心的传播、责任心的传递。

她在平凡的生活中给孩子们做着行为示范，孩子们在日常生活中，处处都能从妈妈身上学习到生活的常识和技能。教育孩子是一项琐碎又系统的工作，孩子不是听你说什么，而是看你怎么做，妈妈就是他们身边的榜样，妈妈的一言一行无不潜移默化、润物细无声地影响着孩子们。

马姐是全国众多儿童村妈妈中的一员，从她身上能看到儿童村妈妈们的工作和生活状态。所有儿童村的妈妈和阿姨们心中都有大爱，她们把自己最美好的年华和青春献给了这项伟大的慈善事业，把对孩子们深沉无私的爱融进了生活之中。

儿童村的妈妈们各自带领着自己的家庭，努力达到家长成熟明理、孩子快乐进步、家庭和谐舒畅的状态。儿童村的家庭型教育是致力于生命教育、生存教育和生活教育的事业。让痛失双亲的孩子们拥有温暖的家庭，让他们享受母爱，让他们接受有品质的家庭教育、学校教育和社会教育，从而使他们认知生命的价值、增长生存的智慧、培养生活的信仰，直到他们长大成人，成为对社会和国家有用的人，并实现属于他们自己的幸福人生！

每个孩子都是一棵鲜嫩的小苗，都需要妈妈的呵护和照顾。儿童村是温暖的大家庭，这里的孩子们在这些无私奉献、默默无闻的妈妈们的辛勤培育下绽放生命，或长成参天大树，或开出绚丽花朵。

（阿姨也称“妈妈助理”，是在SOS儿童村家庭妈妈休假时接替妈妈工作的一个工作岗位和生活角色，除了不固定家庭，其他和妈妈相同。自2012年起。中国的SOS儿童村阿姨不再把承诺不婚不育作为入村条件了。——李进国注）

妈妈日记

北京SOS儿童村妈妈　王　燕

（按语：北京SOS儿童村自2014年开始收留抚养不依赖康复设施的轻度残疾儿童，同时开始探索夫妻组成家庭共同抚养残疾儿童模式。此文是北京SOS儿童村一家夫妻家庭的妈妈日记摘录。）

2014年11月20日

我和爱人来到北京SOS儿童村，在这里我们共同支撑起一个家，也是儿童村首例夫妻家庭。

今天我们家迎来了8个可爱的孩子。年龄8—10岁，他们都是来自北京儿童福利院的孤残儿童，都有不同程度的智力残疾和肢体残疾。有3个孩子能正常沟通；3个孩子认知能力差，说话不清晰，表达能力差；2个孩子智力严重障碍，不能正常说话，目光呆滞，与人交流也只是挥手。

孩子们刚到一个陌生的环境，非常的胆怯，而且面容憔悴，看起来身体状况很差。我俩看着眼前这些无助的孩子，心里感觉特别的痛，同时感觉压力很大，因为没有带过这样的孩子，也没有经验可以借鉴。只能暗下决心，一定要加倍地爱他们，呵护好他们，给孩子一个完整的家、一个温暖的家，让孩子从此过上与正常孩子一样的幸福生活。

白天，我们照顾孩子的生活，教孩子上、下楼，熟悉上、下床铺，熟悉家里的环境，寸步不离地和孩子在一起。晚饭后，为了和孩子们尽快熟悉起来，我们和孩子一起看电视，一家人围在一起吃水果，聊天，进一步了解孩子的内心需求。渐渐地他们话多起来。看着他们放松了许多，我们心里也宽慰了一些。可是，以后怎样才能带好这些孩子？这又是紧接而来，必须面临的一个难题。

2014 年 12 月 20 日

8 个孩子进家，到今天已经是 1 个月的时间。回想这段日子，真的感触颇多。毕竟每个孩子的情况各不相同，性格迥异。这就需要我们每时每刻关注他们的言行举止，多陪伴、多沟通，从孩子的角度去体会他们的需求，让孩子感觉到你就是他们的依靠，这就是他们的家，让他们有安全感。记得刚刚来家的时候，孩子问我："妈妈，你下班吗?"我知道孩子在担心什么，孩子们怕我离开他们，他们需要呵护，需要安全感。我告诉他："我们是一家人，爸爸、妈妈永远和你们在一起!"当时他高兴得跳起来，他说："太喜欢这儿了，吃得好，住得好，来这来对了。"我想孩子是最简单的、单纯的，只要你对他好，你的付出会得到回报的，那就是孩子们的认可和接纳。从孩子身上，我也感觉到他们的懂事和善良。因为他们每个人的情况不一样，但都彼此接纳，正确面对，没有歧视。在我们的引导下，大孩子还能帮助弱小不懂事的孩子。让他们懂得帮助别人是一件快乐的事，学会互相关心、互相帮助，让他们在爱的环境中慢慢长大，学会爱，懂得感恩。只有在爱里长大的孩子心中才有爱。我也感到和孩子们相处久了，心灵得以净化，灵魂得到升华，心里特别的平静，特别的喜乐，孩子带给我的快乐比什么都珍贵。

需要我们做的还有很多，我们应该全身心地去呵护他们，努力培养孩子们良好的生活技能和习惯，发现孩子们的闪光点，真心希望他们有一个好的未来。照顾这些孩子要有爱心、耐心、细心、责任心，更要甘心付出，才能有所收获。

今晚，9 点半了，昌某还没有睡意，我到他的房间去，发现他正在摸黑擦地，口里有话说不清楚，自言自语。我问他："为什么不睡觉?"他说："喜羊羊。"我知道他心里牵挂着家里墙上新挂的图画。为了不影响其他孩子睡觉，我答应让他下楼来看。他笑了起来，迅速穿起衣服，高兴地跟我下楼，跑到挂图前，拿起喜羊羊的挂图，自言自语："喜羊羊、喜羊羊、喜羊羊……"我看他那种行为举止，真的很担心。他一直以来，就有这样的行动，有时刷牙反复刷，不让他刷了他还哭。有时洗袜子也是反复洗，还把自己喜欢的东西东藏西藏，走哪拿到哪儿。每次都是劝说很多次，才勉强放手，过会儿稍不留神看不到，他又去捡回来。他对自己喜欢的东西念念不忘。你想让他去做的，几乎不听从，这到底是精神问题还是太过专注，还需要继续观察。他平时对吃饭特别专注，自己吃够了还看着别人的饭碗，等到最后站在别人跟前，没有饥饱感。有时偷偷捡桌子下面的饭渣，和别的孩子还真的不一样。

2015 年 1 月 13 日

今天上午给孩子们安上了 DVD 看科教片子，讲一年级数学上册的课程。孩子们听得还算认真，坐了一节课的时间。之后关掉电视，测试他们的接受能力，4+2=6，3+2=5 ，可是竟然一道也没记住。也难怪，孩子们没有接触过，也没有基础，先热热身吧，以后慢慢来。总之，孩子们看到了同龄人上课的样子，没有进过学堂，但也知道上学的孩子应该是怎样的情景。逐渐让孩子们多学东西，不放弃不抛弃。

2015 年 1 月 26 日

今天突发奇想：用吸管给孩子们做数学教具，用线和十根吸管串一组，每人发一组，教他们数数，学习十以内加、减法。刚开始还真不理想，他们几个根本理解不了，只有鲁某会用心思考，会动脑子，简单的运算还可以。要想让他们掌握十以内加减法还真不容易啊！继续努力吧，孩子加油！

2015 年 1 月 30 日

今天晚上，我们家又上演了我感动的一幕。事情是这样的：因为王某吃饭慢，总是吃到最后。我正在喂饭时，昌某悄悄走到我跟前说：“妈，我来喂王某吧。”我当时想昌某真的很懂事，有大哥哥的样子了。于是，我把机会让给他，我坐在旁边看着。只见他用左手扶着王某的后脑勺，右手拿勺，一口一口把饭送到王某嘴里，还不时提醒王某，快吃，别噎着。而王某也挺开心，吃得特别香。小哥俩配合得很好，高兴地把饭吃完了。（值得一提的是，昌某比王某大两个月。）当时，我给他们拍了照片，饭后给他们看了，记得昌某还有点不好意思。王某看了很兴奋，看见自己吃饭的样子，觉得很好。真是兄弟情深啊！王某幸福的笑容、昌某的羞涩表情，深深地印在我的脑海中。我们是幸福快乐的一家人。

2015 年 1 月 31 日

今天晚饭后，昌某主动说："爸爸，今天我洗碗。"宏伟听后很高兴，立刻夸奖说："昌某是进步最快的，不但帮助王某叠被子，家务活也抢着干，洗碗是最干净的。你们以后也要像他这样，爸爸才喜欢。不然昌某将是咱们家中最棒的！"他们几个都认真听着不做声。我想有的孩子也能明白，为的是给他们树立榜样，鼓励他们共同进步，要相信榜样的力量是无穷的。

2015 年 4 月 20 日

从 2014 年 11 月 20 日至 2015 年 4 月 20 日，孩子们从福利院来儿童村，转眼已经 5 个月的时间，回忆这段时间的点点滴滴，我们家的孩子正在不断地变化、成长着。

从开始来的惊恐眼神，到逐渐喜欢我们的家庭；从开始的胆怯，到现在的无拘无束；从开始的不会说话到现在的正常交流，大家都能感觉得到，看得到。从开始的一无所知到现在能表达简单的儿歌，背诵诗歌；能认识几十个字，算数，下棋等。今天的这 8 个孩子，每个人的变化都是有目共睹的。

鲁某：年长，发挥着大哥哥的作用，看护弟弟，组织活动，很有小领导的模样。已经认识很多字，懂简单的运算，能认读钟表上的时间。会折纸，做手工。自理能力基本形成。

鲁某：很懂礼貌，热情大方，在他的带动下孩子们对待来的客人有礼有节，深受人们喜爱。能认识并写一些字。但自理能力还要加强。

昌某：很勤劳，家务活主动去干，非常认真仔细，很热心帮助小弟弟，能认识并写一些字。各方面已经基本能够自理。

昌某：很爱劳动，爱学习，进步很快，能识几个字，能写简单的字。自理能力还要加强。

昌某：活泼可爱，很调皮，爱跳舞，能识几个字。自理能力还要加强。

昌某：动作缓慢，语言表达能力差。胆子变大了，现在孩子们一起玩没有他不行，什么活动都能参与进去了，话也多起来。虽然说话不清，但是特别聪明，有自己的世界。自理能力还要加强。

方某：性格内向孤僻，从开始的单独玩耍，到今天也能和其他小伙伴玩在一起；从开始的不参与游戏，到现在和大家一起跳舞、唱歌。孩子的天性已经被调动起来，话也多了，和大人的交流也比以前多了，有时还会和我开玩笑，做鬼脸。自理能力还要加强。

王某：变化也很大。刚开始胆小，不吃饭，不说话，睡觉不让脱衣服，一句话不说，只是摆手，简直就像是一个外星人，无法和他沟通。我当时很害怕，怕带不好他。通过仔细观察和陪伴，和他说话他也能听懂，渐渐地相互熟悉起来。几天后孩子接纳了我，开始有了笑容，有了声音，但听不太懂他说的什么。后来通过仔细观察、分析、理解，终于能和他交流了，原来他在用自己的方式和我们沟通。就这样，他的话多了，胆子也放开了，和刚来时判若两人。他竟然是一个性格开朗、聪明伶俐的孩子，很会察言观色，讨人喜欢。天天跟在我左右，像个小孩子，走哪都要牵着我的手，是个忠实的小跟班，现在是人见人爱的小名人了。在家里也能帮我干一些力所能及的活，比如倒垃圾，擦桌子等。自理能力也有所提高，自己会吃饭了。但自理能力还要进一步加强。

我俩看着孩子们健康快乐地一天天在成长，深感欣慰。孩子们带给我们的感动，是我们的人生旅程中最美好的回忆。

2015 年 5 月 30 日

为了迎接“六一”儿童节的到来，我们天天陪孩子们练习节目，节目时背诵《弟子规》和表演“拔萝卜”。背诵《弟子规》，是从孩子刚来儿童村的时候，就开始给他们讲读。经过半年的时间，孩子们已经背熟了一大篇，144 个字。这对他们来讲已经很不容易。我准备“六一”节过后继续教他们后面的部分。因为儿童在 13 岁以前，童真未泯，记忆力最强，最容易教导，也最需要教导。在这段时间接受良好的启蒙教育，他们一生将受用无穷。

《三字经》说："性相近，习相远。苟不教，性乃迁。"如果我们能利用这段黄金时间引导孩子，养成良好的行为习惯，习惯成自然，日积月累，必将奠定他一生为人处世、走向成功的坚实基础。我们每一位家长都是孩子最好、最合格的启蒙老师。只要让他们从小时候背诵，等他们长大了，理解力强了，自然知道其中的道理。这是顺其自然的事，将来无论从事什么职业，都会有利无害。同时对大家庭的和谐，兄弟之间的情义，社会风气的净化都会大有益处。

《三字经》说："养不教，父之过。教不严，师之惰。"我们做父母的应该在养育孩子的同时，还要严格地管教孩子。这是我们应该做的，坚决不要做只养不教的懒惰父母。父母是孩子的老师，孩子是父母的影子。每个孩子都有他的闪光点，都是可以塑造的。这需要我们尽心、尽力去做，去发现，去培养，使每个孩子都阳光、快乐、健康地长大。

2015 年 6 月 11 日

今天昌某生病了，爸爸带他去医院看病，孩子们看着爸爸把他带出家门，表情都有些沉重。毕竟是第一次有孩子去医院，他们都有些好奇，大概更多的是担心吧。我只能安慰他们说："拿点药一会儿就回来了。"小伙伴们也就相信妈妈的话，各自玩去了。只有昌某独自一人坐在饭桌前，低着头不说话，满脸的不高兴，我走近他身旁问他："我们宝贝怎么了?"这一问，他的泪就掉了下来，口里低声说："交林。"我立刻把昌某搂在怀里，他是担心生病的兄弟，害怕他有事，孩子心里没底。多善良、懂事的孩子啊！我心里很感动，眼泪也控制不住流下来。

吃午饭的时候，昌某和爸爸还没回来，兄弟几个边吃边说："爸爸和昌×的座位空着，心里不是滋味。"鲁某说："我都不想吃饭，吃不出滋味了。"孩子们你一言我一语，说着将来他们不能分开，要一起工作。昌某话少，眼圈红红的，饭也没吃几口。我看在眼里，急在心里，不能继续让昌某这样下去了。突然想起让昌某和他们打个电话说会话。昌某听了非常高兴，听到昌某的声音，第一句话就是"我想你"。小哥俩在电话里聊了起来，他心里的牵挂和疑问解开了。

4点左右爸爸带昌某回来了，兄弟几个都在门口迎接昌某，都跑上前去抱在一起，高兴地跳起来，像是久别重逢的知己。之后又挨个抱着昌某说："我想你。""你可回来了。""你好了吗？"……孩子们在一起问长问短，言谈举止尽显出深厚的兄弟之情。

我俩看着孩子们高兴地围在一起，除了开心，还能说什么呢？孩子们快乐，我们就幸福；孩子们幸福，我们就快乐。也许生活就是这么简单！

SOS儿童村征文

其他参赛作品

儿童村纪事组

与爱同行

——SOS儿童村纪实

成都SOS儿童村工作人员　孙　萍

在成都西郊的花照壁街，青草绿树掩映着一栋栋红砖瓦的别墅建筑群，组成一个自成一体的庭院式村落。走进大门，迎面有一环形建筑居于中央，可爱的卡通图案大门内传来孩子们稚嫩、整齐的儿歌声。小路旁立有一大石，上面刻有古色古香的“家”的字样。右侧星罗棋布坐落着15栋跃层小楼——这便是成都SOS儿童村。这里住着15个特殊的家庭，每个妈妈都有七八个孩子，这些孩子亲如兄弟姐妹，却各有各的姓名，和妈妈没有血缘关系，妈妈却为孩子们倾注了全部的心血和爱。在这个温馨的村落里，有无数动人的故事静静流淌，构成这爱的大家庭日常生活的一幅长卷……

珍珍的笑容

我不愿意看到任何一个孩子被他所谓的命运所束缚，我坚信，我们能找到一个办法去改变他的命运。

——国际SOS儿童村创始人：赫尔曼·格迈纳尔

如今，当我们置身于成都儿童村绿树红墙的院落里，看到的是天真烂漫的孩子们，你很难想象这些孩子曾经历过怎样的创伤和苦痛。他们看起来活泼可爱，健康聪明，很难看出和一般孩子的差别。这是因为孤儿来到儿童村以后，他们的命运发生了巨大改变。

成都 SOS 儿童村是一个多民族的爱的大家庭，村里有汉族、藏族、彝族、羌族、傈僳族多个民族的孩子。多年来成都儿童村探访孤儿的足迹到达了甘孜、阿坝、凉山等四川偏远地区，一些少数民族孤儿因此幸运地来到儿童村，珍珍就是这样一个幸运的傈僳族女孩。傈僳族主要从事农业，最早生活在四川、云南交界的金沙江流域一带。当时的珍珍六岁，父母双亡，跟着年迈的祖母生活。当儿童村的工作人员长途跋涉来到她家，看到的是令人触目惊心的一幕：时值寒冬，祖孙俩席地而坐，一个满脸皱纹的老婆婆身边偎依着一个瘦小的女孩，睁着一双明亮、迷茫的大眼睛，脸上怯生生的，没有笑容。祖孙俩都光着脚，语言无法沟通。她们身下只有一床破旧毛毯，屋里甚至没有桌子，只有一个锅灶。据当地民政局的人介绍，傈僳族常年赤脚，他们的脚都很粗糙，像树皮一样结实，耐寒。尽管如此，当时儿童村的工作人员还是在镇上给珍珍买了一双运动鞋，珍珍穿着鞋，坐着民政局的车，走出了生她养她的大山。

对于珍珍来说，来到儿童村之后的生活的确是她人生巨大的转折点：她有了一个新家，有妈妈、兄弟姐妹，家里温馨、整洁，一日三餐有很多好吃的菜，有水果、零食，还有属于自己的舒适的小床……最重要的是新妈妈柔软而温暖的怀抱和双手让她感受到母亲和家的温暖。她慢慢适应并喜欢上了这个家，和兄弟姐妹的相处让她很快学会了汉话。珍珍每一天的生活都是崭新的，从幼儿园到小学，再到后来她加入少先队，甚至当上了班里的中队长。珍珍还凭借自己天生的好嗓音加入了儿童村的声乐班，后来还与著名的爱心歌唱家同台演出。珍珍身边所有人，都能感受到她的变化，她的眼睛越来越明亮，笑容越来越多，整个人都变了，变得充满灵气和光彩。光阴似箭，岁月如此眷顾当年那可怜的傈傈族孩子，她已经长大了，拥有属于她自己的幸福生活。她考上了一所大专职业院校，选择了自己喜欢的烹饪专业。如今，她在成都实习，为将来走向社会自立自强作准备。在珍珍的心里有一个梦想，她希望有一天能回到家乡，开一家自己的川菜馆，给家乡的乡亲们做好吃的川菜，这是一个 18 岁傈傈族女孩的梦，一个充满人间温暖、爱与感恩的梦想……

执着的母爱

“当我们不能理解孩子和妈妈之间的重要关系时，我们就无法了解孩子的天性。这种关系是我们既作为个体的、又作为社会成员的全面发展的基础。”

——赫尔曼·格迈纳尔

光阴似箭，当我们把目光投向成都SOS儿童村的妈妈们，她们已经走过了近20个春秋，由当初充满热情和理想的年轻姑娘，成为岁月积淀下智慧、温婉、慈爱的中年妈妈。成都儿童村建立之初，儿童村面向全国招聘妈妈，经过严格挑选和上岗培训，她们成为了儿童村的妈妈。她们热爱SOS儿童村事业，有无私奉献的精神，具备管家理财的能力和教育孩子的基本能力及素质。如今她们抚养长大的孩子已经离开儿童村，走向各自的工作岗位，有的成家立业，有的有了自己的孩子，儿童村妈妈也多了一重奶奶（姥姥）的身份。现在妈妈们的身边不断增加新的孤儿，这些有着丧亲之痛的孩子，和妈妈一起，在SOS儿童村过着和普通人一样富有亲情和温暖的家庭生活。

我们身处一个飞速发展的信息时代，社会价值观多元化，谁没有功利心，谁不想做高薪白领，谁不想延续生命与自己的亲人共享天伦之乐？然而儿童村的妈妈们却在最好的年华里来到儿童村，数十年如一日，守护孩子们的成长。时间证明，妈妈们当初的选择，已经成为一种生活方式的抉择，成为一种人生信念的执着追求，妈妈们的不平凡之处就体现在这里。

吴妈妈来到儿童村工作有些偶然。24 岁时，她在北方刚参加工作，偶然的机会看了一部反映中国最早儿童村的电影，影片中妈妈和孩子们的故事深深打动了她。她去天津 SOS 儿童村应聘，但招聘已经过了。第二年她在去大连的海轮上，在一个四川乘客看过的一份报纸上，她看到成都儿童村招聘妈妈的消息，她瞒着父母报了名。谁会想到，这一报名，就成了吴妈妈一生的选择。

当初她来成都时，父母都反对。她执意要选择自己的生活方式，最终二老无奈，尊重女儿的选择。后来小吴回老家探亲，带回儿童村孩子们的照片，在小吴向他们详细讲述了成都儿童村的一切时，两位老人很感动。父亲说："孩子，你做的是善良人的事，走的是正道，我们支持你。只是，我八十岁的生日，你一定争取回来。老爸我也是八十岁的人了，只想生日和儿女一起过……"老父亲的话有些伤感，小吴当时忍住眼泪，红着眼圈答应了。

然而接下来发生的事情，却让吴妈妈没能兑现自己的承诺。父亲八十岁生日的那一年，她本来安排好休假回去探亲，村长也同意了，可家里正好新来了一个孩子，那个娃娃很可怜，不到两岁父母便出事，由患有白内障的七十多岁的爷爷勉强带着，后来实在无力抚养，便来到了儿童村。娃娃因营养不良时常生病，当时娃娃出水痘、发高烧。吴妈妈也真难，一边是高烧未退的孩子，一边是白发苍苍的老父亲，最后吴妈妈做出了选择：留下来，留下来照顾孩子！等到孩子病好了，吴妈妈忙完之后，休假回到父母身边时，早已错过父亲的生日，但是双亲还是谅解了她。可是就在那一年底，父亲因突发脑溢血去世了。这个错过的八十岁生日成了父亲最后一个生日，也成为吴妈妈一生的遗憾和内疚！

现在吴妈妈在成都儿童村近 20 年了，先后带了 17 个孩子：大孩子已经成家立业，其中有三个大学生，一个全国网球比赛亚军；小的现在依旧围绕在她身边。吴妈妈对选择，无怨无悔。这正是 SOS 儿童村一名普通妈

妈一生的选择，她在不知不觉中选择了大爱，选择了自己终生所热爱的信念和追求。

还有一位儿童村妈妈曾经说过这样的话："我的确没有真正做过妈妈。但是，当我面对那些无助、期盼的眼神，当我给一个孩子洗澡，摸到她瘦弱的肋骨时，我忍不住心痛。当时我就想，我一定要当好他们的妈妈，照顾他们，直到他们长大成人。"这句话说起来只需要一分钟，做起来，却需要长长一生的时间。

让时光穿越到2005年的夏天，我们会看到说这句话的刘妈妈走过的岁月。当时成都儿童村迎来了一名特别的小成员，他就是小程程，一个11个月大的男婴。这是成都儿童村建村以来收到的最小的孩子，这个在襁褓中的孩子，睁着一双无辜的眼睛，望着这个陌生的世界，似乎在寻找着妈妈温暖的怀抱。经过村里研究决定，以最快的速度安排进家。刘妈妈当时二十多岁，善良、朴实、豁达，热爱儿童教育，怀抱着一腔理想来到儿童村，带着孩子们做功课、玩耍、操持家务，乐在其中。但当她抱着这哭闹不止的孩子手足无措之时，才发现自己肩上的担子沉重了许多。此后，那些独自一人哄孩子睡觉的不眠之夜，孩子生病时的担忧和焦虑，幼儿养育的种种艰辛和不易……全压在这个年轻妈妈的身上。家里同时还有几个大的兄弟姐妹，刘妈妈本身也没有生养过孩子，其中的酸甜苦辣可想而知。程程进家不久，这个家庭的一个哥哥——小辉，当时上初一，正值青春期，调皮叛逆，在学校和同学打架，被老师批评，刘妈妈被通知到学校。当时刘妈妈抱着程程来到办公室时，小辉正挨批评。班主任开始了一顿训斥，小辉起初低着头，但当他眼光无意间扫过妈妈的时候，眼前的一幕令他愣住了：他看到妈妈抱着弟弟听老师的陈述，因生气、着急忍不住流泪。这时妈妈怀里的小程程竟然伸出小手帮妈妈擦眼泪，“妈妈不哭，程程乖……”霎时小辉的眼睛红了，千言万语说不出一句话，只剩下羞愧难当。这时候老师的话语也缓和了下来。小辉经过这件事以后开始懂事了，知道心疼妈妈和弟弟了，家里的事情抢着做，在学校的表现明显进步了，慢慢地他变得像个小男子汉了。

现在小辉已经离村，凭自己的专业和吃苦耐劳的精神在一家公司任销售经理。程程小学四年级了，是个中队长，也是个生龙活虎的小足球队员。而如今的刘妈妈却平添了不少白发。

岁月无情，然而岁月积淀出一些比金子更珍贵的东西，那就是妈妈们无论面对怎样的困难依然不改初衷、守护孩子成长的这一份执着的情怀。多年来，儿童村青年们形成一个惯例：每逢节假日、妈妈的生日，都会回到妈妈身边，组建小家庭的青年们还带回自己幼小的孩子。想必这样的全家欢聚之时，一定是妈妈、孩子们最快乐、开心的日子。

孩子们的快乐家园

“如果我们希望孩子们能健康成长，我们自己要有足够的包容心，要能接受孩子们在文化、宗教以及思维方式上的差异，让他们以自己的特点成长。”

——赫尔曼·格迈纳尔

SOS儿童村在全世界有很多，每个儿童村都具备四个组成要素：SOS妈妈、兄弟姐妹、家庭住宅、村落。四个要素构成SOS儿童村整个村落社区，儿童村为每一个孩子提供一种文化氛围、安全感和归属感。SOS儿童村既有福利机构的稳定性，又具备家庭抚养的温馨和人文关怀，人性化的管理和教育渗透在儿童村的每一个角落，使儿童村成为孩子们成长的家园与乐园。

成都SOS儿童村自建村以来，开设了第二课堂，聘请专业老师，为孩子们开设了声乐、国画、舞蹈、钢琴、足球、跆拳道等多门专业，孩子们有了自己的兴趣特长小天地。成都儿童村还发挥机构的优势，输送部分孩子到恒大足球学校、网球学校学习。同时儿童村创建沙盘工作室，开展心理辅导。另外，儿童村还引进社会工作服务项目，开设爱心托管教室，组织大学生志愿者，每天下午放学后，来儿童村辅导孩子们功课，培养孩子们良好的学习习惯，丰富孩子们多彩的学习生活，让孩子们在这个爱的大家庭里健康快乐地成长。时光飞逝，儿童村培养了一批又一批的孩子走向大学、走向职业培训学校，成为自食其力的劳动者。

成都儿童村有位大女孩英子，现在成都某大学攻读英语硕士学位，她是最早一批来到成都儿童村的孤儿。她中考时成绩并不理想，与当年重点高中分数线差一分，英子当时一个人在房间号啕大哭，以为自己的努力就因一分之差与高中失之交臂。为了孩子的长远发展，英子妈妈骑着车带她跑遍了成都市多所普通高中。那是2007年的7月初，骄阳似火，烈日当头。英子看着妈妈推着自行车，气喘吁吁、大汗淋漓地爬上郊区学校的陡坡时，只恨自己为什么不多努力一点，并暗自下决心：如果有机会上高中一定会加倍努力。功夫不负有心人，在大家的帮助下，英子最终被成都一所普通高中录取。正是中考这段经历给了英子很好的挫折教育，她懂得了珍惜自己的生活。在儿童村的扶持下，她得以不断深造，攻读硕士，考过雅思，获得了更好的发展机会。

如今这个读研二的大女孩，在自己的文章里写道："在一个人的一生中，亲情、友情、爱情，最重要的莫过于这三种感情了。然而在我的字典里，存在着第四种情，那便是我与她之间的感情。"在儿童村孩子的成长历程中，妈妈的重要性可见一斑。英子看到了妈妈把最美好的年华和青春奉献给儿童村的孩子们，这种付出是一般人难以做到的。因此，英子以最深情的文字道出她的心声："芸芸众生之间我们相遇，是你陪我长大，就让我陪你变老。"

成都儿童村还有一名男青年，毕业于成都大学美术学院，现在和朋友共同经营一家从事工业物资贸易的小公司，在公司担任副总经理，事业小有成就。他来到儿童村后，在村里开设的第二课堂专业里选择了国画，并坚持学了下来，还多次获得过全国少儿书画比赛的金奖、银奖。高三时，他报考了美术专业，儿童村支持他到高考艺术培训学校参加了短期培训。最终他把握住了这次机会，成功考入了成都大学艺术学院，这为他的事业发展奠定了扎实基础。这个青年心存感恩，热心助人，在自己经济条件稍好的时候，便帮助家里刚出来工作的弟弟们，为他们介绍工作，还让弟弟住在自己租的房子里。

据近年来统计，成都儿童村有近10%的学生毕业或就学于国家高等院校，如四川师范大学信息技术学院、四川外语学院、四川音乐学院、四川大学锦城学院、成都中医药大学、成都大学、电子科大、天津商业学院、四川省财经职业学院等；有超过40%的孩子毕业或就学于各类中等、高等职业学校，其中包括教育、烹饪、旅游管理、财会、计算机、应用化工、电子数控、维修等多种专业。可以说，SOS儿童村最大限度保障了孤儿们得到现阶段中国家庭儿童能够享受到的良好教育，为中国孤儿群体的自食其力、融入社会打下了坚实基础，也为和谐社会的构建，作出了重要贡献。

时至今日，成都SOS儿童村共抚养227名孩子，其中124名青年走向社会。我们看到许多儿童村青年们的真实生活现状，他们学有所长，活跃在各行各业，总体就业率很高。近年来，成都儿童村约有40名青年喜结良缘，组织幸福、甜蜜的小家庭，有近30名离村青年已经有自己的孩子。儿童村青年的生活状况与SOS儿童村库廷主席提出的“培养、教育孩子成功的检验标准在于他们离开儿童村后是否能够真正融入社会、独立生活”。这一理念完全是吻合的。所有的数据信息都显示着一个令人欣慰的事实：长大成人后的孩子们在SOS儿童村的扶持下得以迅速融入社会。如今，他们身心健康，独立生活，组建幸福和谐的家庭，有相当于中国公民平均水平工资的收入，他们这种健康、稳定、有尊严的生活正是党和政府与SOS儿童村组织培养和赋予的。这些青年们感恩并珍惜今天的生活，正如一位SOS儿童村青年所说：“没有SOS儿童村，就没有我的今天。”

展望未来，成都SOS儿童村将继续以温馨家庭、和谐村落以及独特的大爱人文景观为和谐社会构筑一道亮丽的风景线。慈善公益事业是一个城市社会发展、文明进步的重要标志。作为社会主义精神文明窗口、作为社会主义大家庭和谐社会的重要内容之一，成都SOS儿童村犹如一轮温暖的朝阳，向世人昭示它极具价值的存在。

特别声明：本文所采用的照片均系成都SOS儿童村真实人物照片，只限本次“讲述SOS儿童村自己的故事”征文大赛使用。未经许可，请勿转载。

（孙萍是中国SOS儿童村协会孤儿抚育培养专业委员会“双主任”之一，也是本次征文活动的主要组织者之一。——李进国注）

有一种情怀叫作奉献

——拉萨 SOS 儿童村纪实

拉萨 SOS 儿童村工作人员　德洋吉

在拉萨 SOS 儿童村有这样一群人，她们不是妈妈，也不是阿姨，但是她们一样把自己的青春洒在了这所阳光家园，她们一样用大爱陪伴着儿童村的孩子成长，她们就是拉萨 SOS 儿童村的聘用人员，从事着后勤、厨师、幼教的工作。有句话说哪里需要就去哪里，说的就是她们。她们的工资不高，但是她们同儿童村的妈妈、阿姨一样有着奉献的情怀，有着一颗浓浓的爱心，她们同志愿者一样默默地在岗位上奉献着。

每当妈妈休假，阿姨不够时，她们就会走进家庭承担妈妈的责任，负责孩子们的饮食起居。她们总怕自己做不好，于是不断严格要求自己，希望在妈妈休假时，孩子们一样能够感受到同样的母爱。她们以儿童村妈妈为榜样，每天第一个起床，为孩子们准备早餐；孩子们上学后，她们又要回到自己的岗位做好本职工作；晚上，她们和妈妈一样最后一个睡觉，陪着孩子们一起学习，如同老师一样辅导孩子们的学业。她们最长的在拉萨 SOS 儿童村已经工作了 16 年，16 年来，她们扮演着教育者、引导者、帮助者的角色；16 年来，她们已经深深热爱上了儿童村，和孩子们建立了深厚的感情。她们最常说的一句话就是：拉萨 SOS 儿童村是孩子们的家，也是我们的家，我们和孩子一样努力经营着我们幸福的家园。

每当孩子们生病住院时，她们又轮流担任起陪护的工作，她们毫无怨言，就像这份工作就是她们分内的事一样。记得有一个孩子在春节期间住院，她们依然轮流做好每一天的陪护工作，和住院孩子聊天、给孩子洗脸梳头、为孩子按摩、扶孩子上洗手间，一切的一切如此自然。有的护士还以为她们是孩子的家人，而她们也早已把自己当作了孩子们的家人。当住院的孩子闹情绪时，她们总是耐心开导，告诉孩子要坚强、要快乐，一切都会好起来的。还记得有一天轮到我陪护，孩子对我讲：病什么时候才好，她想出院，她想和弟弟妹妹一样去上学，她想学校了，她不想再输液。听着孩子的这些话语，我突然感觉很无力，我没有办法替孩子分担病痛，但是我告诉自己，我还可以让她开心，开心了病情一定好得快。于是，我对她说：你看，有这么多的人关心你、呵护你，你一定会好起来，而且会很快好起来。你要用乐观的心态挑战病魔，你一定能打倒病魔。我的话还没讲完，她的眼眶中就已盛满泪水，我也不由自主地流下了眼泪，这是开心的眼泪。我走进了孩子的心里，我为自己的职业而自豪。

在我们拉萨 SOS 儿童村，在我们每一个干部职工的心中，我们一直牢记着儿童村的宗旨“一切为了孩子，为了孩子的一切”。选择在儿童村工作，我们无怨无悔；选择陪伴儿童村的孩子一起成长，我们无怨无悔。这里留下了我们青春的脚步，留下了我们对职业的执着。看到孩子们健康地成长，看到孩子们开心地生活，看到孩子们成为对社会有用的人，我们和儿童村妈妈一样感到快乐和自豪！

25年回眸

齐齐哈尔SOS儿童村工作人员　石景宏

申请到儿童村工作，源于在大学时看到的一篇关于天津SOS儿童村的报道，本来就非常喜爱孩子的我，当时就有了去天津SOS儿童村工作的冲动，毕业时由于地域的关系没能成行。大学毕业工作一年后得知齐齐哈尔正在建儿童村并招募职工的消息，我兴奋不已，主动申请从市委调到儿童村工作。

当我于1991年8月来儿童村报到时，SOS儿童村家庭的装修工作尚未完工，23岁的我接手的第一件工作就是带领新招聘的9名妈妈去天津SOS儿童村接受职业培训。出发时统一在火车站集合，那也是我和妈妈们第一次见面。她们年龄都比我大，来自各行各业，个性也很鲜明。带着对儿童村事业的满腔热忱，涉世不深的我没有丝毫的胆怯，带领她们圆满完成了培训任务。

培训中，我主动在生活上关心她们的冷暖：床铺舒不舒服，日用品缺不缺；每天早午两次到寝室召集她们去教室，课堂上帮助她们记笔记；课余和她们一起聊天、散步、逛街，往返途中给她们准备食品……15天培训下来，我和姐姐们结下了深厚的友谊，也为将来和她们共同工作打下了坚实的基础。

培训结束后，齐齐哈尔儿童村的15个家庭也已完成装修。全村工作进入了家庭必备品的购置阶段。儿童村的经费都来源于社会募捐，所以我们花每一分钱都很仔细，从家具、厨具、卫生洁具到给孩子做棉衣棉被的棉花、布匹，织毛衣用的毛线，还有孩子们穿戴的内衣、外套等，所有过日子需要的东西都要提前采购、准备。我们工作人员没在零售商店买过一件商品，当时的家具厂、轻工市场、百货批发站、纺织批发站都成了我们最常光顾的地方。由于要的货品太多，商家根本搬不过来，我和同志们就到库里爬上爬下地搬货，满头汗一身灰地买物品回村是常事儿。（到现在这种勤俭的习惯还在齐齐哈尔儿童村保持着，我们职工出去买物品总是再三讲价，最后开发票时商家都深受感动，说别人也讲价，但在开发票时都没少开，像我们为了单位这样砍价的人太少了。）进家具的时候，运输车把家具运到院子里就走了，板式家具非常沉，需要逐一搬到15个家庭中等待师傅上门安装，村里只有12名工作人员，怕第二天下雨淋湿家具，决定什么时候搬完什么时候下班，6男6女没有一句怨言地干到半夜。家里布置得差不多了，我们女同志就和妈妈一起打扫家庭卫生，天棚地板玻璃瓷砖，每一样都反复清洗，施工留下的痕迹一点一点地消失，一个个温馨的家静静地等待孩子们的来临。

记忆最深的是1992年2月19日第一批由县区民政局选送的孩子陆续入村，临时决定将开村典礼时接纳孤儿的SOS家庭由4个增加到5个，5号家庭成了我们紧急的突击任务。3月21日开村典礼的前一晚，我们工作人员都没回家，做各种准备工作，与5号家庭的妈妈一起一夜无眠工作到凌晨4点。

典礼过后，进入春天，由于土建工程之后表层土下面回填了大量的建筑垃圾，这给我们村子的绿化增加了非常大的难度。好在得到了市委市政府的大力支持，全市总动员，部队、学生、机关干部组成志愿者小分队轮流到儿童村帮助清运垃圾、挖坑换土。林业局的专家指示，为保证树苗成活，手指粗的树苗需要挖0.9米直径、1米深的树坑。我们按照绿化方案分片包干，每天和志愿者共同“战斗”，劳动时一起挖坑培土栽苗浇水，休息时给他们运送热水、面包等食品在室外充饥。那时村内最常见的场景是：挥汗如雨的志愿者、大大小小的清运车辆、满视野的土坑和堆积在附近的各种树苗……是志愿者们的爱心和我们全体工作人员的艰苦奋斗，换来了郁郁葱葱的优美家园，植被的繁茂还招来各类鸟儿在院子里栖息。20多年过去了，每一个第一次进入齐齐哈尔儿童村的人，都会无一例外地发出由衷的赞叹：太美了！

随着时光的流逝，我和齐齐哈尔SOS儿童村一起成长。还记得最开始的那几个“六一”儿童节，为了让孩子们过得愉快，我提前几天就翻阅游戏书籍（那时还没有电脑，更没有网络百度），本着节俭的原则，找到既有趣、道具又简单的游戏，然后工整地抄下来。我把常见的生活用品改装成道具，提前和妈妈们讲解，组织各家报名。到了儿童节当天，我手持话筒（那时也没有音响设备）现场组织活动，给孩子们分组、讲解、呐喊加油，一上午下来嗓子又痛又哑，但孩子们的笑声和笑脸却深深印在了我的记忆中。

1996 年和 1997 年暑期，村里组织品学兼优的孩子到大连和北京参加夏令营，由于经费紧张，我和同事（现在的秦助理）带着 20 多个孩子坐硬座火车往返。那时的火车还没提速，单程都要 20 多个小时，往返的夜晚都要在列车上度过，白天还好说，可是到了夜间，我们把孩子们在座椅上下、过道都“安置”完后，我和秦姐就只剩下站立的空间，又累又困还晕车，坚持着度过那黑暗的 8 小时，现在想起来还觉得难熬。为了在有限的几天中让孩子们有更多的收获，我们徒步辗转于各个景点，常常是早上 5 点就出发了，晚上 8 点才回到驻地，每天回来腰酸背疼、双脚都是肿的，还要督促孩子们洗漱休息（住的条件简陋，都是凉水澡，好在是夏天）。每次的夏令营回来，我和同事都会瘦一圈。

齐齐哈尔 SOS 儿童村面向东三省和内蒙古招收孤儿，我和同事招收孤儿的足迹也遍布了山野、农村，最远跑到内蒙古东胜（现在的鄂尔多斯）。为了赶时间，我们招收孩子的行程总是安排满满的，乘坐过在城市中从没见过的各类交通工具，经历过大雨中灭火的四处漏风连车门都关不上的小客车，住过阴冷并赶上停电的招待所；更不止一次乘坐大客盘行在黑夜中的山路上，想着路基下面就是深不见底的悬崖，心中的忐忑难以用语言表达。但能招收到符合条件的孩子，让这些孤儿重新拥有一个温暖的家，所有的辛苦与付出都变得那么的有意义。

孩子进村了，他们原有的辛酸经历留下的烙印很难抚平。尤其是那些有着流浪史的孩子，让他们在温暖的房间里生活没问题，但让他们按部就班地适应每天上课的学校生活却很艰难。有个孩子特别有代表性，他在室外身心舒展活跃有加，在家里就拘束难受浑身不自在，更不会也不愿意学习。妈妈要求紧了就跑出去玩几天不回家，我们吓得白天黑夜出去找，担心他的冷暖饥饱。白天分头骑车到处转，还去派出所报了案，晚上 2 人一组拿着手电筒到附近可以居住的地方找到半夜。让我们意想不到的是他竟然看着我们找寻的身影而悄悄地躲藏，白天混迹于小卖店等地方，晚间就留宿在大号水泥管里面，里面是他不知从哪儿弄来的稻草和旧棉被。他就这样“怡然自得”地在外面混了几天才回来，我们焦急地问他是不是受苦了，他却面带满足的笑容。是啊，来村前他就是一个流浪在农村里吃百家饭的孩子啊，草垛、窝棚都曾是他的家。面对这样的孩子，我们只有紧紧把他抱在怀里，说不出任何的语言。

男孩子长大了常常惹是生非，儿童村的孩子更是经常让老师请家长，一般情况都由妈妈独自应对，遇到棘手情况时我就和妈妈一起到学校，每次去就是“受教育”的角色，老师可不管是不是儿童村的孩子，劈头盖脸就是指责。常常是等老师批评完之后，我当着妈妈的面耐心地给老师讲孩子进村前辛酸的过往，让妈妈和老师对孩子产生更多的理解和怜爱之心。待老师情绪缓和之后再让妈妈先回村，我和老师就与家庭妈妈沟通的问题再做进一步交流，和老师讲儿童村妈妈的特殊性，她们为了这些毫无血亲的孩子而放弃了很多很多，介绍妈妈的工作经历、学历及她们在 SOS 家庭为孩子们的辛苦付出，让老师换位思考，理解妈妈对孩子发生问题时作出的系列反应，融洽她们之间的关系，齐心协力共同培养教育儿童村的孩子。

而女孩子大了更有操心的地方，虽然全村上下警钟长鸣地防范，还是会有问题发生。村里有一个女孩，读高中的时候通过同学认识了一名社会上的男子，并做了男朋友，发现对方有不良嗜好时提出分手，可对方纠缠不休，女孩为此躲到亲戚家开的饭店。春节前被男方发现，欲强行拉她去家里过年，女孩子不去，竟在饭店被砍了 17 刀，送到医院抢救时因失血过多一度失去生命体征。村长和副村长一直守在手术室的门外，等待孩子脱离危险后，才安排女职工排班轮流护理。孩子伤势严重的时候我们护理工作不算多，等她伤口逐渐愈合、能吃饭、可以做简单运动的时候，我们就增加了很大的工作量。白班人员每天早上去的第一件事就是帮她上厕所。开始的时候小便就在床上给她接，但大便她坚持去卫生间，我们搀扶她一点一点挪到地儿，还要顾着手里的输液瓶，等她完事再给她擦洗身体、整理衣服，回到床上安置她靠好，洗干净手就开始给她准备食物。她是胃口特别好的那种女孩，两餐之间我们会给她准备水果或者零食，有时我们也会从自己家里带一些给她。等刀口长新肉的时候会很痒，我们就帮她适度地按摩，再好些就趁着中午阳光好的时候，给她洗头、洗脚、擦身体。看到她能乐观面对，我心中更是酸楚。那一段时间在晚上回家的路上我经常想，如果她的父母在世，此时此刻心中会有多痛，而她又会拥有怎样不同的人生。现在她已经毕业离村，有了自己喜爱的工作，还找到了疼爱她的老公，这就是对我们在儿童村工作最大的安慰了。

齐齐哈尔儿童村还有个品牌就是孩子民乐团。最初是两三家的妈妈合力请一位老师到村里教几个孩子学二胡，后来陆陆续续又增加了琵琶、古筝、笛子、中阮、打击乐、笙、扬琴。2001 年 4 月，儿童村孩子民乐团正式组建。乐团组建后，村里请了专业的教师来指导排练。由于孩子白天上学，排练只能安排到节假日，有演出任务的时候晚上还要加练。2001 年到 2006 年，我村的孩子民乐团 3 次出访奥地利，多次到北京、哈尔滨参加民政系统会演，到部队、敬老院等部门慰问演出。每年元旦我们还会举办新年音乐会，孩子们集体排练的曲目达 23 首，部分乐手合作的小曲目也有 10 来个。5 年之间孩子们没有节假日，我也没有，期间乐团的指导教师换了 4 个，为了提高民乐团水准，村里还专门从哈尔滨请专家来指导。

儿童村孩子的特立独行是老师们共同的感受，老师在社会上教过各年龄段的学生，都是规规矩矩认真学习的，村里的孩子可不管那些，每次排练总会有几个比老师来得还晚，更有个别的需要我去家里“请”，这次是你，下次是他，反正总有“忘记时间”不来的孩子，找来了又发现根本没完成上次老师留的练习曲目，经常是一两个孩子耽误整个排练的进度。批评他们还不服气，觉得不是自己想学的，练琴也不心甘情愿，曾经在排练厅把老师气得当场摔指挥棒。我就是润滑剂，宽慰老师、教育孩子，让他们都冷静下来使排练往下进行。

我在齐齐哈尔儿童村工作已 25 年，已经有 100 多名孩子学业结束离村独立生活，其中有 101 个孩子和我是 QQ 好友或微信好友，他们和我保持着联系，最远的在美国，国内的广东、广西也都有。离村孩子中，有亲属照顾的很少和我们联络，但是那些自己在外打拼的孩子，仍然把儿童村当作自己的家。有个男孩离村 8 年没有音讯，前几天突然打电话到办公室找我们这些认识的工作人员要说说话，孩子没有什么需要我们做的，只是在特定的时候需要一个他信得过的倾听者，而我们这些工作人员和妈妈都非常乐意继续给他提供温暖的怀抱。有的孩子和我加好友许久也没怎么联络，留言的时候还先自我介绍一下。其实他们每一个人的名字都一直在我的好友列表里，更在我的心中，他们的相貌、个性、曾经是几号家庭的孩子都历历在目。他们的成长，其中有妈妈的付出，也有我们工作人员的汗水，他们是我们共同的孩子，我怎会忘记……

伴你成长

乌鲁木齐SOS儿童村办公室工作人员

岁月在不经意间溜走了16年，在这不经意的岁月里一切都在悄无声息地变化着。村子里的小草绿了又黄，树叶长了又落，春秋来了又去。一载又一载的堆积，使得这些陪伴在岁月里成长的花草树木在变化中变化，在变化中成长。花草树木如此人亦是这样。在这16年里，中国乌鲁木齐SOS儿童村的孩子们在生活里学习，在学习中生活。现在村子里有开始承担起家庭责任的已婚者，有在工作岗位上拼搏的年轻人，有在大学继续学习的大学生，也有刚步入小学的小孩子。与此同时，儿童村妈妈们黑色的发丝也已嵌入岁月的苍白，阿姨们也在孩子的成长中慢慢染上岁月的痕迹，工作人员们也在孩子们的成长中增减更替。

中国乌鲁木齐SOS儿童村筹建于1998年，2001年5月正式开村。村子的地址在城市化快速进程中由过去的新疆乌鲁木齐市过境公路299号变成了现在的新疆沙依巴克区克拉玛依西路2365号。儿童村从2000年的地标性建筑变成了现在去仰视周边的高楼大桥。孩子们的小天地在过去的16年里慢慢变化：从里到外，家的外墙内壁被加固、被修缮；从上到下，阁楼天窗的开启到木地板的再来一遍；从小到大，孩童时期的床板从一米八长到了两米二；从无到有，屋顶的太阳能热水器每天与阳光礼貌微笑；从昼到夜，白天明亮的窗前是花儿冲着光明展现身姿，夜晚则是美丽的条纹窗帘呼应着空中点点星光。

村子里的健身器材如雨后春笋般立在了道路两边，有前后摇摆的秋千、上下跌起的跷跷板、双脚同步的太空漫步机、手臂划圆脚定地的太极轮……健身器材半包围的篮球网球场也已经围上护栏、铺上橡胶层。与篮球场对应的绿草茵茵的足球场如今成了一幢集办公、会议、健身于一体的综合大楼了。综合楼里的健身运动场同以前的足球场相比更是丰富，有乒乓球室、台球室、舞蹈室、瑜伽室……顺便一提，原来小小的活动中心现在已经成为学前儿童探索兴趣、开发智力的专用场地。村子里的一切在变化里变化，在变化里发展。

为了使学前儿童能够德智体美全面发展，乌鲁木齐SOS儿童村建立了自己的幼儿园，如今幼儿园也已经16岁了。提到幼儿园，我就来和大家聊聊村里孩子们的成长。

从2000年的第一批孩子进村到今天过了16年，这16年里孩子们从最初的几十个变成了最多时候130个，今天村里的孩子有118个。至今为止，乌鲁木齐SOS儿童村一共抚育了200多名孩子，这200多名孩子的成长包含了所有工作人员们的激情与热情，创造着育人的奇迹。

为了让孩子拥有更高的出发点，不让孩子输在起跑线上，村里的妈妈们各自发挥着最大能力，依靠着村里的支持，给孩子们联系到了顶尖的学校，让孩子们在素质教育阶段里潜移默化地感受到良好的教育，从而打下扎实的基础。

孩子们点点滴滴的成长往往伴随着妈妈含辛茹苦的付出和随时随地的陪伴。孩子们在年幼时往往是妈妈最辛苦最操劳的时候，手把手的生活式教育，帮助孩子培养出优良的生活习惯、学习习惯。孩子的年幼加上学校到家的路途遥远，这让妈妈不得不陪伴孩子进行上下学的全程接送。妈妈不仅细心照顾着孩子的生活起居，还要在学习上给予孩子最大的支持和帮助，妈妈付出了常人难以想象的心血。

顶着启明星还未工作的天空，妈妈准备好了早饭，嘱咐好孩子穿好衣服，在风雪的冬天里妈妈亲自陪着孩子们坐着公交上学，直至看着孩子们踏进校园，妈妈自己的早晨工作才正式开始。

妈妈顶着头顶上逐渐放亮的天空，在高峰期坐着公交回村开始收拾家务、参加村里的例会或者进行自身学习的进修。中午的时间在争分夺秒里来到了，中餐的饭点催促着妈妈抓紧时间给孩子们备餐。一天中第二次从家到学校的往返中，劳累便开始一点一点地积累，疲倦便开始一天一天地堆积。妈妈第三次的学校往返是接孩子放学回家，把孩子接回家对于孩子而言是一天在外学习生活的结束，对于妈妈而言则迎来了晚上忙碌的高峰期，不仅要做好晚餐，还要监督孩子们的家庭作业，学生素质教育的改革让课业繁重的孩子学习至深夜里，妈妈积极配合老师检查孩子们的课业学习情况。妈妈在孩子认真学习的时间里再给房子做最后一遍的清扫：从做完晚餐的厨房到给孩子洗漱的卫生间，妈妈让这个家时刻保持着整洁和卫生。一周 7 天，妈妈天天都是在劳累伴着操心里度过，孩子们在妈妈的陪伴与呵护下点点进步滴滴成长。6 年的基础教育，妈妈每天披星戴月的接送和手把手的教育，逐渐换来了孩子们在初中优于同龄人的自律性和勤劳干净整洁踏实的生活习惯。

为了让孩子兴趣特长齐头并进，周末的休息时间，妈妈根据孩子们不一样的喜好进行不同的特长学习，进行因材施教的“供给”。正如妈妈的初衷一样，特长既保值了孩子的兴趣又增值了孩子一颗持之以恒的心。这样的特长培养让孩子多一分付出，妈妈则更多一分辛苦。

一分耕耘一分收获，经过 16 年时间的检验，证明了妈妈对孩子的教育是成功的，证明了妈妈对孩子的良苦用心是有回报的：耕耘在学习上的孩子，比如陈豆豆，考上了重庆医科大学；耕耘在特长上的孩子，比如扎洛，被中国美术学院录取。这两位孩子的成绩既离不开孩子自己的刻苦努力，也离不开无时无刻不陪伴他们共同成长的妈妈。

孩子们在儿童村经过 16 年的家庭生活培养，在学校优秀教育环境的熏陶下，最终走上了工作岗位，开始回报这个社会。有着工匠精神的手表人白建帅、有着伴随国企共同成长进步的张恩光、有着在家庭助养人帮助下创业成长的梁建龙……祝愿这些孩子在自己的岗位上更加努力更加进步。

在这 16 年里，儿童村的孩子们在社会爱心人士的帮助下健康成长，孩子们也开始传递这种爱的接力棒：买西艾力在 2014 年 6 月 5 日将自己晚会义演所得报酬 1000 元捐助给了儿科血液组织 15 床的姬女士；玉素甫江在 2014 年 9 月 6 日，为乌鲁木齐市第 15 小学四年级一班的学生作成长经历的讲座，并被聘请为班级的校外辅导员。

16 年在岁月的沧海里渺小得宛如一叶扁舟，但是 16 年对于在儿童村辛苦耕耘无私奉献的妈妈来说却经历着岁月坚实的磨炼，从大约 30 岁的美好青年步入到了近 50 岁的老年初期。妈妈终于从披星戴月接送孩子的妈妈到了跑步、瑜伽、舞台上的锻炼的妈妈了。这期间的付出是难以形容难以言表的，是无私的是伟大的。

作为村里的工作人员，我很开心地看到孩子们在妈妈的抚养下、社会爱心人士的帮助下健康快乐地成长；我很高兴妈妈们在生活里开始改变自己，享受生活的温暖，有更多的可自由支配的时间。我相信孩子们会在不远的将来承担起更多的责任，用孩子们自己的方式报答养育过他们的妈妈，回馈陪伴他们共同成长的助养人，传递爱的接力棒，关心更多需要帮助的人，融入到爱心人士的大家庭里。

让笑绽放，让爱飞扬

——工作日记摘录

烟台SOS儿童村工作人员　王晓玲

2013年1月24日　星期四　多云

今天发生的事情是值得一记的。小莹的脸上终于露出了笑容，她勇敢地高声喊出："我能行，我很棒！"这段时间的努力总算没有白付出。

小莹从来儿童村的第一天，表现就一直和别的孩子不一样。她的嘴巴几乎整天是噘着，从不主动和别人说话，回答别人问话时声音小得要听好几遍才能听清楚。但事实上，她是一个天资聪慧的孩子，电子琴课上，老师一点就会，绘画方面也有自己的想象，可是不自信却成了她成长道路上的绊脚石。为此，在大学生社工团体的协助下，进行了这次以"提升自信心"为主题的小组活动。

前几周，我们先后完成了"相亲相爱一家人"、"了解自卑"、"认识自我"、"知己知彼"、"优点大轰炸"的作业，今天的任务是"打开自信之门"。本以为在前几次活动的基础上，小莹能够很顺利地通过自信之门，可是等到她最后一个出场时，大家仍然听不见她的声音。这个时候，其他的孩子异口同声地开始高喊："小莹，加油！加油，小莹！"也许是同伴的力量，也许是小莹开始战胜自己了，这一次，她攥紧拳头，声音大了许多，但是"自信之门"依然没有打开。第三次，第四次，小莹并没有放弃，终于在第五次的时候，她使出浑身的力气，身体有些颤抖，用非常响亮的声音打开了"自信之门"，用实际行动证明了自己的改变。那一刻，所有的人都为她的勇气和信心欢呼，而小莹自己的脸上也绽放了笑容……

小莹，祝福你，打开自信之门，于严寒中相信春天！

2014 年 5 月 4 日　星期日　晴

今年村里准备做一次以“感恩母亲”为主题的书画展来迎接“母亲节”。今天下午在美术老师邹老师的指导下，孩子们又充分展示了他们的想象力和绘画天分。有的画的是和妈妈一起做家务，有的画的是送给妈妈的一束花；还有的画了一座高楼，说将来他要把妈妈接来和自己一起住……每幅画都看得出孩子们很用心，能读得出他们对 SOS 妈妈的感恩之情。但是，最让我和邹老师感动的却是孙明明的画。这是一幅刮画，画面上“爱如潮水”四个字很显眼，一个孩子孤立无援地站在那儿，背后是一群拿着武器的小孩，孩子面前站着一位女性伸出双手去迎接他，他还画出了波涛汹涌的潮水来呼应“爱如潮水”的主题。

美术课结束后，我与他进行了简单的交流，让他讲讲他画这幅画时的想法。他说，以前在老家的时候，班上的同学和村里的小孩都会欺负他，他就和别人打架，回家后奶奶不管谁对谁错就批评他。来儿童村后，妈妈不仅让他尝到了从未尝过的美味，更让他感受到了被人保护的感觉。他也不知道为什么，只要一想到妈妈，脑海里就不由自主地出现“爱如潮水”这四个字。

孙明明来村已经快半年了，在我看来，他算是适应比较快的孩子，性格也很外向。我给孩子们开展活动时，总是需要不断提醒他遵守纪律。今天，看到孙明明如此细腻的表现，我真是感到由衷的欣慰，尽管他在约束自己方面做得还不够好，但是我已经看到了他那颗温暖而又柔软的心，懂得感恩的心，相信在不久的将来，他一定能够盛开、绽放！

2015 年 11 月 10 日　星期二　晴

一直都有一个想法，如果我的文笔好一些，一定把儿童村每一个妈妈的故事都写出来。看似平常的事情，背后却是难以想象的牺牲和毅力，她们的确是值得歌颂的。

今天去韩妈妈家，本来是要看看新来的五周岁的刘乐心的适应情况，后来话题扯远了，却收获了一份感动和崇敬。王浩然是她家的“十一阿哥”，现在胖乎乎的，吹小号、练书法、会剪纸，特长多多。可当初他念到二年级的时候，韩妈妈发现他的视力有问题，带到医院一检查，结果是弱视加散光。从此，韩妈妈便带着他走上了漫漫治疗路。医生要求每周去医院做一次矫正，根据情况制订下一周的治疗方案。从儿童村到医院要转两次公交车，为了能挂上专家号，确保孩子每次是同一个医生给治疗，韩妈妈每天早上六点就要带着王浩然准时出发，天气的好坏对他们来说丝毫没有影响。所以，每次王浩然和妈妈都能排到第一个号，后来医生得知这是儿童村的孩子，每次来医院都这么辛苦，深受感动，就给他们破例免挂号，随去随看。

去医院检查只是治疗的一部分，更多的治疗是安排在日常的训练中。每天晚上，韩妈妈都要带着孩子完成当天的训练任务，用红线穿缝衣针、分颜色穿珠子等。韩妈妈还去学了一些中医推拿手法，每天给王浩然按摩治疗。一天又一天，日子就在忙碌中过去了，经过两年的治疗，王浩然的视力已经完全恢复，不需要佩戴任何眼镜。这一结果令主治医生非常震惊，他说：“就算是社会上的亲爹妈都未必能坚持这么久，一定是韩妈妈的努力感动了上苍，很少有恢复得这么好的病例。”

听过这件事之后，我追问韩妈妈是什么力量支撑着她，她说想法真的很简单，就是为了孩子的将来，因为戴眼镜有诸多不便。原来我一直不明白“大爱无疆”的意思，其实这些妈妈养育着毫无血缘关系的孩子，她们的行动就已经很好地诠释了这个词。

在烟台 SOS 儿童村工作已是第八个年头了，从小养成的写日记的习惯我一直坚持着，这些是我平时记录的点滴，此时拿来凑成文章并不仅为交差，我更是把它当作反思自己工作和人生的契机。

恰好在我准备这篇文章的时候，网络上在流传一段精神教育的视频：日本幼儿园的一名小男孩挑战比自己还高的跳箱，却怎么都跳不过去，旁边的同学以及老师一直替他加油打气，最后小朋友小宇宙爆发！大家纷纷感叹，友情和鼓励的力量真的好强大！儿童村的孩子就是这样的一个群体，他们团结合作、互相信任，他们并不是人们想象中的那般脆弱、胆怯，他们的生活充满阳光，他们也懂得感恩。而儿童村的妈妈们，她们放弃了组建自己小家庭的机会，无怨无悔地抚育着性格各异的孩子们。也是她们用那常人难以想象的坚强、宽容，用爱构筑了一个温暖的大家庭，她们正是孩子们身边的鼓劲者、加油者。

时光不语，静待花开。在孩子们成长的道路上，我愿意成为他们的陪伴者，因为那一张张绽放的笑脸就是我努力工作的最大动力。用心坚守，让爱飞扬，儿童村的妈妈们是我努力完善自己的榜样！默默付出也许回报不多，但生活却因此而精彩……

（许多许多的细节……——李进国注）

除夕夜的笑声

成都SOS儿童村孩子　泽扎姆（初中二年级）

呼啸的寒风又一次拉近了年关的脚步，屋前的梅花飘来淡淡的清香，平添了几许冬的韵味。转眼又是除夕了。

除夕，我们院子里非常热闹，每家都挂上了红红的灯笼、贴上了红色的春联，每家都飘出年夜饭的香味。我们穿上了新衣服，在院子里尽情地追逐着、嬉闹着，有的在放鞭炮，有的在打球。院子里充满了节日的欢乐。

我们家也挂上了红灯笼，贴上了姐姐写的对联（姐姐的书法获得了书法十级证书），上联是“春去春来长风破浪迎高考”，下联是“花开花落腊梅傲雪盼新春”，横批是“志存高远”。姐姐和妈妈希望我们志存高远，努力学习。

晚上六点，我和弟弟妹妹就被家里年夜饭飘出的香味带回了家。客厅中央的大桌上摆满了姐姐和妈妈做的佳肴，有我最爱吃的糖醋排骨，也有弟弟最爱的凉拌鸡……摆了满满一桌子。在妈妈上桌后，我们迫不及待地拿起筷子，向自己最爱的菜奔去，妈妈拿起碗为我们盛汤。我们全家一边吃着丰盛的年夜饭，一边说着一年的收获，全家人都非常高兴。姐姐端起果汁，首先感谢妈妈一年的辛苦，又祝贺我们取得了好成绩。后来我们一家都举了杯，妈妈祝我们在新的一年快快乐乐的。我们一家在欢声笑语中吃完了年夜饭。

晚上八点，“春晚”隆重地拉开了序幕，华丽的礼服，精湛的表演，令人捧腹大笑的小品，捉摸不透的魔术都吸引着我的眼球；但最吸引我的还是小品，尤其是贾玲、沙溢、瞿颖、李菁演的《喜乐街》，让我们笑痛了肚子。

快到零点时，我们将早已买好的鞭炮拿到门口，当零点的钟声敲响，门外响起了此起彼伏的鞭炮声。院子里人很多，每家的妈妈和小孩都出来了，小孩都在放鞭炮，噼里啪啦响的鞭炮声震得我们都捂住了耳朵，弟弟都被吓得不敢和我们一起放鞭炮了，妹妹被在脚边炸开的鞭炮吓得尖叫起来。五彩缤纷的烟花在天空中炸开，美丽极了，映照着每个人脸上的笑容，院子里到处都是欢声笑语。

这就是我在儿童村中度过的一个充满笑声的除夕夜，它是欢乐的、是美好的，希望它也能为社会上充满爱心的人们带去欢乐。

感恩生命中遇到可爱的你

成都SOS儿童村孩子　李　仙（离村）

嘀嗒嘀嗒，时光退回1989年，随着哇哇哭声我来到了这个世界。本来是件喜事，可是由于我是超生，爸妈不愿被罚款，而且当时家里也穷，就托在温江的舅舅找人收养我，但当时没有家庭收养我。舅舅又托人把我送到了温江民政局救济科，因为救济科的科长姓李，我也就跟着姓李，那时我还未满一岁。

我是幸运的，七岁那年，爷爷把我送到了成都的SOS儿童村，开始了我十一年的童年和少年生活。那时候是一月，天有点冷，爷爷很早把我送到了儿童村。曹村长带我来到了五号家庭，他说："这以后就是你的家，这是你妈妈，你要听妈妈的话。"村长的样子很慈祥，声音平易近人，我第一眼就喜欢上了这个伯伯。

第一眼看见妈妈有些怕，我胆小，妈妈见我晕车赶忙抱我上楼休息，还端来了热水。后来我睡着了，等醒来发现爷爷奶奶走了，我很难过。下楼看见又来了两个哥哥一个姐姐，我想起爷爷说过的话：在这里有七八个兄弟姐妹陪你，你不会孤单的。我走过去喊"姐姐"，她答应了。

妈妈第一次给我洗澡时，她夸我皮肤白，漂亮。听着她浓浓的北方口音，我便学着，她笑了，我的普通话太难听了。妈妈给我搓背，我给她唱歌。这就是妈妈给我洗的第一个澡。夜晚在对爷爷奶奶的思念中我入睡了。

入学手续很快办好了，我幸运地接着就读二年级。你怎么要求一个小女孩能够很快适应新环境还有新学校呢？很快第一次的期中考试来了，我几乎考了全班最差。回到家妈妈没有多责怪我，而是认真帮我一题一题地分析。

一眨眼我五年级了，我和大姐每天都要帮着做厨房卫生，做完了再去上学。去学校的路快走都要20分钟，书包很沉，肩膀酸痛，妈妈很心疼，吩咐大哥帮我背，这可是其他弟弟妹妹没有过的待遇。

那时我们都还小，不懂事，不体谅妈妈有时候思念远在吉林的父母的心情。我们常常几个孩子吵吵闹闹，惹得她生气。现在想想当时妈妈带我们七八个，真不容易。

儿童村的第二课堂丰富多彩，在这里的孩子真是幸运，这些可是外面一些农村家庭学不起的。有舞蹈、国画、书法、钢琴等，妈妈踊跃地给我报了舞蹈班。通过刻苦努力，我在2000年被四川省舞蹈学校选中，开始了为期六年的民族民间舞专业的学习。是呀，我很幸运在有关爱的环境和善良的人群中长大。童年的我是幸福的。

进入学校除了每周百分之七十的时间要学专业课，其余的时间就是文化课，头两年我积极争当“三好生”。妈妈知道我学舞蹈累、疼，每次我周末回家总要炖汤给我补补，还常往我碗里夹菜，叮嘱我多吃，说学校吃不好。其实学校已是四菜一汤。村里的村长、老师每学期都要到学校给我交伙食和其他费用，这些费用在当时可能比村里其他孩子的都要高，村领导对我寄予了厚望。周末晚上我挨着妈妈睡，由于骨骼在生长，腿总会抽筋，闹得妈妈也睡不好。

学了两年舞蹈有些腻了，又是青春叛逆期，不听话，脾气也大。妈妈没有怪我，而是耐心对我说：“你需要什么妈妈尽量满足你，你想要漂亮衣服我买给你。”妈妈对我真的很好，我是幸运的。要知道叛逆期的孩子是很难管教的，妈妈有时也会没法管教。毕竟还有其他七个兄弟姐妹要操心，那种压力是一些常人无法体会的。

村里每周都会有志愿者、爱心企业人士或者社工机构来村里。我家来了个刘姥姥，接近70岁，是个孤寡老人。她很有爱，总是带来自己亲手做的糖、点心让我们尝，还邀请我们到她家做客。周末只要有空我们就会去姥姥家打扫卫生，陪她说话，陪她去人民公园、杜甫草堂。姥姥会教我们做人的道理，她真是好人。两年后的一天传来噩耗，姥姥因病去世，我们都哭了，四妹哭得最伤心。我们知道她一直活在我们心中，姥姥您走好。

2006年高考，我顺利考入四川音乐学院。这一切都和村里的村长和老师的关心帮助、妈妈的教育密切相关的，也和社会上关心我们的叔叔阿姨是分不开的。一路走来我真的很幸运，遇到的都是善良的人。所有感恩的话都表达不完她们对我的付出。

暑假作业做完后，弟弟妹妹和我围在妈妈身边，有捶腿的，有捏肩膀的，一家在一起是温馨的。妈妈其实要的并不是我们给予她什么，而是我们好好生活、好好做人，我们过得好就是对她最大的回报。在这里我真心地说一声："妈妈您辛苦了！"

对关心过我的所有好心人衷心地献上祝福：好人一生平安！你们是最可爱的人，谢谢你们！

我会感恩、懂恩、惜恩，并对身边的人报以微笑，尽自己所能将爱传递下去。

珍惜所有，把握机遇，美好生活自己创造

成都SOS儿童村孩子　赵紫红（离村）

我是成都SOS儿童村的赵紫红，今年28岁，毕业于成都大学美术学院，目前以合伙人身份和朋友共同经营一家从事工业物资贸易的小公司，在公司担任副总经理。虽然离村时间不长，但从2004年开始，我就在村里的指导下参与各种社会实践锻炼，经历过多种行业体验，也品味过各种挫折和打击。这些经历帮助我离村后能够比较快地适应，逐步稳定自己的生活、开拓自己的事业。虽然在事业上，我还刚刚处于起步阶段，但对未来，我充满信心；在生活上，我甚至还没有开始恋爱，更谈不上家庭，但我从来就不是一个人，儿童村的生活让我有家、有妈妈，有那么多的兄弟姐妹和叔叔阿姨，这些是值得我永远珍惜的，他们也会永远是我生活的重要组成部分。

回顾过去近二十年的生活，我感悟很多，借助这次机会，我也作了一些思考和梳理，有以下四点感受想跟大家一起分享。

一、珍惜学习机会、把握成才机遇

说起来很惭愧，我在儿童村生活期间所经历的学校教育过程中，很少有机会在学业上能成为优等生，绝大多数时候只是成绩中等，甚至还有过因为成绩因素差点失去正常升学机会的阶段。1997年3月我来到儿童村，那时我9岁。村里联系学校送我们去上学，我直接就读于三年级。其实在老家我已经读了大半年的三年级，虽然老家的教育基础比较薄弱，但毕竟一开始的学习任务对我来说就是一盘“回锅肉”。因此，第一年的学习很轻松，我在各方面表现也不错，一年下来，老师让我当了中队委。小小年

纪一来儿童村就得到这样的鼓励，还没懂事的我有点飘飘然。后面的学习我也继续以这种轻松心态来对待，慢慢地成绩下滑，逐步淡出了优生行列，一直到高中，我早已经适应了把自己当作一个中等生。高二时，眼看我那成绩无望考入大学，我有点想放弃。幸好，大人告诉我，还有另外一种选择——艺术特长生。来儿童村以后，村里开设了很多种第二课堂。我选了国画、书法、武术和足球。足球是我的最爱，书法和武术学了两年没坚持下去，但是国画还是一直学了下来，还多次获得过全国少儿书画比赛的金奖。原来并没想过画画能有什么用，到这个时候，还真就用上了。高三，村里安排我去专门的高考艺术培训学校参加了三个月的突击培训。我把握住了这次机会，考入了成都大学艺术学院。

现在，画画虽然只是我的一个爱好，但是，如果没有从小的多种学习机会，我那时能有选择吗？学历只是一个敲门砖，但没有这块砖，还是挺不容易的。不能说学历高今后就一定比人强，但至少你可以有更多的选择机会。相反，学习差倒是非常容易沾染不良习惯。踏入社会这些年，我知道，即使和正常家庭比，儿童村为我们提供的学习机会真的是很完善，甚至在升学问题上，同等条件下，政府也会优先照顾我们，但前提是我们自己要能珍惜这些机会，把握住这些机遇。毕竟，学习可不是别人能帮得上忙的。我希望后面的弟弟妹妹们能看到我们的成长轨迹，去把握他们现在的学习机会。

其实，现在我的工作中能用到多少在学校里学到的东西？但可以肯定的是，我现在的工作、生活，每一天做的每一件事，什么东西在帮助我成功呢？除了学校里的知识外还有很多很多，比如守时、守信、礼貌、合作、观察、思考、表达、包容、自律、坚持，甚至倾听、微笑，对今天的我来说，这些真的也许比知识还重要。但我越是知道这些重要，越是发觉自己还差得很远。如果时间倒流，我会看到在儿童村十多年的生活中，在家里、在公寓，妈妈、阿姨、叔叔一直在给我们机会去学习这些重要的东西。可惜那时我没懂，我希望以后的弟弟妹妹们，一定要早点把握这些机会。

二、珍惜锻炼机会、把握成功机遇

16岁那年暑假，青年公寓让我们一群调皮捣蛋鬼去餐厅做实习服务员。一开始，大家很兴奋，觉得这是一种不同的玩法，而且还可以挣工资。我做传菜员，一天下来，发现真不那么好玩啊。我们打工的地方是个大餐厅，大的一盘菜得有十来斤，从厨房到客人的包间餐桌，最远的也不过一分半钟。我们什么都不会，每天就做这一件事——传菜。才第一天，我这足球队的中场发动机就爆缸了，第一次知道什么叫腰酸背痛。平时身强力壮的兄弟们都叫苦了，叔叔只问了我们一句：你们比别的传菜员端得多吗？一下子，没人说话了。是啊，那些传菜员做这个工作，拿这份工资生活，每天都做这件事，他们怎么办呢？从那天起，我们在餐厅跟其他员工一块工作、一块吃饭、一块睡觉。大半个暑假就这样度过了，拿到期盼已久的工资，我们发现我们得到的远不止这些钱。以后，寒暑假，甚至平时周末，我和很多兄弟们都在洗车场、餐厅、超市、电影院、工厂打工。也许，在很长一段时间里，对我们很多人来说，吸引力最大的还是工资，但是每次假期打工结束后，在我们例行的实践总结活动中，除了游玩放松，大家印象最深的就是相互间的交流。现在回想起来，那时挣的工资早已穿肠而过，而大家体会到的，或是交流来的，却悄悄地留在了心底。

出去打工锻炼，开始两年真的是心不甘情不愿。那是青年公寓威逼利诱着我们出去的。不去打工不发零花钱、不给服装费，甚至到最后期限还不给饭吃。出去的，挣的工资公寓不收，反而要给各种奖励。我毕业的时候，应聘工作填履历表，看着工作经历那几栏，我都犯难该选哪几样去填，格子不够啊。我只想对弟弟妹妹们说，锻炼的机会要把握，别让大人们再使出威逼利诱那些招数了。

我这些年锻炼了不少，挫折也不少。刚上大学，时间一下子充裕起来，我想开一间手绘工作室。手艺应该还过得去，业务渠道也有一些，还拉了两个同学来帮忙，就缺资金。作了一个计划书找青年公寓借款，还真拿到了4000元，签了半年的借款期限。接下来立马租办公室、进货、制作宣传资料、建网站，风风火火上手了。工作室主要接手绘墙业务，还做T恤衫、板鞋的手绘。一开始还挺顺利，做了几笔业务挣了些钱，头脑一热就想做大点，一下进了很多T恤衫和板鞋，没想到手绘墙还行，T恤衫卖不动了。一晃半年过去了，我挺不好意思地找叔叔说：钱，都在，不过全是货。最后，又隔了大半年才把钱还上。村里大人没怪我，也没催我还钱，但这事让我很长时间都只敢在村里人少的时候走动。不过，以后我做事知道要谨慎、避风险，更不能辜负别人的信任。

和学习一样，锻炼也不仅仅是出社会才看到效果。在青年公寓的时候，我们被分配了一些事务性的工作，从卫生值日、周末帮厨，到担任干部、协助管理。尤其是我一直担任足球队两个队长之一，虽然技术水平在队里一般般，但我们球队氛围和精神面貌那是有我一份功劳的。让我们骄傲的是，我们仅仅从30多人里组织起来的一支土八路，当年在市里还是经常有机会露脸的。最辉煌的一次，我们在全市中学生足球联赛上，取得了第四名。要知道，前面几个可都是大名鼎鼎的俱乐部或足球传统学校。在这里，当队长的经历对我以后的自信心、沟通能力、处理矛盾、组织计划等方面都有很大的帮助。我想说的是，在竞争激烈的社会，要想把握成功的机遇，得要有过人的素质，但每一分素质都是需要有锻炼的机会才可能培养起来。弟弟妹妹们，如果在村里、在家里、在青年公寓、在任何地方，能有事做，不论大小、不管难易，千万别推脱，那可都是宝贵的锻炼机会啊！

三、珍惜亲情友情、把握幸福机遇

踏入社会独立生活几年来，我体味到生活的酸甜苦辣。对于幸福，我原以为要去追逐，但现在的我才发现它一直就在我身边。

曾经有一段时期，我的生活落到了低谷。我在公司担任销售经理，独立负责联系业务。在老客户的帮助下，第一笔我独立完成的业务顺利拿下，价值7万元的传送带签给了一个外地的砂石厂。我沉浸在胜利的喜悦中，美美地盘算着自己能挣到的提成。没想到，对方厂家抓住我一个程序漏洞，迟迟不付款。我电话催、上门要，对方就是一天天往后拖。一个月过去了，我不仅提成没拿到，电话费、差旅费倒贴进去不少。两个月过去了，我的积蓄眼看着就见底了。这期间，由于跟公司的货款没结，我也不能再出货，做也只能做点零散业务，连基本工资都没脸在公司领。三个月过去了，我弹尽粮绝、筋疲力尽，开始手足无措，觉得这就是世界末日了。走投无路，我向亲人求助。村里的叔叔帮我找律师、找当地的关系协调解决，找朋友给我介绍业务。我的好兄弟——足球队的另一个队长，直接资助了我生活费，只跟我说，这不是借给我的。妈妈也拿出了自己的积蓄帮我渡过难关。老家的亲姐姐尽管自己都不宽裕，还是尽力帮助我。整整半年时间，我在亲人们的支持下挺过来了。这一次的打击让我清醒，我甚至觉得应该感谢那位赖皮老板，他让我有机会发现，原来幸福一直在陪伴着我。

我明白，生活有酸甜苦辣。生活再甜再辣，没人分享那也是孤独；生活再酸再苦，有人分担那就是幸福！

我是一个拥有第二次生命的人。小学的时候，学校在距村 2 公里外，要经过一条大马路。开始都是由妈妈送我们上下学，到后来逐渐让我们自己上下学。然而就是此后不久，由于我自己的不小心，被迎面而来的汽车撞成了重伤，在医院半个多月后我才有了知觉。听身边的护士、医生说，我能活下来，称得上是个奇迹。没有妈妈和村里工作人员的精心呵护，哪还会有我的新生?!

现在村里那么多兄弟姐妹都踏入了社会独立生活。事业的成功、生活的富足，对于我们这些涉世未深的青年还遥不可及，但是，我们这一群人可以相互关心、相互牵挂。逢年过节村里会邀请我们回来团聚、参加活动。有亲人的惦记、有亲人的问候，有烦恼时的倾听排解、有困难时的雪中送炭，这就是幸福。

我想对弟弟妹妹们说，善待珍惜你们身边的人们，把握自己的幸福要从现在开始。

四、珍惜付出机会、把握快乐机遇

我和一起长大的兄弟姐妹一样，从小就在妈妈阿姨、伯伯叔叔们的照料中生活，在爱心人士、志愿者的支持和帮助下成长，在党和政府、国际组织的关怀下享受着全方位的呵护。这些，我们从小就知道。但是，也许在纯净的爱所浸泡中的我们往往会有些神经迟钝，对于接受帮助，也许我们都曾明白必须心存感激，但相信多数人不会觉得快乐。印象中，在村里的时候，我还经常因为要配合捐助活动而心存抗拒，甚至有时候连志愿者对我的直接帮助都会有点厌烦。现在回首，真是十分愧疚。

相比起来，在村里生活的那些年，有些事真的让自己很开心。印度洋海啸，村里组织大家捐款，我们好多孩子都把自己的零花钱、压岁钱捐了出去，虽然数额很小，但是那却是自己的全部积蓄啊。我印象最深的一次是，我的一幅画被Food for the Hungry组织选去美国义卖，所得款捐赠给海啸灾区。还有一次，公寓组织我们去新建的儿童福利院做义工。那天，我们十多个人，把福利院的大会议室打扫干净，连同老院刚搬过来的50多套旧桌椅板凳擦得锃亮，并且还把游泳池洗刷干净。虽然个个累得够呛，但大家有发自内心的高兴。

这几年，我也努力做一些这样让自己快乐的事情。村里六一节，我回来义卖手绘T恤衫，所得捐出；村里活动需要绘制T恤衫，我也乐意免费提供。我参加过义务献血，想到这样也许会挽救其他人的生命，我不会吝啬出这点血，只会感到高兴。一直关心我的老家亲姐姐前段时间结婚了，我把那阵业务所得的8000元全部作为贺礼给她寄过去，希望她有幸福的生活，我也会更高兴。这两年来，我租住的房子就在儿童村附近，至少有五六个村里的兄弟在比较困难的时候来我这儿暂住过。这两年，在大家的帮助下，我的业务开始有了稳定的发展。我很高兴能在兄弟们需要的时候给他们一些帮助。现在这几个兄弟都发展得非常好，其中我们家的弟弟在我那里住得最久。现在，他和人合伙办的培训学校也搞得风生水起，收入比我只多不少，我也真为他高兴。

有一对韩国夫妇经常来儿童村我们家里关心帮助我们，但是他们从不以此倨傲，反而是非常客气。一次，我终于忍不住好奇地问他们：为什么总喜欢来做这些事？他们说：我们很高兴能有机会来做这些事。原来我不懂，以为这是客套话。现在，我明白了，付出远比得到更快乐！

以上是我的一些体会和感受。我自己远不能算成功，但我希望村里的弟弟妹妹们，能珍惜学习的机会、珍惜锻炼的机会、珍惜身边的每一个人、珍惜每一次付出，幸福一直就陪伴着你们，珍惜你们已经拥有的一切，美好生活一定能够伴随你们一生！

儿童村伴我求学之路

开封 SOS 儿童村孩子　韩好念（离村）

我是个农村的孩子，从小就失去了父母，那时我才小学三年级，不曾想就这样辍学了，失去了求学的机会。但不幸中的万幸，儿童村给了我一个家，给了我重新进入校园的机会，让我得以再次走进课堂。而且，更重要的是，我在这里重新有了一个温暖的家，有了一个和蔼可亲的妈妈和许多兄弟姐妹，他们让我的童年重新焕发了光彩。妈妈细心的照顾和儿童村其乐融融的气氛为我成长提供了最好的环境。

我小时候性格比较内向，不善言谈。在小学和初中时期，是妈妈在生活和精神上的照顾让我健康地成长。记得上初三的时候，我得了严重的肺炎，那时我整天吃不下饭，发烧多日不退。妈妈忙前忙后，带我一趟趟地跑医院，每天挂吊瓶，还给我做许多好吃的。半个月下来，我的病好了，妈妈却累倒了。妈妈说我马上要考高中了，不能耽误我的学习。妈妈在日常生活中大大小小事情上对我们关心呵护，让我安心快乐地学习。而我的那些小伙伴们，平时我们一起交流玩耍，在学业上相互帮助促进，没有他们，我的生活不会这么充实快乐。

考上高中后，我也迁入了青年公寓。离开了妈妈的身边，少了妈妈的督促，让我一时得意忘形，结果成绩一落千丈。妈妈知道后，对我进行批评教育，这让我深刻明白了自己的错误，觉察到自己的堕落。在青年公寓里，半军事化的生活让我养成了健康的生活习惯，比如，每天早上准时起床跑步、整理好自己的内务，等等。在青年公寓的生活让我学会了怎样独立，而这对于我将来走向大学，走向社会奠定了坚实的基础，使我慢慢成长为一个能够独立自主的人。高考时，青年公寓的叔叔伯伯们无论在营养饮食上，还是在日常生活上，都给我创造了最好的条件，高考那几天更是由村长接送我们去考场。这一切最终使我顺利考取了广州中山大学。

进入大学后，又是儿童村支付了我读大学所有的花费，而且，考虑到广州地区较高的生活费用，儿童村又从不多的经费中尽量多给了我一些生活费，虽然数额不多，但让我感觉心里暖暖的。能够走进大学校园已经是我不敢相信的事了，而儿童村如此贴心的考虑更让我感动至极。要知道，有多少人虽然考上了大学却因为家里贫穷而最终没能走进大学校门。每每想到这些人，我就感到万分庆幸，是儿童村在我的求学之路上给了我最坚实可靠的帮助。没有儿童村物质与精神上的支持，就不会有我如今身处中国最高的学府之一的课堂之上的机会。她不仅给了我一个温暖的家，更给了我前进的动力和飞翔的翅膀。

现在，我已经大四了，马上就要本科毕业了。但我内心对知识的渴望却没有终结。我想要更上一层楼，考取研究生。在我把这个想法告诉村里的领导之后，他们给了我最明确的支持，这让我欣喜异常。虽然儿童村对我的付出是毫无条件的，但随着阅历的增多、知识的增长，我感到我的责任更大了。我今天得到的一切，都是儿童村给予我的，没有儿童村就不会有我的今天。所以，我只有用知识回报她，回报这个社会，哪怕只能报其万分之一，这也是我必须肩负的责任。因为我明白，能力越大，责任越大。

给母亲的一封信

开封SOS儿童村孩子　曹玉欣（河大附中就读）

尊敬的、伟大的、无私的母亲：

您好！

今天是三八妇女节，是一个值得庆祝、值得骄傲的日子，在这里首先祝您节日快乐、万事如意、健康幸福！

我想起了阎维文的《母亲》这首歌："你入学的新书包有人给你拿，你雨中的花折伞有人给你打，你爱吃的那三鲜馅儿有人给你包，你委屈的泪花有人给你擦……"母亲不仅是有心的、细心的，而且还是无私的。

"世上只有妈妈好，有妈的孩子像块宝……"真的，母亲，您虽然不是我的生母，但有如生母，生母关怀备至，可亲可敬。6年的时光是这么匆匆、短暂，却留下很多的美好回忆，从我们不相识到成了好朋友，到越来越亲近，最终成为永远相爱的母与子。

母亲啊，说实在的，我挺佩服您的毅力。就拿学习来说，也许是您天资不聪慧，别人用一年完成的功课，你就要比别人多下一倍功夫，但您坚持学习，善于思考。您对他人的宽容慈祥，善于关心他人的高尚品质，天地可鉴，很值得我们做子女的学习。放心吧，我是有目标、有追求的蓬勃向上的青年，我会向着"医学教授"的目标而努力打拼，争取向您的愿望靠拢，把这种品质、这种精神代代传承下去。我会努力学习，自强自立。

您的教诲，真的使我受益匪浅，让我在学习上有了动力，在生活上有了足够的自信。您是灯塔，引领我到达成功的彼岸。谢谢妈妈，您的体贴关怀使我一直在暖炉边，一切困难都可克服。

"啊，不管你走多远，无论你在干啥，到什么时候也离不开咱的妈。

你身在那他乡住有人在牵挂，你回到那家里面有人沏热茶，你躺在那病床上有人掉眼泪，你露出那笑容时有人乐开花，啊这个人就是娘，这个人就是妈……”

尽管您未曾给我生命，却给了我强健的体魄，使我犹如重生，把我带到了成功的道路上。也许这条路会曲折、坎坷、泥泞，可我不会为它的笔直而高兴，也不会为它的坎坷而悲伤，只要有理想、有追求，只要努力去追求，都能达到成功的彼岸，去实现人生价值。

今天是妇女节，母亲，您辛苦了，我爱您！

我不会忘记母亲的恩德，我会永远学习您积极向上的精神！

祝您健康幸福，事事如意。

永远爱您的儿子玉欣

2014年3月8日

顾我，复我

开封 SOS 儿童村孩子　孙冰莹（大学在读）

时光荏苒，白驹过隙，距我来中国开封 SOS 儿童村四号家庭已经八年了。八年的时光很长也很短，它注定成为我记忆中抹不去的一段，记忆浮浮浅浅，往事似还在昨天。

生活，都是由无数件琐碎的小事构成的，哪有天天任君选择的大事在发生。自然，“爱”也包含在无数句琐碎的话语和行动中。

我记得，中考前夕妈妈每天晚上端来的一杯插上吸管的牛奶，安安静静放在我的学习桌上；也记得高三时每天早上书包里必装的苹果酸奶以及核桃，还有那句“你多吃点，要坐教室一上午才能吃午饭呢”；我还记得晚上十点半总是开着的大门，以及“回来了，累不累，饿不饿，要不要吃点东西，早点睡啊……”，没有那么多华丽的辞藻，只是简单的话语，却满含着真挚的感情。

“弟子规，圣人训，首孝悌，次谨信，泛爱众，而亲仁……”一部《弟子规》，寒暑假“必背良药”，如今几乎成了我家的传统。我也曾觉得背这个并没有什么实际的用处，不想背，后来慢慢才发现，这确实是一本好的东西，也渐渐理解了妈妈的良苦用心。她总是希望我们变得更好，希望用优秀的东西来滋养我们。小时候的我们总是不理解，觉得被强迫，总是怀着叛逆的作对的想法，可等我们长大，所剩下的应该只有感激了吧。

“身体是你自己的，你现在年轻，所以各种各样的病都不会显现出来，可等你老了，你就知道有各种病的痛苦了。所以让你们多穿点，别一直在空调底下吹，少吃些垃圾食品……”妈妈经常说这些话，不厌其烦。因为有了切身的感受，有了先前的体验，所以她想让我们少走些弯路。孩子有一个健康的身体，应该是每个妈妈的心愿吧。

这就是我妈妈，她并不非常特别，可她独一无二。事实上，还有好多像我妈妈一样的妈妈，她们一直默默奉献着，可能并没有太多人知道她们、了解她们，可谁又能去否认她们的伟大？毕竟她们做的事是世界上最伟大的事业啊！唯愿她们身体健康，晚年清闲喜乐。

中国开封SOS儿童村，这个1997年正式成立的大家庭，在这20年里，养育了一个又一个孩子，教会他们生存的本领，使他们在这个社会上能有一席之地。理所应当，我们感谢她给了我们一个温暖的家，一个可以接受教育的机会。儿童村并不是一栋栋冷冰冰的建筑，而是一个温暖的有人气的大家庭。这里的工作人员是热心的，花草树木是盛开的，路是平坦的，我衷心地希望这个家变得越来越好。

爱之大者，当属社会上的好心人了吧！他们以不记名的方式一直默默帮助我们，他们有一颗金子般的心。爱不分贵贱尊廉，时间投射到每个月的那一天，一位寡居的早已花发的老奶奶每个月都会拄着一根拐杖慢慢步行到村里，步履蹒跚。她总是颤颤巍巍从口袋里拿出一块蓝色的手绢，小心翼翼地拿出放在里面的钱，说："钱不多，拿过去给孩子们买些好吃的吧！"我记得阿姨跟她说过好几次，让她不要再拿了，自己本身都没有什么钱，可她一直一直在坚持。真的感谢她，感谢他们。面对这些沉甸甸的付出，我们能做的大概就是顾好自己，发光发亮，继而燃烧别人。

爱是点点滴滴琐碎的小事凝聚成的一份关怀，爱是来自不同地区不同年龄的人对生命共有的一份热爱。爱让我们成长，不忘路上伸出的温暖干燥的大手；爱让我们拥有理想，长出一对翅膀，拼搏出一片天空，然后照亮更多人的前方。愿我们都能成为一个有用的人，把爱传递下去。

我爱妈妈

开封 SOS 儿童村孩子　张海萍（小学五年级）

在我的记忆中，我是没有爸爸和妈妈的。自从我上学起，都是爷爷和奶奶接送我和妹妹上下学。到了三年级我就自己上学了，每当我看见同学都有爸爸妈妈接送上下学时，我就会想，要是我有妈妈来接该有多好啊！但是我只能默默地想想而已。

直到我来到了开封 SOS 儿童村，有了妈妈、姐姐，还有弟弟。刚开始，我不好意思叫“妈妈”，而弟弟姐姐都叫“妈妈”。叫出这一声“妈妈”，我已热泪盈眶，多少个夜晚我因没有妈妈而哭泣，现在我有了妈妈，我是多么高兴啊！

我刚来城市读书时，学习跟不上，同学嘲笑我，妈妈却安慰我，每天给我补课，我的期中考试成绩有了很大提高，语文成绩由在老家的刚及格进步到 89 分，英语由 20 分增加到 75 分。我从没考过这么好的成绩，我幸福极了。

在新的生活环境中，我学会了很多东西，短短两个月的时间，我养成了良好的生活习惯和学习习惯。妈妈还教我们唱歌、画画，我好高兴。在这里生活的两个多月里，我会给辛劳的妈妈捶背，妈妈夸我说：“你真是神医，妙手回春啊！”我听了心里美滋滋的。

我爱妈妈，妈妈爱我。我们将温暖地生活在一起许多年，我永远爱我最亲爱的妈妈。

当我那次离开家的时候

拉萨SOS儿童村孩子　白玛旦增

每当读到这首诗："临行密密缝，意恐迟迟归。谁言寸草心，报得三春晖。"我都不禁想起第一次离开儿童村，离开妈妈，独自一人远赴内地求学的场景，不禁潸然泪下，久久不能自已。

记得在离家前几天，不知道为什么一到晚上我就没有睡意，总觉得心里缺了什么，但就是说不清楚为什么，而妈妈每天也比往常起得还要早。终于到了要离开的那天，当我发现外面还是点点星光，这里的一切还是那么宁静祥和的时候，妈妈就开始打酥油茶了。酥油和奶茶的香气渐渐弥漫在空气中，我突然意识到这有可能是最后一次在家里喝到妈妈亲手打的酥油茶了。此时此刻的我，被一种说不出的感觉笼罩了。这时，妈妈已经打好酥油茶，开始给我糌粑吃。糌粑在拉萨儿童村是一顿再简单不过的饭，但我吃得很慢，生怕自己吃得太快忘记了它的味道。就这样一顿饭，愣是被我吃了半个小时左右。

因为是第一次离开家远行，妈妈又打开了我的行李箱，生怕我忘带什么东西。从穿的到吃的，既有适合夏天穿的薄衣服，也有秋冬穿的厚衣服；既有好吃的牦牛肉干，也有香甜的速溶酥油茶和甜茶。我埋怨妈妈为什么要带那么多东西，况且对于那时身材娇小的我而言，这么重的行李可是不小的挑战。妈妈并没有马上反驳，只是过了一会儿才说："这些东西不是有火车运吗？又不用你一个人提着走啊！"我无言以对。我知道妈妈并不是刻意增加我行李箱的重量，而是想通过妈妈自己的方式给孩子再多一点爱。想到这里，我的双眼被泪水模糊，我很害怕妈妈看到我的样子，因为如果我哭的话，妈妈就会哭得比我更厉害。突然想到了但丁的那句诗："世界上有一种最美丽的声音，那便是母亲的呼唤。"是啊！妈妈为我们付出了那么多，但她却从来不图我们将来回报她什么。她就像全世界的母亲一样拥有一颗极为纯真的赤子之心。而我们的妈妈更伟大，她把人生最美好的青春时光都奉献给了儿童村，养育了我们十几个孩子，我们还有什么理由不努力好好学习，用自己的实际行动回报妈妈、回报儿童村、回报社会上的好心人呢？

在和妈妈久久的拥抱后，我坐上了开往内地的火车。等到火车缓缓开动的时候，我哭了，从来没有哭得这么厉害过，仿佛有种"悲莫悲兮生别离"的感觉。是啊，这一别之后，又要多久才能回到这儿呢？一个"一切为了孩子，为了孩子的一切"的儿童乐园，还有一个慈祥妈妈的神圣地方，它们无疑是我此生最美好的记忆。

别了，一直养育我们成长的儿童村；别了，昔日里伴随我玩耍的小伙伴们；别了，我最亲爱的家人们；别了，雄伟的布达拉宫；别了，美丽的日光城拉萨。一直到现在，我还记得妈妈说的话："儿子，只要志在四方，什么都不要害怕。"我一直将它视为我前进的动力，奋斗着、努力着。在儿童村遇见你们，是我今生最美丽的风景。

回忆里的爱

拉萨SOS儿童村孩子　穷　达

风筝之所以飞得高飞得远，都是因为有放风筝的人。

——题记

“多么熟悉的声音，陪我多少年风和雨，从来不需要想起，永远也不会忘记。没有天哪有地，没有地哪有家，没有家哪有你，没有你哪有我。假如你不曾养育我，给我温暖的生活，假如你不曾保护我，我的命运将会是什么。是你抚养我长大，陪我说第一句话；是你给我一个家，让我与你共同拥有它。”记得每次听着这首歌入睡，早晨起来时眼角都是泪水，这对于我来说岂不是幸福的泪水。

当自己成为不幸中的万幸时，才会觉得自己是这世界上最幸运的人。当看到别的孩子跟自己的父母手拉手逛街吃饭时，我会觉得这或许是最纯粹的幸福，有母亲的温柔、父亲的严厉，这个孩子可以在她父亲的肩上舒舒服服地坐着，也可以在她母亲的怀里尽情地撒娇，在家里可以享受到母亲做的各种菜，也可以看到父亲那帅气又温暖的背影。然而当我来到这个地方时我才真正地知道了什么叫“真正的幸福”，这种幸福是独一无二的。相信每个人都有属于自己的一种幸福。

依稀记得自己刚来时的情景，一到家就被妈妈先洗了个热水澡，然后就是吃各种有营养的食物，那时我还不知道自己是家里的第四个孩子。我还记得那时我们的脸上都有红彤彤的高原红，我更记得那时妈妈脸颊上那红润的高原红。我知道那不仅仅是我们高原人的标志，更是母亲年轻的标志。

刚进入这个大家庭时我会觉得自己是个外人，不管兄弟姐妹们多热情，我都不怎么说话。那时我的性格特别内向，这种内向对于当时的我来说更多的是对这个环境的陌生。而如今的自己不仅开朗了，在人际交流方面也很不错。是的，风筝之所以飞得高飞得远，都是因为有放风筝的那个人。现在的我已经二十多岁了，在这十几年里我变得比别人更成熟，变得比同龄人更坚强，变得比别人更努力，也变得比别人更快乐。

爱在远方

2006 年某月，我背着大行李坐上了有点颠簸的火车去往内地，开始了自己的求学之路。四年的求学时光，那时我还不知道这四年对于自己意味着什么，只知道自己来内地求学，是带着知识改变命运的态度来学习的。然而在这四年学习生活中，我知道了在这里不仅仅是学习，更是来改变自己。在这里，我感受到的不仅是师生情，我更感受到了亲情的温暖。

直到现在我还记得，在我刚到学校的那一年，我好几天没给家里人打电话，有一天隔壁宿舍说有电话找我，没想到是妈妈。因为我长时间没给家里打电话，妈妈很担心，就打电话过来问问我的情况。那时我的眼泪止不住地往下流，在那时我真正地感受到了家庭的温暖。这更让我知道了自己还有一个家，一个有好多兄弟姐妹的家，我还有一个用自己全部的爱给我温暖的妈妈。在生活中我不求荣华富贵，在平凡中带点感动足已。经历那个事情后，我每周都会给家里打电话。

而每逢佳节总少不了母亲寄来的包裹，她把最好吃最有营养的都寄给我。我也常常给家里写信，那时我还把信纸叠成各种好看的形状，就是想让家人们知道这是我对家人的思念。家人们也给我写信，记得那时她们一个个以姐姐的称呼给我写信，这对于我来说又是一种幸福，一种发自内心的幸福。即便自己与家人之间隔着好几座城市，但是相互的牵挂总是少不了的，在我们每个人的心里都有彼此。

爱的拥抱

直到现在我还依然记得那个拥抱，那个充满思念和爱的拥抱。或者也可以这么说，初中四年的求学时间给我换回了一个拥抱，一个发自内心的爱的拥抱。在初中毕业那年，我穿着整洁的校服，拖着沉重的行李，在吹着大风的火车站门口等着妈妈来接我时，突然一个大大的拥抱把我感动了。那是母亲第一次那么紧紧地抱我，那时我才彻底地感觉到自己不是一个没有妈妈的孩子，自己其实是最幸福的。因为这里有一个不是你亲妈的妈妈正在用行动来证明着她是爱你的，她用行动来证明我不是一个没有人关心的孩子。那时的拥抱真得好温暖好温暖。相信那时的我比谁都幸福。

爱在心里

对于一个小鸟来说，不管鸟窝有多大多温暖，长大了都要学会飞翔。对于儿童村的我们来说，“离村”就意味着你我长大，意味着自己一个人去面对今后的生活。我们既然把梦想种在了这个地方，那么就让梦想也在这里发芽吧。

总有一天我们都会离开这个从小养育我们的地方，那将是我们最舍不得的时候，那也是我们带着梦想离开的时候。不管今后的自己变成什么样，我都会感谢这一路以来把我们苦苦抚养大的伟大母亲。我会记得村里的阿姨叔叔及社会上爱心人士对我们的关心和帮助，我很感谢你们把最宝贵的时间留给了我们，也很感谢你们对待我们就像自己的孩子一样，感谢你们把世界上最公平、最温柔的爱留给了我们，这些我们都会铭记在心。

如果有一天

如果有一天，我们飞走了，那肯定是我们的梦想长出了翅膀，这双翅膀便是您为我们插上的；如果有一天，我们飞得不再高了，不是我们累了，而是我们来孝顺您了；如果有一天，您老了，不再说我们了，我们依然会不离不弃；如果有一天，您老了，腰直不起来了，我们会是您的拐杖，陪您走完剩下的路；如果有一天，您老了，不记得我们了，我们依然会叫您妈妈。

如果有一天，有人问我，幸福是什么？幸福就是我每天都可以跟一个不是自己的亲妈却胜似亲妈一样对待我们的她喊“妈妈”的时候。

我的第二次生命

拉萨 SOS 儿童村孩子　红　梅

我叫红梅，来自中国拉萨 SOS 儿童村 7 号家庭。非常感谢中国 SOS 儿童村协会给我这次机会，让我回顾了自己的成长历程，有快乐有悲伤，有委屈有挫折，有幻想，有远大的抱负和志向，有自己的选择和向往的目标。而决定我人生的一个重要转折点就是进入了儿童村。

人生中的幸运或者不幸运很难说清楚，曾经是一个不幸的孩子，然而又是幸运的。2002 年 9 月 5 日，这一天我记得最清楚，因为这一天，3 岁的我终于有了一个"家"——中国拉萨 SOS 儿童村。从此，我的命运发生了转折。

刚来到儿童村，有叔叔阿姨对我讲，这里的孩子和我一样没有爸爸妈妈。可是看到他们脸上挂着快乐、幸福的笑容，我很好奇，他们和我一样都失去了亲人，为什么他们的脸上找不到一丝的伤心。

当我真正走进了这里，生活了一段时间，我终于找到了答案。在这里的每一位妈妈和工作人员都和蔼可亲，把我们当成自己的孩子，细心地呵护，无微不至地照顾。还经常有叔叔阿姨来看望我们，关心我们的生活，了解我们的学习。是这里的妈妈和许多叔叔阿姨无私的关爱，让我在这里重新获得了曾经缺失的爱。刚刚进入儿童村就这样被无穷的魅力吸引着、感动着。可以说，没有儿童村就没有今天的我，没有辛苦付出的妈妈、叔叔、阿姨，以及谆谆教导我的老师，就没有我今天的成长。因此，我要感谢所有关心和爱护我的人，因为是他们给了我机会和力量。

在儿童村，在这样一个温暖的家园，聆听妈妈的细语呢喃，与兄弟姐妹快乐玩耍，温暖的灯光下和妈妈一起学习，和村院里的小树苗一起成长，睡在软暖暖的床上，还有清晨琅琅的读书声，这就是我们儿童村孩子的生活。因为有了这样的生活，我们的内心不再孤单。我们来自西藏各个地方，彼此没有血缘关系，可我们却成为了一家人，最幸福的一家人，互相关怀着彼此。一声声妈妈、一声声哥哥，我从心底感受到了家，也从心底喜欢上了这个家。

到现在，我已走过了十八个春秋。有些人说，这十八年过得真快，似乎就是一眨眼的事情。仔细想想这十八年来每个人都有不同的感受和感慨，我记忆中最深刻的事也有很多很多。

3 岁那年，我跑得太快被石头绊倒，您让我自己爬起来，又朝我屁股打了两巴掌，“下次摔倒打四巴掌”，是您教会我要为自己的鲁莽负责。

4 岁那年，我因为想看电视不想吃饭，您说如果现在不吃就要饿到第二天早饭。我说“好”，以为您只是说说而已 ，谁知夜里我爬起来到厨房，竟然连半块馒头都没找到。是您教会我要为自己的任性负责。

5 岁那年，我想试着洗袜子，您教会我怎样洗干净。7 岁那年，我想学着刷碗，您教会我怎样避免把碗碰碎；我想自己盛饭，您教会我怎样不会被烫着。是您教会我要为自己的生活负责。

10 岁那年，您带我们这群孩子到玩具店买玩具，说好每人只能买一样，可我买了芭比娃娃又想买模型飞机。您不同意，我就躺在地上哭，谁知您转身就往外面走，我只好一边擦干眼泪一边爬起来乖乖跟上去。是您教会我要为自己的选择负责。

在过去的十八年中，您教会了我许多。

从我们来到儿童村那刻起，妈妈、叔叔、阿姨们一直在照顾我们，陪伴我们成长。他们用心血与汗水编织了多少个日日夜夜，他们毫无怨言。他们的情感像一条缓缓流淌的小溪，轻轻地吟唱着，在心与心之间传递着人间最纯美的信息。

咖啡一般的爱

南昌 SOS 儿童村孩子　钟思佳

世界上还有哪一种饮料比咖啡更好喝呢？也许有，但我没有喝过。在我有限的生命中，咖啡是我喝过最香甜、最醇美、最回味无穷的一种饮品。而我把这种味道比喻成我现在拥有的生活——儿童村的爱。

我出生在大山深处贫寒的家庭里，父亲离世后，母亲带着我们姐弟三人艰难度日。也许是生活太沉重了，母亲从最初的沉默寡言到后来的歇斯底里，再到后来无声无息地消失。

幼小的我们每天盼望妈妈回到我们身边，哪怕是她在癫狂状态下打我们、骂我们，我们也想她回来，因为有妈妈的家才是家啊！可是十多年过去了，我们始终没有盼到妈妈重现的那一天。

我们姐弟三人成了亲戚们的拖油瓶，冷落、白眼，甚至欺凌，所有的一切我们必须忍受。因为我们没有父母……

常常听人说，人的一生就像一棵树，在哪里生根，就在哪里发芽、结果、落叶，最后归于泥土。我想我的人生大概就是这样了：现在靠人救济，长大后还要还家里欠下的一堆债务，我的人生怎么会改变呢？

可是，生活中确实存在幸运，从我来到南昌 SOS 儿童村的那一刻起，我的人生轨迹就完全改变了，而我对“爱”字也有了更深的理解！

重拾的那一份母爱，就像寒夜中的一杯咖啡，给人以温暖、香馨、熨帖、亲切。我的儿童村妈妈应该是我对人生命运改变最具影响力的人物了。

难忘 2014 年的海南之行，那是妈妈对我们家 6 个孩子在中高考中都以自己理想的成绩考入理想学校的奖励，加上前一年考上大学的两个哥哥姐姐。那是我们想也不敢想的全家之旅呀！第一次看大海，第一次乘快艇，第一次吃海鲜，第一次喝咖啡，第一次……对了，就是咖啡的那种香浓、馨甜的味道，让我顿时觉得此刻的生活就是这种味道。从此，幸福也成了我的口头禅。

也是这次旅行，确定了我的理想，有了努力的目标，直到现在都没有动摇过。我相信我会一直坚持下去，因为我一直记得妈妈对我们说过的一句话："成绩不重要，眼界和胸怀才是最重要的。"是啊，妈妈的善良、博学、大爱，让我常怀感恩之心、奋斗之志。而妈妈的人生态度和处世方法也让我们兄弟姐妹都拥有了乐观、开朗、积极、律己的人生原则。同学们都说我善良淑德，我想这都是无形中妈妈对我的影响吧。就像我喜欢摄影，是因为妈妈常常带我们到处游玩，从不同视角去发现美、捕捉美。就像我不自卑，是因为妈妈给了我们跟普通人家孩子一样甚至超越他人丰富多彩的生活。柔情的母爱，温暖的家，无论何时想起，咖啡的香甜就弥漫在我的周围。

还有来自社会的关爱，也像这咖啡一样芬芳。至今，我来到儿童村快满四年了。我的家教给我的生活增添了许多色彩，村里的大伯阿姨们总是给我们无尽的关怀与关爱，隔三差五社会各界爱心人士会来看我们。还有我们老师同学及小伙伴们更是影响并陪伴我。所以我常常告诫自己，要善待每一个人，说不定他在某时某刻就帮助过我。

咖啡虽然香甜，但喝多了对身体无益。而这也像社会给予我们的爱，我们必须学会感恩，传递，奉献。妈妈说："世界是平衡的，当你拥有一件宝贝时，一定要拿等量的宝贝奉献出去。否则，你就会被拥有的宝贝压死或是淹没。"我现在拥有咖啡般香甜的生活，我愿意再把这咖啡一样香甜的生活给予需要帮助的他人，愿我们大家都拥有着咖啡般香甜的生活！

当幸运的我遇上善良的你

南昌 SOS 儿童村孩子　周　琴

四岁便失去自己的父母，这时的我是不幸的。八岁的时候，也就是 2004 年 4 月 13 日，我来到了中国南昌 SOS 儿童村。其实那时我的内心是抗拒的，你如何能要求一个小女孩快速地适应陌生的环境呢？可外公外婆已无力抚养，送到这里似乎也是不得已的选择。于是，一个八岁的小女孩眼中盈满了泪水，看着把自己送到这里的外公和舅舅离开了，故事也就开始了。

还记得当时的村长爷爷也姓周，他亲切地将我送到六号家庭，告诉我这就是我以后的家了。第一个看到的并不是妈妈，而是拿着锅铲的姐姐，还在炒着菜却又要忙着安慰一把鼻涕一把泪的我。等看到妈妈时，第一眼我就打从心里喜欢她，原因特别简单：出于小孩子的本能，觉得妈妈长得真好看，而且说起话来特别的温柔，让我那颗紧张又有一丝害怕的心得到了放松。尽管没有说出来，但那时的我已经喜欢上了这个家庭，所以后来邻居的一个姐姐开玩笑骗我说其实我是她们家的，我的心里是有些失落的。

第一天还发生了什么我都记不太清了，只记得有温柔的妈妈、搞笑的姐姐，还有调皮的同龄的小男孩。噢，对了，第一天妈妈还给我洗了个澡。这个澡是我到目前为止，我相信乃至于以后都是洗得最干净的一个澡。那是我第一次看见水是从上面下来，而不是在盆里。第一天就这么迷迷糊糊地过去了，晚上躺在舒适的小床上，在思念老家的外公外婆中进入了梦乡。

入学手续很快办好了。二年级的第二个学期，我也算“幸运”，上课的第三天就期中考试，在考场上不停抓耳挠腮的就是我，几乎都不会。上课后的一个礼拜我被同学传染得了水痘，因为会传染其他同学，所以回家休养。整整一个礼拜只能喝粥，洗澡得洗盐水澡，这期间最辛苦的就是妈妈和大姐了。后来我才知道大姐没有得过水痘，即使很有可能被我传染，却依旧帮我洗澡洗衣服。

后来妈妈想让我们有更好的学习环境，把我们转到了市区的小学。这中间也是历经辗转，因为想锻炼我们的独立意识，并且我们也确实不能像其他的家庭一样天天接送，所以带了几次后，我们四个就自己上学放学了，那时是三个男孩和我一个女孩。妈妈告诉男孩，作为男子汉要好好保护我。现在想想，我们独自坐公交车来回的时候，妈妈在家里肯定也是悬着一颗心的。小学时我很听话，妈妈说了不能横穿马路，可男孩子为图方便偏要穿，我便做了一个“告密者”。这是第一次见妈妈发脾气，妈妈知道这件事后特别生气，还打了他们的屁股。到现在为止，妈妈只打过我们两次，这是第一次。童年的我们，快乐总是远远大于悲伤，这件事过后大家都不敢横穿马路了。

小学的我们学习任务轻，妈妈经常带我们踏青，骑着自行车去见证南昌红谷滩的成长，去八一广场放风筝、去赣江旁的沙滩写下自己的名字……都是一些免费的户外活动，却让我们增长了不少见识，还留下了不少童年回忆的照片。

后来家里又来了一对姐弟，四人行将要变成六人行。妈妈很开心又有一位女孩子来了，因为这样我就不会天天只和男孩子玩，导致性格越来越男孩。这位只大我两岁的新姐姐可以让我变成淑女吗?

十岁的我有“爸爸”了，一位爱心人士来到村里想认养一个小女孩，并不带走，只是会经常来看望，并且在生活上给予一定的帮助。我成为了这个幸运儿。一直到现在我19岁了，爸爸每年都会来看我，给家里带一些东西，并且每年都给我过生日，一年都没有落下。所以我每年都有生日蛋糕吃、生日礼物收。别的小孩都没有，妈妈说我很幸运。是呀，我真的很幸运！

初中我迎来了所谓的青春期，现在想想那时的自己简直“坏透了”。妈妈说东我一定会往西，还经常和妈妈闹脾气、不说话。那时候我的不懂事程度和妈妈付出的多少都无法用文字去描述。学习成绩也很不好，几个小屁孩之间竟然还互相孤立，我们几个人都不跟一个人玩，做什么事都不和她一起。妈妈自然也发现了这个问题，她非常生气，于是就有了我们挨的第二顿也就是最后一顿打。妈妈说得对，一家人还孤立，那算是一家人吗？小朋友之间哪有什么隔夜仇，哪里那么小心眼。还罚了我们每个人一元钱。天地良心，那真是我们存了好久才有的零花钱，就这样上缴了，心里真是一万个舍不得。通过这件事我们之间的感情更牢固了，也明白了什么叫凝聚力。后来经常有人来村里参观，问的最多的一个问题就是："你们妈妈辛苦吗？"我们说："辛苦！""怎么辛苦呀？"我就会说："叔叔阿姨，你们的孩子肯定也有青春期，相信你们孩子青春期的时候您一定很头疼。可我们的妈妈需要面对十多个孩子的青春期，并且每个孩子的问题都不同，这时候的付出，身累与心累，不是旁人所能理解的。"

经历了中考，考取了我们这里的第二批重点高中，开始了紧张的高中学习，天天早出晚归。妈妈很心疼我们，给我们做好吃的，那是最幸福的时光。周末我们也会和妈妈一块做饭，我们都学会了做饺子、包子、韭菜合子、烙饼等（因为妈妈是北方人）。这时候的妈妈算是轻松很多了，因为我们都长大了，懂事了，除了学习就没有太多需要妈妈操心的地方。

高中是一个很重要的阶段，高考牵扯着我们的命运，有的时候成绩不理想，妈妈并不是劈头盖脸的一顿骂，而是让我们分析问题，到底错在哪了？并且提醒我们不要把马虎不当问题，马虎是一个大问题。最终我们两个考上了二本，妈妈还算满意。小时候这六人行中，我们这几个年龄差不多的孩子，四个二本，一个一本。

高中毕业后，我就为妈妈做一些力所能及的事情：洗衣服、做饭、捶背等。所以妈妈经常夸我。但其实每次妈妈夸我，我都会想起自己青春期的事情，觉得自己做的根本不算什么。我很心疼妈妈，一个人带出了那么多孩子，外人知道很辛苦，却不知道到底有多辛苦，这其中的艰辛，只有自己知道了吧。并且妈妈除了一年两个月的假期，其余时间都是陪着我们，无法跨越南昌与哈尔滨这遥远的距离去陪伴自己的老父亲，当思乡之情涌现时，又能向谁诉说呢？

到今天为止，我来南昌儿童村快十二年了，在这期间帮助过我的人若要一一列出，毫不夸张地说，一天一夜估计也列不完。南昌的义工组织、一些爱心企业、社会上自发的组织，甚至还有学生经常过来献爱心，过节了、天冷了、天热了，都想着我们，为我们送来需要的东西还有贴心的问候与关怀。村里的工作人员也总是为我们忙前忙后，没错，这是他们的工作，可却永远将我们摆在第一位，没有谁会去在乎这到底在不在他的职责范围内，而是只要为了孩子就行。

我童年的照片有十分之九都是一位抗美援朝战地记者的爷爷帮我照的，他与我们家也认识十多年了，现在发展到他与全村都认识了。他是一位特别可爱的爷爷，还认我做他的二徒弟呢，教我照相。那一张张照片真是童年最珍贵的回忆。

在最美的年华遇见你们，我是何其幸运。在这里很俗套地却又是我真心想说一句：我一定会好好学习我的专业知识，去回馈社会。在大学里我有多做志愿者活动，并且帮助贫困小学的孩子实现他们的愿望，虽然只是一个小小的书包送给那可爱的小男孩，但我心里也很开心。我明白那些帮助过我的善良人并不是想让我回报他们，所以我会尽自己所能，将这份爱传递下去！

爱在四季

莆田SOS儿童村孩子　林　晨（离村）

走在月光被叶子剪碎的村道上，彳彳亍亍，一圈又一圈，犹如四季的轮回……还记得十六年前，当我被民政局的阿姨牵到这个家的门口时，家，开始在我的生命中落下种子，生根发芽。在十六载的光阴中，家和妈妈一起一路庇佑着我们，在儿童村这个大家园里走过了春、夏、秋、冬，用这四季的爱成长了我们的懵懂岁月。

春的甘甜

东风解冻，百草回芽。春天的温暖总是生命中最初的亮色，让人难以忘怀。犹记得初来乍到时，我们陌生地打量着彼此，新奇地张望着村中的每个角落。那时候，家中每来一个孩子，感觉村里就像来了一个新媳妇一样，邻家的妈妈、阿姨们都会兴奋地挤在屋子里探望一番。在欢迎新成员的气氛中，我喜欢上了这个热闹、温暖的大家庭。白天，我们在一起嬉戏、上学；入睡前我们则开启聊天模式，聊家乡、聊亲人、聊学校发生的故事……

“凯风自南，吹彼棘心。棘心夭夭，母氏劬劳。”相较我们的陌生和新奇，家之于当时略显青涩的二十五岁妈妈而言更多是忙碌：为刚到家的我们购置日常用品；为尚小的弟弟妹妹洗澡、洗衣服；为上课的我们准备三餐；往返接送我们上下学……就在这平凡如水的日子中，妈妈把我们养胖了、养高了。

周末，除了完成日常作业，进行卫生大扫除外，我们最喜欢的是围在厨房里看妈妈如何烹饪，眼馋着如何吃到第一口美味。看着与日俱增的菜式，面团翻转成的香喷喷包子，垂涎欲滴的各地“名小吃”，我们几个较大的孩子按捺不住，也加入到了这美食制造的阵营里。就在厨房里的煎炒烹炸、锅碗瓢盆之中，我们品味到了生活的欢乐与幸福。从此我的美食记忆中多了“妈妈菜”这个菜系，以致在外读书的几年，总是忘不了家中独有的卤面、煎粿、饺子的味道。也是后来才知道，妈妈自己作为家里的老幺，来村前不曾干过一点儿活，看似“无所不能”的背后是她为了这个家，一步步从头学起。

相比日常照顾，对妈妈而言，更辛苦的是我们常会在气温多变的春天生病。印象中最常生病的当属最大的我与上幼儿园的小弟。也许是因为来村之前无人照顾而体质弱，也许是因为有了可以撒娇的对象，我俩一生病常常就是好几天。晚上，妈妈要起来好几次为高烧的弟弟量体温、喂开水，用蛋清敷小腹、用热水擦拭身体，而白天则要照顾家里的其他孩子。虽然我是大孩子，但是病来同样费神。孩提的前几年因为扁桃体发炎，逢着春天必定发烧，村中的叔叔阿姨赠我一名——“老病号”。在那几天，妈妈变成了半个“医生”，给我看瓶换药，还要顾及我病中变涩的味蕾，为我另开小灶。那时的我因着这些“特殊待遇”，心里甜滋滋的，倒不觉得挂瓶苦、吃药苦，竟暗暗希望这病能慢点好。现在想来有点可笑，可是哪个小孩不曾贪恋过这病中的温暖？都说病来如山倒，病去如抽丝，看来这抽丝苦的不是我们这蛹，而是焦急忙碌的春蚕。

当然，春天对我们孩子来说更是一个快乐的季节。在这个草长莺飞的时节，妈妈总是会带着我们去郊外游玩，爬山、逛公园，看看外面的世界。那时在这个小县城里，一个年轻妈妈带着七八个孩子的队伍，走在路上也颇为壮观，引得路人好奇侧目。相比外出游玩，更令我们难忘的是，正月里我们还会跟着妈妈回她家中看望外公外婆。闹元宵、做大寿、喝喜酒、访亲友，与舅舅阿姨哥哥姐姐们一起迎来送往寒暄问候，这番礼俗景象不同于村中单纯的热闹。现在回想，这些何尝不是妈妈想让我们体会更多人情世故的良苦用心呢！

春风化雨，润物无声。点滴之间，我们就像门前柔曳的小草，在春风中逐渐焕发出新生的光辉。

夏的清苦

“夏日像一杯浓茶，浓中带苦，苦尽甘来。”当清晨的第一缕阳光投照在窗户时，妈妈便唤我们早早起床。在琅琅书声中，我们开始奏响一天的学习乐章。曾当过老师的妈妈对我们的学习要求相当严格，每天吃完饭后，妈妈总是要把每个上小学孩子的作业一题题检查、一题题讲解，直到我们全部理解，全部做对，以至于我们交给老师的作业总是及时的、完美的。正是在这双重课堂的辅导下，我们逐渐养成了良好的学习习惯，学习成绩也有了质的飞跃。最初，学习不曾受过管束的我们对这份严厉总有些抵触，会在心里小声嘀咕：“真是不自由啊。”而如今走上社会后，不禁感慨妈妈当年说过的话：“学习对于村中的孩子也许不是唯一的出路，但却是一条最好的出路。”

当我小学毕业时，恰巧当地最好的中学要举办一个奥赛班的入学考试，只要是考进去的学生就可以免交三年的赞助费。为了让当时成绩较好的我能有一个更好的学习环境，妈妈和村部为我申请到了报考资格。我深知这个名额来之不易，于是，在那个烈日炎炎的暑假，我放弃了轻松的假期生活，伴着窗外躁动的蝉叫声，每天在屋里一坐就是好几个小时。面对着两本厚厚的语文、数学奥赛题本，我好几次想弃笔而逃，是旁边不仅要操劳家务、还要帮我解题的妈妈，让我一路坚持了下来。虽然后来学校取消了奥赛班考试，但是一分耕耘，一分收获，这个暑假的努力让我初中的数学学习轻松了不少。

记着妈妈说过“地瘦栽松柏，家贫子读书”，我一路优秀到了高中。那时高中学校离村子远，没有直达的公交车，为了不耽误我的早读课，妈妈特地买了一辆电动车，每天载着我往返十几公里，寒冬酷暑，刮风下雨，日复一日……

到了高三，为了给寄午的我增加营养，妈妈像许多家长一样，每天中午从家中带着亲手做好的饭菜送到学校。而在这之前，她还必须先在家中安排好弟弟妹妹的午饭，往来匆匆，其累可想而知。所以当与理想高考成绩相差甚远的结果出来时，这消息犹如夏日的一道雷霆。我可以安慰自己，却不敢面对妈妈的沉默无声，我让自己躲进窗帘的一角，直到妈妈进来轻轻地抱住我……

“夏日像一杯浓茶，此时已澄清。”那时我告诉自己：未来的路要好好走，走出一片秋天的皓月千里。

秋的馨香

“稻花香里说丰年，听取蛙声一片。”经过春的萌芽、夏的生长，到了秋天，我们终于能够捧回一张张以前所艳羡的奖状，终于我们也能够被评为优秀学生，获得奖学金，站到了引以为豪的领奖台上。我们知道这些收获的背后离不开妈妈的全心付出。在小时候的我们看来，妈妈就是另一个老师，是她让我们体会到了知识的力量，是她给了我们丰收的喜悦。

初中的时候，因着自己不错的成绩，妈妈被学校授予了“校十佳家长”荣誉称号，当一朵鲜艳的大红花别在妈妈的胸前，我依稀看到了妈妈的眼角泛起了泪光。悠悠寸草心，何以报春晖？我们能做的就是每年的妇女节、母亲节、生日时送上我们微小的祝福。它是一张张亲手画的贺卡，是几样趁着妈妈外出在厨房中捣鼓的精细小菜，是一束从门前采摘下的鲜艳花朵。而对于我们略显羞涩的礼物，妈妈总是显得惊喜连连。不久前，我在帮妈妈整理旧橱柜时，竟看到了一摞被妈妈收藏起来的小时候我们送的贺卡，再次翻开，读着已经晕开的字迹，岁月悠悠，不胜感慨。

如今，长大的我们有的在外求学、有的经商、有的打工、有的考上公职，但是不管我们现在从事何种工作，我们都不负期望地成为了自食其力的人，我想这是我们所能给予妈妈最大的安慰吧！

冬的醇厚

“墙角数枝梅，凌寒独自开。遥知不是雪，为有暗香来。”冬天的家园显得尤为宁静。记忆中，妈妈不仅仅只是教会了我们学习，更多时候她教给我们的是“感恩”。她总说“人，要先学会做人，再去学会成才。儿童村孩子应该感恩和珍惜所拥有的环境，努力学习，才能好好报答社会。”她要我们珍惜每一粒粮食、每一滴水，要常思一粥一饭，当思来处不易；半丝半缕，恒念物力维艰……

想着妈妈说过的一句句话语，数着一年年走过的脚步，不知不觉发现我那一粥一饭育我们长大、一言一行教我们做人的妈妈竟渐渐变老了。如今，她辅导弟弟妹妹功课的思维已不再那么敏捷；她接送孩子上下学的步伐已不再那么矫健；她年轻时的倔强在与孩子的融合中变得温和从容。也许唯一不变的是那早已融入岁月的坚持：坚持每天大清早起床为孩子们煮饭；坚持忧思孩子们的学业；坚持守护着这个家。已经长大成人的我们，对母亲的辛苦有了更多的懂得，曾劝母亲离开岗位，让我们能好好照顾她，尽尽孝心。可是母亲笑着摇了摇头。这里有她十六年的青春岁月，有她执着的信念。她把所有的感情都化作亲情给了这个家，给了孩子们。身为大女儿的我知道母亲在这十六年不是没有离开的理由，但是想到我们，她就下不了决心。也许她深知家的温暖和守候对我们这些从小失去父母庇护的孩子来说是多么的弥足珍贵！

母亲就是这冬天里广袤无垠的大地啊，我们在这里奔跑，在这里撒野，我们被她的寒风敛容整肃，也被她疼惜的目光抚摸生光。

冬去春来，阳光又一次在树上跳舞。何其有幸，我毕业后还能在离家园如此近的地方工作；何其有幸，我还能时常回来挽着母亲的手走上这条再熟悉不过的村道，听着家园的四季故事，看着家园发生的悄然变化，体味着这个家园所带给我们生命新的温暖和感动。

记　忆

莆田SOS儿童村孩子　王　萍（大学在读）

中国莆田SOS儿童村，那是我从小生长的地方，是个很美的村落。村子坐落在莆田市区边缘，绿草茵茵，花木满园。我们村子由十五个家庭组成，十五幢清一色红砖红瓦的仿古小别墅从一到十五依次排列。村门口栽有两棵郁郁葱葱的大榕树，在其四周用大理石围绕着砌成石凳，小学的时候最喜欢和小伙伴们爬到大榕树上上蹿下跳。大榕树前边就是门房，上头挂有“中国莆田SOS儿童村”字样的牌匾。由正门口进去左右两边分别是工作人员的办公区，正前方则是升旗台。这是个好地方，上初中那会儿，村里给我们组建了军乐队，中场休息的时候，我们都爱跑到升旗台去，不是捉迷藏就是排排坐着说悄悄话，好不热闹。升旗台再往后是一园花圃，只可惜那是从前的样子了，现在花圃已拆掉，现在有石像、有花草、有蓝白相间的砖铺成的椅子，美则美矣，却失了许多乐趣。要知道从前那一丛花圃是捉迷藏的好去处，花草长得茂茂盛盛密密麻麻，仗着人小往里头一钻，别人很是难找到，有时甚至可以藏好几个人呢。

我是七号家的成员，这个不大的房子里还藏着许多我们兄弟姐妹间的趣事。在那个手机还没有普及的年代，我们善于利用天然的东西来找寻乐趣。房门前的地砖是用大理石铺成的，自然地形成大小均等的格子，在这里我和哥哥姐姐们拿过胶布踢格子，拿过石子“扔房子”。家门前的水泥地留下过我们跨步的汗水，也回荡着我们打羽毛球的欢笑声。每逢吃枇杷的季节，我们会坐在门口，吃一颗然后将一颗枇杷核丢进灌木丛，不用去管它，等到下个三五日的雨，再等个一两星期，小芽尖就会冒出，等到一年后它就会长出细长的枝桠，这是我们兄弟姐妹间最喜悦的等待。

不过呢，我们的友爱并不仅仅体现在欢笑和喜悦上，很多美好的回忆都是“打”出来的。我和二姐三姐小时候经常打架，女孩子打架最厉害的武器就是指甲了。我们三个女孩子常常扭打在一起，用手揪头发，用指甲抓花别人的脸，我人小力微，最后挂彩最多的总是我。小时候我时常怀疑她们俩上辈子一定是我的仇人，不然怎么总欺负我。后来，打着打着，闹着闹着，我们就长大了，越来越和谐，感情越来越好。现在再想起小时候，真是又好笑又可爱。

我有三个妈妈，其中我对张红妈妈的印象最深刻，她是个严肃的妈妈，并不经常对我们笑。可是，我明白她不苟言笑的背后将对我们的爱深深藏在了眼神中。我们做了错事，她会拿严厉的眼神责备我们；我们做得好，她会拿赞许的眼神鼓励我们；我们生病了，她会拿担忧的眼神心疼我们。记得有一次玩捉迷藏，五哥和六弟跑得太快迎头撞在了一起，眼皮深深撞出一道大口子。张红妈妈知道了，当时眼泪就哗哗掉了下来，大声责骂两人怎么那么不小心，好好玩着怎么会把眼皮撞破，撞瞎了怎么办，以后谁来照顾他们！那是个傍晚，那天她骂了很久很久，眼泪流了很久很久，那是我第一次看见她那么失态、那么失控。我想她是真的着急了。然而，初三毕业那年，我清楚地记得那是2010年7月4日，张红妈妈辞职回了河南开封。现在，我很想念她，想念她对我们严厉的教导，想念她无微不至的关怀，想念她深沉的母爱。

从四岁进村到如今二十岁，村里发生了天翻地覆的变化，我也从飞扬跋扈的小女孩长成文静内敛的大姑娘。这中间的十六年，我在儿童村尝过了欢笑、喜悦和泪水，享受过兄弟姐妹间亲情的温馨，感受过妈妈们亲切的呵护和严厉的教导，学会了自立自强的本领，也养成了倔强坚强的个性。再过两三年，也许我就要离村了，可是我永远也不会忘记这个温暖的大家庭，不会忘记这里发生的一切一切，是它们织就了我的童真和少女时代。这里的一切早就与我息息相关，我是忘不掉这里的一切的。

那个地方

莆田SOS儿童村孩子　陈晓艳（离村）

“懒虫起床，懒虫起床……”闹铃响了，五点半。我揉了揉睡眼惺忪的眼睛，伸了个懒腰后马上起床，被子被熟练地叠成豆腐块。随后，我去其他床位还有隔壁房间叫醒了我那其他7个兄弟姐妹，我们要一起出发去晨跑。这样，美好的一天又开始啦！

是的，您没听错，我们家有9口人，有我，有我们最爱的妈妈，还有其他7个兄弟姐妹。不要觉得诧异，我要告诉您，有这样一个地方，家家户户都是好多口人，那个地方就是儿童村，一个幸福温暖的地方。

说起儿童村，我第一个想起来的总是我的妈妈，她是山东人，皮肤白皙，一头乌黑的秀发，一双炯炯有神的大眼睛，鼻子高高的，红润的嘴唇，举手投足间无不透露出慈爱。生活中，妈妈对我们的照顾那真的是无微不至；学习上，妈妈要求非常严格，我们8个小孩的作业，妈妈每天都要一题一题认认真真地检查，做错的题目，为了方便我们记忆，妈妈要求我们更正之后抄写5遍。妈妈一直教育我们不能撒谎，要做个诚实的小孩，犯了错误，要勇于承认……妈妈的教育，我一直谨记在心。

说到妈妈，我便想起我们的第一次见面，还记得那晚已经过了晚上十二点，一个去乡下接我来城里的叔叔把我领进了儿童村。全村人早都睡下了，村子隐匿在安谧的夜色里，路上悄无一人。他带我走到了四号家门口，喊着我妈妈的名字，叫了三声，灯亮了，穿着睡衣的妈妈披了件薄外套出来开门。见到是我们，妈妈立马来了精神，把我们迎进了门，给我们倒水喝。妈妈和叔叔聊了几句，叔叔便起身走了。当时，我一个人坐在那儿，很不自在，手足无措。妈妈轻轻地抚摸着我的头，很亲切地帮我理头发，给我洗了个香喷喷的澡。看着妈妈温柔的眼睛、慈祥的样子，我慢慢地就放松了下来。妈妈安顿好我之后，就开始帮我整理衣物，洗衣服等，忙活完天已经快亮了。当时，我就想，我终于也有妈妈了，想着想着，很快就进入了甜蜜的梦乡。

要说印象最深刻的一次，是我发烧了，吃了几天药，烧都不退。后来妈妈带我去医务室，蔡医生给我打点滴，妈妈在一旁又着急又心疼地问我："女儿，想吃什么跟妈妈说，我马上给你做去。"我说想吃稀饭和虾，还有青菜。过了一会儿，我迷迷糊糊快睡着了，蒙眬中看见妈妈抱着一个保温盒进来，一股香味迎面扑来，我一骨碌坐了起来，妈妈急忙让我躺着别动。她小心地把虾头掰掉，把虾皮一节一节剥去，蘸着袋子里的一点酱油醋，送到我的嘴边，我大口地吃着，真香。不知不觉中眼泪流了出来，妈妈吓着了，问我怎么了，哪儿不舒服？我笑了笑摇摇头说："有妈妈，我好幸福。您对我真好！"妈妈摸着我的头说："傻孩子，妈妈不对你好对谁好呢？你可是妈妈的亲女儿啊！"忘不了就是忘不了，这是我吃过的这世上最好吃的饭。从那一瞬间，我真正觉得自己以后不再孤单了。和妈妈、兄弟姐妹们共度每一天，真的很温馨呢，这是以前从未有过的感觉。我想妈妈累了一天了，该休息了，但是妈妈坚持要陪我打完点滴。当时已经是深夜，妈妈怕我着凉，拿毛毯给我披着。我躺在床上感触良多，眼睛里打转的却是温暖幸福的泪花！谢谢您，妈妈！

儿童村里还有很多温暖的人，比如村长，以及那些默默奉献的工作人员。他们都很关心每个家庭的生活，经常开大大小小的会议，有时表彰奖励优秀学生、惩罚做错事调皮捣乱的孩子，有时给那些内向封闭的孩子做思想工作，也会帮忙解决我们生活中碰到的难题。叔叔阿姨们还会接送我们上下学，组织大大小小的活动晚会。儿时每次晚会他们都会推荐我去当小主持。他们还要给村里拉赞助，还要联系少年宫给我们培训声乐、舞蹈、书法等。他们做的这些，我至今记忆犹新，心存感恩之情。

"懒虫起床，懒虫起床……"我急忙起来，正想起身去叫其他兄弟姐妹，突然才意识到，原来我是在做梦，梦里又回到了儿童村这个温暖的大家庭。我已离村几年，如今也成家立业，有了幸福的家庭，然而还是会时常梦见以前在儿童村的那个温馨的家，会想念童年时光那些和伙伴们嬉闹的场景，那些滴滴点点、点点滴滴……

SOS 儿童村，这个让我记挂着的、牵挂着的、改变我命运的地方，我深沉地爱着。

蜕　变

莆田SOS儿童村孩子　林小芳（离村）

2000年2月15日，伯伯把我送进莆田SOS儿童村。那一天对于其他人来说也许只是普普通通的一天，但是对于我来说，却是一生中最重要的一天，也是最为难忘的一天。因为在那一天，我的命运被改变了：在老家读不起书的我可以重返校园，继续享受读书带给我的快乐，吃不饱穿不暖的我再也不用担心衣食问题了。妈妈的关爱弥补了我失去的父爱母爱，兄弟姐妹们的互帮互助、相亲相爱，让我重新感受到亲情的温暖。在妈妈无微不至的照顾下，我从一个年幼无知、懵懵懂懂的小女孩成长为一个知书达理、成熟稳重的知识女性。

刚到儿童村时，我才读小学三年级，一转眼，十几年过去了。后来考上湖南工业大学外国语学院商务英语专业。在校期间，我学习刻苦认真，成绩优秀，名列前茅，连续三年获得学校奖学金；在学习之余，我积极参加各种社团活动、各种社会实践活动，去帮助那些需要关心帮助的人。因为在外地上大学，加上我身体素质不是很好，妈妈非常担心挂念我，经常打电话嘘寒问暖，让我多穿衣服，注意休息，不要舍不得花钱，要好好照顾自己。妈妈的爱一直伴随着我的成长。

2014年7月，我从湖南工业大学毕业。随着毕业的临近，同学们都忙于奔赴各大校园招聘会寻找自己理想中的工作，我也不例外。我在湖南念书，却又想回家乡福建工作，但是福建很少有公司去湖南招聘。为了尽快落实工作，我毅然决然请假一个月回福建找工作。几个老乡都不想回来，但是这依然阻挡不了我回来的决心。从不敢一个人待在家里的我居然在福州独自一人租了一个月的房子，但是，相对于找工作的艰辛，这都不算什么。我并非名牌大学毕业，但是中国却是个非常重视学历的社会，加上重男轻女的观念在中国根深蒂固，所以好几次都和我心目中的企业擦肩而过。不是因为我不够优秀、能力不足，仅仅是因为我的学历不够，仅仅是因为我是一个女生。我虽然只身一人在福州奋斗，但是妈妈每天都会打好几个电话，生怕我一个人承受不住，总是鼓励我、引导我，让我不要太着急，慢慢来。被企业拒绝时，心里的挫败感和难过真的是无法用语言形容，好几次在和妈妈通电话时，我都哭了。我虽然看不到电话那头的妈妈，但是我可以清晰地感受到妈妈也在偷偷抹眼泪。为了安抚我的情绪，妈妈总是想方设法逗我开心；为了让我有信心继续奋斗，妈妈总会给我讲那些身残志坚的名人故事，以此来激励我。所以，哪怕找工作再辛苦，我从来没想过放弃，心里有一个坚持不懈的信念一直支撑着我。四年的大学生涯，让我的组织协调能力、管理能力、应变能力大大提升，使我具备良好的心理素质，让我在竞争中拥有更大的优势。经过一个月坚持不懈的奋斗，最终在朗视信息科技有限公司的招聘会上，我以优异的笔试成绩和出色的面试表现，在一群候选人中脱颖而出，人力总监和销售经理对我的表现赞不绝口，我找到了理想中的工作——厦门朗视信息科技有限公司的外贸业务员。我相信自己在工作上能绽放光彩。

随着高等教育的普及化以及各大高校的扩招，受到高等教育的人越来越多，找工作的压力也越来越大。我是本科毕业，找工作都如此艰难，很多弟弟妹妹们都是大专，甚至是中专毕业，真是为他们的工作担忧。我能做的只是在他们需要帮助的时候竭尽全力帮助他们。对于那些还未初中毕业的弟弟妹妹们，为了让他们将来找工作顺利些，我都会定期回家，帮妈妈给他们检查作业，督促他们认真学习，多多帮助引导他们，希望他们能好好学习，能有一技之长。我希望通过自己的一己之力能够帮助他们，也为妈妈分担些忧愁。

我能有今天的成就，离不开儿童村对我的培养、离不开社会各界爱心人士的慷慨相助、离不开妈妈默默无闻的付出、离不开兄弟姐妹们的互帮互助。我今后也将更加努力地工作，来回报社会，把爱传递。

（SOS 儿童村每一个孩子必经的“社会化”历程辛酸而美丽——最终成功。这也是儿童村的成功。——李进国注）

点滴幸福

齐齐哈尔SOS儿童村孩子　李晓雪（高中三年级）

秋风萧瑟，吹落了树叶，带来了阵阵寒意，一年又接近尾声。转眼间在儿童村已经度过了八个春秋，从一个无知的小孩成长为一个可以独当一面的高中生了。

刚来到这里时，在外人看来我是一个坚强的小女孩，没有哭也没有闹，安静地坐在那里，但夜深人静的时候也会想家，躲在被窝里默默地流泪，独自一人承受着悲伤。在兄弟姐妹的帮助下我很快融入到这个大家庭里，我们彼此相亲相爱，虽然没有血缘上的关系但却胜似亲人，即使生活中有些磕磕碰碰，有些矛盾也会很快化解。

来到八号家庭，作为家里最小的孩子也是唯一的女孩，我受到了妈妈很多的照顾。每天早上为我梳头，把我假小子一样的头发慢慢地留了起来。出门总是带着我，怕我在家里受欺负……现在长大就不一样了，妈妈走了我要在家里看着弟弟妹妹，想一想还是挺怀念小时候的。

初中三年，我因为学习成绩优异，有幸参加了两次协会组织的夏令营活动，游览了长城、红旗渠、清明上河园等很多景点，还参加了在南京举办的青奥会开幕式，令很多同龄人羡慕。

在这里我经历了人生的第一个转折点——中考，在面临升学压力的同时我还面临着选择——报考哪一所重点高中。从初一入学开始，我一直把实验（我们这里最好的高中）作为目标。但临近中考，我改变了我的决定，选择了齐齐哈尔市第一中学。中考前因为公费和自费的比例改变有一次改动志愿的机会，很多同学都劝我，让我放弃，但从多方面考虑我还是坚持了我的选择。班主任很支持我，告诉我儿童村的孩子符合宏志生的条件，免住宿费和学费，可以考虑报宏志班。我回家后和妈妈说了这件事，妈妈说，儿童村的条件还可以，就把这么宝贵的机会让给更需要的人吧。妈妈的话让我瞬间觉得妈妈好伟大呀！

这样我就来到了14级17班，我们这一届的A班，受到老师的偏爱、学校的照顾。但我们每一个人都明白自己并没有高人一等，不能有优等生的优越感。高一下学期文理分班后，我们的班主任王老师生病了，她的身体状况已经不适合继续当班主任了，可我们一直都没有迎来新老师。我觉得此时的我们像一个烫手的山芋，没有人愿意接。直到高三高考结束后，高三的老师才下来带我们。新老师姓徐，很年轻，刚做父亲，他刚接我们班就面临着放暑假，他决定在这个暑假对班里四十名同学进行家访。本以为只是说说，走几个就算了，没想到他真的做到了。来到我家了解我的学习和生活，问我是否存在困难，我相信在他的带领下我们班一定会越来越好。

选择一中就选择了离开家，最初的住校生活是十分难熬的，到处都是陌生的面孔，很多事情都需要去熟悉，时常想家，每天都要和妈妈通话，即使只是和妈妈的几句简单对话也能让我心安。独自生活需要自己照顾自己，然而这并没有让我手忙脚乱，许多事情我都可以自己处理，慢慢地我感觉到自己真的长大了。

小时候每当家里的亲戚朋友看到我时总会说，这孩子大脑门、大耳垂真有福啊！我心里就想，我哪里有福了！总是抱怨幸福离自己太遥远。现在我明白了，我们总是仰望天上找幸福，却从不注意身边的幸福。幸福就在我们身边，身边看似细小的事情却总能让我感到生活的充实，感到人生的快乐。让我们放慢脚步，睁大眼睛，去留意你身边的点滴幸福吧。

点 点 滴 滴

齐齐哈尔 SOS 儿童村孩子　王　研（高中三年级）

在齐齐哈尔的最西边坐落着一个美丽的村落，这个村子里充满着阳光，洋溢着幸福。在这里生活着一群跟我一样特殊的兄弟姐妹。在这里不分你我，团结有爱。

我是齐齐哈尔儿童村的一名孩子，我来到这里有 11 年之长，与我的妈妈和兄弟姐妹朝夕相处。在这里每天充满快乐，充满幸福还有感动。虽然我们的经历不同，来自四面八方，组成了一个家，但是在我们心中我们永远是一家人。妈妈永远都排在我心中的第一位，因为她放弃了自己的青春，放弃了自己的幸福成就了我们的幸福。每天为我们日常生活操劳，为我们的学习、品德和为人处世操心。家里孩子多，从小到大可以说妈妈为我操的心最多。说一说让我记忆最深刻的一件事吧。

初三那年冬天节假日在家，弟弟感冒了，我帮弟弟去村部护士阿姨那取药。冬天路滑，我一不小心摔了一跤，把胳膊摔坏了。我哭着回家一把鼻涕一把泪，妈妈吓坏了，急着问我怎么了，我光顾着哭也不说话。后来妈妈带我去医院，虽说没骨折，但是需要吊着胳膊静养一周。妈妈早上很忙，要给家里人做早饭，还要照顾我，给我梳头，给我穿衣，还让弟弟给我背书包。因为胳膊不方便，心情也不好，我和同桌发生了冲突，同桌给了我一拳，晚上回家也没敢说。妈妈发现我眼睛青了，就给班主任打电话问了事情的经过。第二天早上妈妈带我去医院，检查过后没什么大碍。在我的印象中，妈妈一直都是一个坚强的人，但是这次她哭了，坐在车上把司机吓坏了，司机把纸巾给妈妈。我看了之后也很伤心，但更多的是自责。

生活的点点滴滴我都历历在目，无论是悲伤、快乐和幸福，我都记得。妈妈是个坚强的人，从不在外人面前示弱，也很少在外人面前表露出脆弱的一面，那是为了让我们能够坚强。我们也懂母亲的心酸，为了撑起这个家，她肩负着很多责任，因为她的坚强才有我们的快乐幸福。

感恩儿童村妈妈

齐齐哈尔SOS儿童村孩子　张　浩（小学六年级）

我在儿童村生活两年多了，我有一个爱我的妈妈，她给予了我无数的爱。

在我刚来的时候，觉得这里很好，可是姐姐走了，我就开始哇哇大哭。在我哭的时候，是妈妈安慰了我，晚上妈妈看着我渐渐入睡才肯离去。那个时候我九岁，现在我长大了，该懂事了，也不能再缠着妈妈不放了。

有一次，我想爬树，我就选择了一棵又高又大的树，我觉得爬树很简单。我上去之后坐在树枝上，一不留神树枝被我一使劲给压断了，我就从树上掉了下来，膝盖摔破了。我哭哭咧咧地往家走，妈妈一见，二话不说跑出来牵着我的手往家走。一进门，妈妈就找来药箱，仔细地为我包扎，包扎这个小小的伤口花费了妈妈一下午的时间，但妈妈却一句话也没说。

母爱是一滴甘露，亲吻干涸的泥土，它用细雨的温情，用钻石的坚毅，期待着闪着碎光的泥土的肥沃。母亲不是人生中的一个凝固点，而是一条流动的河，这条河造就了我们生命中美丽的情感之景。母爱的长河之所以显得那么恬静，是因为母亲在用自己的血肉之躯和善良的心灵，给儿女们筑起一道防洪大坝；她们承受着狂涛恶浪的冲击，却自始至终让孩子们泛舟在微微的涟漪中。

母亲，谢谢您！感恩您！

人生驿站，奋力远航

齐齐哈尔SOS儿童村孩子　宁伟晨（初中二年级）

穿越时光的藩篱，我静静地踏上记忆的旅程，看似静止的岁月，脚却在永不停止地前行，不知不觉，儿童村是我生活了五年的家。这里给予我太多的爱，我得到了永生难忘的柔情与关爱，我从一个活泼好动的顽童成长为一个十六岁的花季少年。

我的父亲是在海上作业时遇难的，那时我刚刚入学，记得不太清晰明朗。我的母亲是一个十分坚强的女性，她没有固定工作，靠打工挣钱养育着我。可是祸不单行，小学四年级时，母亲又急发心脏病，撒手人间永离人世。家庭的变故使我看到了人间的冷暖，饱尝了亲情间的酸甜苦辣。父亲一边的亲人对我是疏而远之，舅舅满含失去妹妹的热泪把我从辽宁省丹东市——我的出生地——带回了母亲的娘家黑龙江省尚志市。我经常看到姥姥偷偷地落泪，她想念女儿、可怜我——她的外孙。我无言以对，无法安慰姥姥，只能暗下决心努力学习，愿姥姥身体健康，等到我长大出息的时候，孝敬姥姥、舅舅的养育之恩。

尚志市民政局的崔伯伯知道我的事情后，劝姥姥舅舅把我送到儿童村，让我在儿童村这个特殊家庭里有理有序地生活、学习。在他的陪同下，我来到了齐齐哈尔SOS儿童村。我适应很快，不久就融入了新家庭。兄弟姐妹们好多啊，真的很温馨、很有乐趣。妈妈持家有方，能力特强，好像没有她不知道的事，没有她解决不了的问题。妈妈待人接物行为得体、落落大方，给我们作出了表率。妈妈心地善良，是一位柔中有刚、平中有爱、爱得适当的女性。我的不幸让我万幸地进入了这样一个令人感动的新生活中来。

我的小学学习生活很顺利，遇到的老师都是像慈母一样地关心我、爱护我，同学之间也没有什么瞧不起的现象。愉快地完成小学生活，到了初中，学科增加了许多，感到了一定的压力，我并没有退缩，每天都抓紧时间完成作业，温习学过的知识，预习新的内容。我的学习成绩还好，得到了许多赞扬和表彰。学校的老师包括班主任都对我寄予了很高的希望，希望我能考上最好的重点高中，还想办法让我“吃小灶”，让我成绩再提高一些。我没有理由不好好学习，我要知足感恩。毕竟我生活的时代是一个需要知识的时代，是需要人才、造就人才的时代，我要成为知识大军中的一员，将来为祖国贡献自己的力量。

学习的同时，村里举办的活动我也尽量参加，这开阔了我的眼界，放松了我的心情。我还有幸参加了协会组织的夏令营，到了美丽的苏杭大地西子湖畔，领略了那里的人文地理，发现了中国古典园林的魅力，我有什么理由不珍惜自己现在的环境呢？

我就要升入高中面临新的挑战，课业量会大幅增加。我会牢记世上无难事，只要肯登攀。古今中外的英雄豪杰之所以能在充满困难的条件下最终成就伟业，原因就在于他们有崇高的理想，具有锲而不舍、披荆斩棘的动力。如果一个人没有崇高的理想，浑浑噩噩，虚度一生，甚至会堕落。我会明确自己的前进方向，振奋精神，不管前进的路如何曲折，我都会不断努力，达到理想的彼岸。

虹

天津 SOS 儿童村孩子　张伟朋

2004 年父亲在工地因事故去世，这对于从小母亲便离去的我来说无疑是一个重大的打击。十岁的我感受到了无助与畏惧，加上当时祖父母多病，更是让生活雪上加霜，我似乎看不到我的未来。

在这令人绝望的关头，有一个令人振奋的消息，祖父从民政局听说天津有一所叫作 SOS 儿童村的机构。我本是半信半疑，没想到“她”竟改变了我一生的命运。

（一）

从小就在农村生活的我，对天津这个城市充满向往和憧憬，那可是四大直辖市之一。在此之前，我是连想都不敢想我这一辈子还能有机会到大城市去生活。

那是 2004 年的第一场雪，我来到了天津 SOS 儿童村，与来自天南海北的小伙伴们组建了一个新的家庭，我们有着不是亲人而又胜似亲人的感情。尽管在日常的生活中少不了磕磕碰碰的小摩擦，但是在妈妈的辛勤照料和关怀之下我们依然像亲人般地相处着。直至今日，尽管我们都分开了，有些甚至已经步入了社会，但是我们仍然保持着联系。细细想来，是儿童村让我这个不幸的人再一次感受到了家庭的温暖、兄弟姐妹的情深，这在我幼小的心灵埋下了感恩的种子。

小时候的经历让我深知“没有伞的孩子必须学会奔跑”。小学我刻苦学习，锐意进取，在家与妈妈、姐妹搞好关系的同时我还不忘干一些自己力所能及的事情。2008 年，我以优异的成绩升入区重点中学。

（二）

十四岁时我进入青年公寓生活，开放的生活环境对于自律性比较差的我是极具诱惑的，对那时的我来说这真是进入了一个“天堂”，似乎整个世界都是以我为中心。生活上渐渐开始肆意妄为，慢慢地，我染上了一些不好的习惯：爱去网吧，上课不专心听讲，沉浸在网络的世界无法自拔。

日子一天一天过去，直到我步入初三，马助理接管了我们。他得知我的恶习之后，并没有一味地批评我，而是坐下来跟我谈心，这是最令我难忘的。那时我以为自己已经无药可救了，可马助理却利用自己的空闲时间对我进行辅导，一对一的谈心对我帮助很大。我们说了理想，也谈了现实，渐渐地我觉得应该要正视学习了。从那以后，我便认真地对待每一门科目。努力与收获并存，中考的时候，我又神奇般地“起死回生”了，最终以一个中规中矩的成绩进入到了区重点高中，准备开始高中的学习生涯。

（三）

高中课业繁多，由于青年公寓是一个较开放的集体，马助理深知如果不把我们聚集在一起，一定又会出现一些问题。于是马助理把自己的办公区腾出来供我们进行学习交流，他牺牲自己的时间来盯着我们学习，我感觉我们这四个来自天南海北的孩子（两个与我一届）和马助理在一起就像是一家人一样。

我和公寓的同伴像是亲兄弟，我们有着同样的梦想，那就是决战高考。中间我们也避免不了摩擦，但是事后都会反省自己，会以一个心平气和的方式解决彼此的摩擦。在这之中，我学会了包容和自省。我们在生活和学习中相互辅导帮助，其实我的成绩较他们两个来说是较差的，由于自己初中的懈怠，使自己与他们有一定的差距，但是我并没有因此而气馁。理综是我的弱项，我就通过英语成绩来拉近我们之间的差距。

高三时，我们常常回来已经晚上九十点钟，马助理坚持为我们准备饭食，询问我们的学习状况，这让我们在和其他同学的对比中没有一丝落差。他让我们感受到了亲人似的甚至是父亲般的关怀。

我知道，高考将会是我们人生的转折，而且高考也是人生相对比较公平的一次竞争。高考就这么悄无声息地来了，我没有什么底气，开始有了“考前综合征”——彻夜失眠。一早起来，虽然十分紧张，但是面对准备好的营养早餐，还有专门接送我们高考的工作人员，以及马助理耐心的叮嘱，我决心放下包袱勇敢一试。

（四）

高考的考场，严肃而又紧张。发下考卷的那一刻，我大脑一片空白。不知道是因为自己知识储备问题还是由于自己紧张，理综发下来的一瞬间，我仿佛看到的题目已然不是我学过的东西了……

回到公寓，一阵失落，在等成绩的那一个月是最折磨人的，我似乎一刻都待不下去，就跟一个犯人被叛了死缓一样。当结果下来的那一刹那，我悲痛欲绝，没错，我和本科失之交臂。

高考之后，那是我最无助的时候。我知道将来要靠自己，但是这么关键的高考我竟然都没有把握住，我还能做什么，未来的社会我要怎么去面对？此时的我，已经消极到了一个极点，我觉得似乎没有比我更不幸的人了，我绝望、无助。这时候，马助理似乎可以看到我的内心世界，他找我谈心：“并不是高考落榜了就是人生走到了尽头。你要坚信，山重水复疑无路，柳暗花明又一村。”马助理让我好好考虑自己的爱好，找一个未来可以养活自己的专业类院校。经过马助理的开导陪伴，我正视我的失败，慢慢振作起来，选择了关于铁道的高等职业院校。

（五）

步入大学，我端正了自己的态度，我坚信自己不是被折断翅膀的孩子。军训我积极参与，在百余人的学生中成功竞选为队长。到了开学，我又积极参加班级班委竞选，担任班级体委一职。我还积极参加学校举办的各类活动。似乎我的大学生活就会这样有条不紊地进行下去，可问题又出现了：我的户籍在河北省，学籍由于咱们儿童村的帮助等同于天津学籍。本来这些并没有引起我的关注，没想到接下来的问题，又再一次让我陷入了人生的低谷。

天津地铁局和石家庄地铁局同时来我校招聘，通过一个简单的面试，身份审查合格，便可以去地铁局工作。想到以后工作可以不用愁了，我十分开心，我想未来的道路就算不是一片光明至少也能解决自己的就业问题。想到就业地点的选择，我觉得这两个地铁局都很不错。我以为船到桥头自然就直了，未来的我可能就算是有工作的人了，谁知问题并没有这么简单。

天津地铁局只招聘天津户籍的学生，我想，那也没事啊，至少还有一个石家庄地铁局等着我。转眼到了石家庄地铁局招聘的时候，我穿上一身帅气西装，把头发梳成大人模样，等待着面试官的到来。谁知面试官没等来，等来的却是我们的老师。由于我的成绩是天津高考的成绩而户口却是河北省的，这情况并没有满足他们的要求，我连面试资格都没有。这就好像晴空霹雳，难道我的一生注定这么坎坷吗？我从来没有这么迷茫过。

回到公寓，我的心情差到了极点，似乎全世界都在跟我作对一样，为什么我的道路就这么曲折呢？我把自己发生的事情同马助理说了，当时我的情绪非常消极，心想也许将来其他的铁路局来了也会出现此类的状况，与其这样，我这学上的还有什么意思，干脆直接退学，也许早点接触社会对我来说也是一件好事呢。马助理并没有因为我的消极情绪而把我否定，他在劝解我的同时，派村里的工作人员找到了学校和相关老师进行沟通。因为我是儿童村的孩子，之前学校没有遇到过这种类似户籍的问题，许多问题都需要多方面的沟通。最后，在村里积极与学校的协商下，在学校的尽力周旋中，事情终于出现了转机。

（六）

2014 年 10 月，全国知名的深圳地铁局来我校面试招聘，机会难得，学校及时地把消息告诉了我。我很兴奋也很担忧，兴奋的是机会就在眼前，担忧的是或许我又将因为户籍问题与我梦寐以求的工作失之交臂。此时，马助理察觉了我情绪的波动，安慰我的同时，让我提前准备好资料，做好准备。

面对压力，我想到了这二十年的辛勤耕耘，想到了数十年前我命运的转变，想到了我后方有儿童村这样坚实的后盾。我觉得我没有什么好害怕和气馁的，我只需要放手一搏就好。终于在深圳局 200 多人的面试中我脱颖而出（面试通过 26 人）。得到录取通知的一刹那，我心里的一块大石头总算落下了。我知道，我是争气的，我没有让长时间关心我、帮助我的人失望，是你们的不离不弃让我有了今天。

回想这十几年，特别是初三以后，村里、青年公寓，特别是马助理对我的帮助太大了，生活中他就像对自己孩子一样的对我，我对他也是那种不是父亲却又胜似父亲的情怀。十几年的日子里，是儿童村让我感受到家庭的温暖，在我屡次遭受挫折时，是儿童村让我慢慢拾起对生活的信心，让我能够像正常孩子一样追逐自己的梦想。

此时我想说的是：今后我要通过自己的努力去帮助社会上像我这样无助的人，也让他们知道，尽管你受尽一切苦难，这个世界上还是会有爱和关怀存在。我会用自己的行动报答这个社会、儿童村还有帮助过我的人们，让我的人生像一道长虹一样，虽然蜿蜒，但是光芒无限，照耀大地。

儿童村是我的家

天津SOS儿童村孩子　赵雪梅（初中二年级）

从小失去父母的疼爱，我一直跟着年老的爷爷奶奶过着很清苦的日子。过了一段时间，我来到了天津SOS儿童村，生活发生了翻天覆地的变化。这里有关心我的兄弟姐妹，还有最疼爱我的妈妈，让我感受到了母爱的伟大。

刚到这里的时候，我还在上幼儿园，妈妈每天都为我操碎了心。那时候我还小，什么也不懂，就连洗手这么小的一件事情都需要妈妈手把手地教。到了冬天，我每天都不抹擦手油，直到手裂了口子。吃饭时妈妈发现我手上的血丝已经很明显了，就放下了饭碗，急忙带我去医院。外面很冷，我的手已经完全冻僵了，根本没有知觉，而妈妈因为着急出来时都没穿外套。到了医院，我看到妈妈冻得通红的脸还有一直发抖的双腿，我就问妈妈："妈妈您怎么没穿外套啊？再这样您的身子也会被冻坏的。"可是妈妈却一直在为我暖冻僵的手。我心里忽然想到了《游子吟》的一句诗："慈母手中线，游子身上衣。"让我感受到了妈妈给予我的母爱，也同时触动了我的内心。在妈妈的背后，我流泪了。因为我的失误，连累了我最亲爱的妈妈。自从我来到这里，妈妈给予我那么多的爱。在医院里的时候，我亲爱的妈妈一直在询问医生，我的手要抹什么药，怎样才能尽快地恢复。在他们的谈话中我注意到此时的妈妈已经很疲惫，但为了我的康复妈妈仍在坚持。我们领了药以后，妈妈也嘱咐了我很久，让我今后一定得注意。

在回家的路上，外面仍有很大的风，而且我们是逆风，走路都艰难。妈妈怕我冷，就把身上仅有的一件小披风搭在了我的身上，不让我着凉。

此时妈妈应该更冷了，我心里有着说不清的难过……

到家以后，妈妈就一直在咳嗽。晚上，我该上药了，妈妈边咳嗽边为我上药，我对妈妈说："妈妈您辛苦了。"

在儿童村，我不仅感受到了母爱，还有兄弟姐妹情，他们永远都在我身边关心照顾我。这将是我儿时永远的记忆——我最快乐的家。

我爱妈妈，爱这个大家庭。

爱的传递

乌鲁木齐SOS儿童村孩子　蓟　玲（离村）

爱心是美好的，爱心是纯洁的，爱心是美的化身，因为有她的存在，世界才会变得更加美丽。

童年时，一场自然灾害，使我在一夜之间失去了六位亲人，只有我和妹妹侥幸活了下来。在我十一岁那年，当地民政局把我和妹妹送到了乌鲁木齐 SOS 儿童村。

刚来到儿童村，映入我眼帘的是树木成荫、花的海洋、草的世界，一栋栋红色的琉璃瓦房看起来好漂亮。我之前做梦都没想到还能住在这样美丽的地方。我和妹妹被分到了 12 号家庭，妈妈很慈祥，在这里我重新获得了母爱，有了新的大家庭，得到了社会各界爷爷、奶奶、叔叔、阿姨们的帮助。我和正常家庭的孩子们一样，也能背着书包去上学。老师同学们知道我是儿童村的孩子，不但没有排挤，还非常照顾我、帮助我，使我很快融入到了新的环境。在助养人的帮助下，我学习了声乐、绘画、乐器，这让我的业余生活丰富多彩，很快就从失去亲人的巨大悲痛中走了出来。这些都离不开社会好心人士对我们的大力资助，所以我下定决心，以后也要做一个对社会有用的人。

记得 2003 年的春天，全国流行非典型肺炎，这是一种传染性极强的疾病。当我看到电视上播放很多人都被病痛所折磨，甚至不治身亡，但那些战斗在一线的医护人员不怕辛苦、不畏死亡，依然不停地救治病人时，他们这种救死扶伤的精神让我十分敬佩和感动。那一刻起，我暗暗下决心，长大一定要成为像他们一样的医务工作者。

初中毕业后，我选择了上护校，学习了护理专业。毕业后得到了武警新疆总队医院庄院长的帮助，留在了他们医院儿科工作。因为平时工作积极主动，得到了医生和护士老师们的一致好评，大家都愿意帮助我，带教老师把自己多年的临床经验都传授给了我。如今我已经在儿科工作六年了，在这六年里有苦、有乐、有酸、有甜。每天都和小孩子打交道，他们生病难受，不会用言语来表达，又爱哭闹，这时候我会很耐心、细心地为他们治疗，解除他们的痛苦，把我的爱心传递出去。

记得那时候我刚独立上班不久，有一天我上夜班，科里住进来一个两岁多从阿克苏来的小女孩，是由她奶奶陪护来的。住进来不一会儿，老太太就对我们医院的设施表示不满，嫌费用太贵，说我们医护人员服务不周等，找各种理由刁难我，态度十分恶劣。我当时心里很生气，但还是微笑着耐心给她解释并及时与医生一起为孩子做治疗。到了后半夜，再给孩子测体温，体温还是在39度多。老太太非常着急，不停地挑剔，怀疑我们的治疗水平。我告诉她一个物理降温的办法，让她拿温水毛巾擦拭孩子大动脉处。可是她说她不会，不知道何为大动脉处。于是我便拿起毛巾帮孩子擦，轻柔拍打孩子全身的大动脉处帮助散热，一遍又一遍，我弓着腰又酸又痛，无法直起身体。我还是坚持着，大概擦了两小时左右，再次测体温，体温正常了。当时我的心情一下子舒展开，看到孩子熟睡的脸庞，我全身的疲惫都烟消云散，感觉所做的一切都是值得的。老太太也很高兴，激动地拉着我的手不停说谢谢，夸赞武警医院的医生、护士都是好样的，还为之前骂我的事道歉。后来老太太又带孙女来看过几次病，每次看见我都很热情，亲切地唤我为“玲玲”，并选择我为她孙女做治疗。

工作六年里，我的专业技术渐渐提高了，从一开始什么也不懂的实习生逐渐成长为科里年资老的护士，并且也担当起了带教的任务。我不但要让学生学会专业技术，更要教会她们要对孩子有爱心。“燕尾帽下洒大爱，化作天使在人间。”完美的工作就要求我们全身心投入，真诚相待，换取患儿家属对我们的信任。

工作中，我对患儿的关爱都是源于我在儿童村时别人对我的关爱。得到他人的关爱是一种幸福，关爱他人更是一种幸福，这样世界上才会充满爱！

感谢，有你

乌鲁木齐SOS儿童村孩子　努　敦（大学在读）

日出日落，春去秋来，我终于到了走出家乡外出求学的年龄。小时候经常羡慕那些在外面上学的哥哥姐姐们，一直盼望着有一天我也能走出家乡去外面上学，想过那种无人约束、自由自在的生活。现在我真的来到了另外一个城市，这是一个完全陌生的城市，我在这里学习、生活了小半年，接触了形形色色的人，发生了各种各样的事，也听见了许许多多不同的声音。然而，只有真正远离了家，经历过孤独才能体会到家的温暖，才会知道家人的陪伴是让人内心坚强的支柱。

2001年9月，失去父母的我在温泉县民政局叔叔阿姨们的带领下来到了中国乌鲁木齐SOS儿童村。不满5岁的我并不知道能得到这样的机会是件多么幸运的事——这让一无所有的我有了一个家，有了日日夜夜生活在一起的家人。这个家给我提供了我所需要的一切，甚至给予了我更好的环境、更好的条件。

儿童村刚开村没多久，我就有幸进来成为了儿童村的第一批孩子。那时儿童村周边是黄土飞扬，只有我们院子里是绿树红墙，环境优美，十几座房屋环绕坐落在一片绿荫之中。我在这里学习、生活了15年，这里记录着我成长的故事，保存着我儿时的记忆。

在过去的几年里，经常有人说：你很幸运，要好好珍惜。当时的我也只是听听而已，并没有真正明白、理解其中的深意。在异乡的这小半年里，与来自全国各地的同学组成舍友，一起生活、一起学习。一路走来，有许许多多的挫折与心酸，每当这个时候，便是游子们最思念家的时候。家就是历尽艰辛之后，让心灵停靠的港湾，让疲惫的身躯得到休养，让千疮百孔的心灵得到修复。在你困难的时候，“家”能够给你最真的帮助，让你觉得有一种依靠，它是你继续前行的动力。

身处异乡总会睹物思人、见景思迁。走在校园，迎面走来一个化着淡妆穿着蓝纱裙的小女孩，儿时的记忆顿时浮现在脑海中：

刚刚上五年级的我也有一件蓝纱裙，那飘逸的蓝纱裙是我儿时光荣的象征，是对我的一种肯定。在刚来儿童村没多久后，我很幸运得到了学习古筝的机会，从那之后古筝成为我生活中不可或缺的一部分，当然由于年龄尚小这更成了妈妈生活中一项重要的任务。无论严寒酷暑，妈妈都会不辞辛苦地接送我上古筝课，陪伴我练习古筝。记得每次到了我上古筝课的时候，即使妈妈还在休假也会特意空出时间带我去上课。小时候还常常因为练古筝而闹不愉快，那时候的我不理解为什么别的小孩能在院子里玩耍，而我却要在家里一遍又一遍地练习单调重复的古筝，这时我对古筝的感觉从一开始的喜欢渐渐变成厌烦，但是在妈妈的鼓励与陪伴下依旧将学习古筝坚持了下来。终于在一次古筝比赛中，我取得了良好的成绩，得到去北京继续参赛的资格。这次的比赛让我在学习古筝的道路上有了小小的成就，这也是我学习古筝的一个标志。那次比赛妈妈特意为我量身定做了一条蓝纱裙，一双小黑皮鞋，这是妈妈给我的奖品。我的成绩与妈妈的陪伴与支持不可分离，感谢妈妈不辞辛苦、不曾放弃，感谢妈妈在我学习道路上的指点辅助。感谢儿童村给了我学习的条件与环境，给了我这样一个家。

家是生命的驿站、漂泊的归所，家是心灵的港湾、力量的源泉。

高三开始我正式走上了美术艺考的道路，那一年我的艺考是坎坷中夹杂着心酸，但拼搏之后的结果却是令人欣慰的。那一年是注定不平凡的一年。自从决定参加美术艺考集训后，我的生活就没有停歇过，一天当中除了睡觉吃饭，其余时间都在画画。有时是素描，从早到晚画的脸上手上到处都是铅笔灰，画累了就站在垃圾桶旁削削铅笔偷懒。有时画水粉，每人戴个围裙拎个水桶，甩的到处是颜料，在画板前一坐就是一天。平时都住在学校宿舍，周末也很少回家。临近考试的一个周末我回了趟家，妈妈看见我，说我脸色很差，黑眼圈也很浓，很是心疼，叮嘱我即使快要考试了也要好好吃饭。那次回家取了些东西就匆忙回了学校，结果令我没想到的是，第二天中午，妈妈竟然包了饺子让姐姐给我送到学校。看着那热腾腾的饺子，舍友们无一不羡慕，我的心更是暖暖的。那时我便知道，我并不是在孤军奋战，妈妈一直是我背后的支柱，我的家人一直在陪伴着我。在这枯燥乏味的一年中，天天面对着单一无趣的美术训练我迷失了自我，忘记了目标，扔掉了画笔和朋友一起疯玩，打算放弃。当时幸好妈妈及时教育、制止，否则我一定不能取得我现有的成绩。

现在我只想说，一路走来，感谢妈妈一路的陪伴与鞭策；感谢妈妈在我迷失方向的时候，为我指引正确的目标；感谢妈妈成为我的灯塔，为我照亮夜行的路。有妈才有家，唯有家是心中的一片绿洲，这里，没有灯红酒绿的浮躁、没有莺歌燕舞的妖娆，只有温情、只有安宁、只有最真的陪伴。唯有在家，才能真正有与世无争的感觉，没有追逐名利、没有揣摩人心，只有相伴相随。

从小老师给我的评语中总会带一句“爱憎分明，直言不讳”，我每次还沾沾自喜，觉得这是一个值得骄傲的优点，总觉得老师是夸我性格耿直。但每当我为此沾沾自喜时，妈妈就会很无奈地看着我。有一次妈妈对我说：性格耿直不代表一定要直言不讳，同样的意思，不同的表达方式，会给人不同的感受。多看到别人的优点，去不断地完善自己。但当时我觉得，只要意思表达了，就不需要理会说话的方式。妈妈却说我太单纯，以后进入社会容易吃亏。我听了还不太高兴，觉得妈妈是在说我太傻，说我不聪明。

后来，妈妈所担心的问题发生了。刚进入大学不久，我发现有的同学能和各种人交往交流，虽然我对人坦白无欺骗，却仍感觉到同学与我的距离感。经过一个学期的相处，我发现，我是对人坦白无欺骗，但我直言不讳、不懂变通，有时会伤害到别人，所以同学们自然会与我产生距离。这时我才理解了妈妈的话。家是我的第一学堂，妈妈是我的启蒙老师，在这里，学习知识，了解人生，学会做人。

家是人们最牵挂的地方，家是爱心的归宿，家是魂牵梦绕的爱巢！穿过四季，历经风雨，踏过寂寞，走过繁华，无论我的双脚踏在哪一片土地，心总能听到家的声声召唤，家是一生向往的地方！因为有家，所以才有深沉的牵挂，生命才不会因无根而枯萎；因为有家，所以才让我们全身洋溢着温暖，充满着幸福！因为儿童村，所以我才有了家。

虽然我的生活曾有缺憾，但正是因为这种缺憾才让我有机会加入儿童村这个大家庭，在这个大家庭中我学会了爱，学会了感恩。落叶在空中盘旋，谱写着一曲感恩的乐章，那是大树对滋养它的大地的感恩；白云在蔚蓝的天空中飘荡，绘画着那一幅幅感人的画面，那是白云对哺育它的蓝天的感恩。感恩母亲的陪伴与教导，感恩儿童村的支持与帮助，感恩社会的爱心与奉献。感恩永驻我心，感谢有你。

交织的爱

乌鲁木齐SOS儿童村 景诞丹（高中二年级）

我的身旁有这样一位女性，她一年三百六十五天都陪在我的身旁，她不苛求多一分一厘的报酬，却无时无刻不在思索爱的方式。

也许，这样的话语不足以将她朴实而又高尚的形象描写出来，但细细一想，却又有足够的思绪万千在其中。她，就是我们的母亲。

我叫景诞丹，2005年6月来到了这里——乌鲁木齐SOS儿童村，当时我还是个6岁的孩子。那年，暖风抚摸着我的脸颊，将我那高兴的牛角辫吹得左右摇晃。草地中的三叶草和我的小腿一般高，它们向我表示着欢迎，向我友善地微笑。

我的妈妈是儿童村妈妈代表，她是一位有生活情趣、善良而又智慧的母亲。

那一年的我，初来乍到还不懂什么，妈妈教会了我许多东西，也格外地宠爱我。每天放学回家，我都是第一个到家，第一个大口地喝着妈妈兑的饮料，站在厨房边看妈妈熟练地做饭，然后迫不及待冲上前，去安慰我那饥肠辘辘的胃。

夏天，我穿着凉鞋和妈妈出去散步。只见前面走来一位稍胖点的阿姨，我奔上前去，大喊了一声“妈妈”，那位阿姨受宠若惊连忙问道：“你有多少个妈妈啊？”我说：“一、二……数不清了，反正就是有很多。”妈妈和那位阿姨便捧腹大笑起来。

回忆往往跟不上时间的节拍，一转眼，竟又跑了十年。现在看看自己，早已褪去当年的稚气，一身的大人样。现在，没人再说我是小大人了，没人再说我应该怎样。我要做的就是不断完善自我，协助妈妈完成家里的事务。

在儿童村的这几年中，助养人也给了我无止境的关爱，他们带我去了一趟内地，去感受那富有历史气息的古建筑；他们会给我买书，带我走进智慧的海洋，抛去自私和愚昧。每个人爱我的方式都不同，却都通往一个地方；每个爱的长短也不一样，却都想念着我。

我在这里真真切切地感受到了大家庭的爱，那种五味杂陈的爱，那种让人回忆而又想念的爱。

这一年来，妈妈总和我因为一些小事争吵。在我的心里，妈妈总不太尊重我们，很多时候，她不愿意听我们讲话，我也无可奈何。但每每她休假时，我又觉得她是如此的好，如此的让我怀念。妈妈的话让我在成长的路上少走弯路，让我在发展的社会中学会面对苦难。

再过一年，我又要踏上我人生的第二次征途——高考。一个能决定我命运的方向，纵然有千万种原因、千万种不适，我也会努力，为自己、为将来倾情付出。

我爱这里，她是我一生的起点，是我慢慢探索路上的方向。这是一个爱的家庭，这是一座学院，这是一座教堂。我的家——乌鲁木齐儿童村！

来到儿童村以后

乌鲁木齐SOS儿童村孩子　兰星月

时间转瞬即逝，不知不觉我来到儿童村也快四年了。这四年来，我从懵懂无知的小女孩变成了落落大方的青少年。回想这几年的生活，我对这个大家庭满怀感激。

来到儿童村以后，这里给了我最好的学习条件，让我有机会进入最好的学校，接受最好的教育，这是在老家所无法比拟的。12岁那年，我进入初中的大门，村里将我安排到了乌市的一所重点初中，这是当初的我无法想象到的。

以前我总喜欢在寒暑假来临的时候制定作息时间表，但是从不见行动。我属于语言上的巨人、行动上的矮子，总在开学前一天狂补作业。来到儿童村以后，我不再像以前那样整日浑浑噩噩，我学会了合理规划自己的时间、学会了合理利用自己的时间，而不是总待在电视机、电脑前看一些没有用的东西。

这里将我与污浊分开。现在每次回到老家，看到当初那些与我同班的同学一个个都不好好学习，像黑社会老大一样一天到晚只知道抽烟、喝酒、谈恋爱。看到他们这样，我心里很不好受。最初我们是一样的：一样的老师、一样的环境、一样的学习成绩、一样的天真可爱。可是后来命运将我们分开，渐渐地我们的差距越来越大。如今的我好庆幸，我依旧是最初的那个我。有时候躺在床上心里总会想：如果我当时没有来儿童村，我会变成什么样子，会不会和他们一样……

来到儿童村以后，我改变了好多，有外在的改变，也有内在的改变，我的改变离不开儿童村对我的照顾与关心。儿童村，我第二个家！

唠叨才是诗

乌鲁木齐SOS儿童村孩子　姜丽霞（大学在读）

整整一个高三，我把赌注都押在了大学身上。我一直希望能考个很远的大学，我想，大概那样会自由很多。

其实高三是枯燥乏味的。她担忧压抑的心，我一点就燃的脾气，使我和她的矛盾尖锐而激烈。目标学校在地图上一次比一次远，总想着，离远些吧，这整日的唠叨便听不见了。

是的，那时最厌烦的就是她的唠叨声，从睁眼开始，像是海浪般，一波一波向我袭来，内容却与学习课业没有什么直接关系，多是些生活琐事。大概是她不愿给我太大的压力，看我散漫心中又着急上火，只好借其他事来点醒我。但更多时候，我都把自己关在书房中，倒计时着日子。

这样的日子过得很快，睁眼间闭眼间。

但站在候车室的时候，我后悔了，我看着电子信息屏幕就突然后悔了，这就是我即将要实现的“愿望”吗？我真的就这么不想听到她的那些带着爱和一颗恨铁不成钢的心的唠叨声吗？我看着站在身边的她，她为我考上大学而高兴，而我，却为能远离这里而欣喜吗？我酸了鼻子，却不敢哭。

她有一味治感冒咳嗽的神招——大蒜水。从前生病，她总煮这个，搭配着唠叨：“大冬天穿这么少，你不感冒谁感冒！”我将头一蒙，想隔开这些声音。而在离家3000千米的地方，我最想听到的却是她的这些唠叨，最想喝一口的就是那味道有些古怪的大蒜水。

我在异地的深夜里写过很多文章，都饱含深情，那些我开不了口的爱都整齐地排列在纸上。这些，我从不跟她说，哪怕是隔着手机屏幕：一是觉得言语矫情；二怕距离太远，思念还未抵达，却被风雨打湿，多了那一份凛冽。

回家，这是多美好的两个字眼。“树欲静而风不止，子欲养而亲不待。”这是多大的悲伤，而如今我只恨不能在她能说会笑的日子里离她近一些、再近一些，不厌其烦地听她唠叨那些家常小事，再斗几句嘴。

这睁眼闭眼间的时光跑得飞快，我用小木棍撑住眼皮，只愿它走得慢些，只愿将她的唠叨写成诗、谱成曲，放在心房。

（全文没有一处用那个词，但我理解这孩子一边写、一边一遍遍地呼唤着妈妈。——李进国注）

我的妈妈

乌鲁木齐SOS儿童村孩子　雷红艳

光阴荏苒，岁月如梭，转眼间我已经来到儿童村十二年了。我很小的时候就没有关于父母的记忆，是爷爷奶奶抚养我。爷爷身体一直不好，也没有工作，奶奶每日早出晚归靠摘棉花的一点点收入来维持三个人的生活，一年里几乎见不到奶奶几面。随着年龄的增长，我该上学了，爷爷的病也越来越重，吃的药也快买不起了，学费和医药费都成了问题，奶奶的辛苦钱已不够养活三个人。日子是越来越困难，在我六岁时，爷爷打听到有儿童村这样一个好地方可以培养孤儿。虽然爷爷奶奶都很舍不得我，但他们知道这是为了我好，就把我送了进来。

儿童村，美丽又温暖的大家庭，我到了十三号家庭。家里有八个兄弟姐妹，都对我很好，我们情同手足，还有一位和蔼可亲的妈妈。从来的第一天，妈妈就开始用心地培养我、细心地照顾我，还有哥哥姐姐对我的关心，这让我感受到从未有过的温暖，我想这就是家的感觉。

妈妈让我学了一门特长——古筝，每天都要练习好几个小时。暑假期间除了吃饭和睡觉其余时间基本都在练琴，我练得很枯燥，那时年龄小不知道这是为了自己好，还埋怨过妈妈。在妈妈的严厉督促和老师的认真教导下，六年后，我在小学毕业的同时也考过了古筝十级。六年中我参加了各种各样的比赛，都获得了前三名的好成绩。这证明了一点，只要努力就会有收获；不经历风雨，怎能见彩虹。

我的妈妈有一双大大的会发光的眼睛，她对待我们总是无私奉献，把自己一生中最珍贵的时间都给予了我们。妈妈如一杯浓浓的香茶，在我们饥渴时给我们带来芳香。

还记得那是一个大雪纷飞的日子，一大早妈妈就出门了，早饭都已摆好。中午是大姐姐做的饭。眼看快下午了，妈妈怎么还没回来，我们开始担心。正当我们学习时，从窗外看妈妈左手右手提着四大包采购的东西。那么大的雪，妈妈竟然一个人提那么重的东西，手都勒红了，脸也冻得通红，回来的第一句话不是抱怨，而是："快过年了，我采购了过年的年货。"这时，我的心悄悄在流泪。她总是把最好的都给了我们，虽然她不是我们的亲生妈妈，但是她对我们的好我们都心知肚明，她早已胜过我们的亲生母亲。

妈妈给了我们无微不至的关怀，她像一棵大树，为我们遮风挡雨；她像一盏路灯，给我们指明方向。她只懂得默默付出，不求回报，我们不能忽略这伟大的爱，我们要感谢妈妈为我们付出的一切，用我们的学习用我们的善良来回报。

我的妈妈，不一般

乌鲁木齐SOS儿童村孩子　扎　洛（大学在读）

一年一季的日子在每一天的日月星辰之中慢慢流逝，如水如沙让我无法将它拿在手中欣赏珍藏，哪怕只是一秒钟。时光飞逝，斗转星移之间时光匆匆飞逝，让如今的我有一种恍如隔世之感，一切仿佛就像一场梦。

回首过往岁月，我才领悟到时光的珍贵。多想将时光珍藏在保鲜膜当中永久保鲜，永远回忆。如今的我还依稀记得当我初次走进儿童村大门时的场景。记得那是一个初夏，我来到美丽的乌鲁木齐儿童村，脑海中的一片黄土与眼前的红花绿叶形成了鲜明的对比。这里仿佛是仙境一般，与此同时让我产生了一种莫名的恐惧和害怕，一切开始变得陌生起来。

那时的天空很蓝很蓝，一切都像是童话故事。记得每到周末这里简直就是欢乐的海洋，而我仿佛与世隔绝，一个人呆呆地待在角落里。这时我身边出现了一个人，那就是我如今的妈妈。那时的妈妈刚大学毕业，年轻漂亮，却来到这里从事这项伟大而又崇高的事业。我不知道那时的妈妈是拥有如何的魄力和决心，放弃了青春、爱情、家庭，不顾家人的反对。如今问起妈妈，妈妈只是一句“喜欢小孩子”，一笑而过。但这早已超越了某种情愫而做的决定，我想这更是一种责任的体现。

对于初来乍到的我，妈妈给予我更多的是理解与关爱。妈妈做游戏开导我，让我变得乐观向上，慢慢地适应新环境。我很感激妈妈，要不我现在已是一名自闭症患者，妈妈是我的良医妙方。

随着时间的推移，我到了上学的年龄。如今进入大学生活的我，还清晰地记得一路走来妈妈在我学业上所承担的一切。那年上小学，妈妈为了让我进入名牌小学读书，三番五次和学校沟通、协商、求情。那时的我比较叛逆，完全不能理解妈妈的良苦用心，而且往往反着来。幸运的是我通过了考试，成功进入这所小学，也算是没让妈妈伤心。妈妈真是为了我们的教育费尽了心，她甚至有段时间自己报了心理班去学习。

还好我是一个聪明乖巧的男孩，那时妹妹学书法，我自己也偷偷练习。后来妈妈知道了，我说："我就跟着妹妹练，怕花钱。"妈妈说："什么都可以省，教育不能省！咱吃饱穿暖就行，从牙缝里挤也要把钱挤出来。"后来我书法一学就是十二年。书法老师是一位慈祥的老爷爷，如今将近八十高龄，他一直对我赞赏有加，把我当自己孙子一样作为关门弟子培养。十几年的坚持让我收获到了自己的梦想！

十几年了，妈妈早已不是当初的青春少女，两鬓的银丝也增添了不少。那一年家里有三个人高考，妈妈真是费尽了心血，而更值青春期的我们也给妈妈带来了很多的烦恼。如今一切都过去了，我们也都考取了自己理想的大学！妈妈也算是没有白努力。

作为一名艺考生的我，势必会比普通高考生成长更快！那时的我便立下誓言：一定要考取中国美术学院！我把誓言用毛笔写下了贴在床头。很多人认为我是痴人做梦，没戏！可是妈妈却不断鼓励我，让我觉得我整个人就是为这个梦想而生，我一定要实现我的梦想！

艺考的时光开始了，正如大家所说，艺考生们开始了自己的春运，在严寒的冬月背上画板提上颜料行走在全国上下的大街小巷，抵抗着严寒只为心中那一颗炽热的心！冰天雪地我独自一人来到四川成都考试。妈妈总说男孩子要多锻炼锻炼，我也怀揣着一颗好奇和探险的心只身一人来到成都。到了才知道妈妈和村长伯伯早已联系了成都儿童村。成都儿童村的村长伯伯、夏叔叔和青年公寓的兄弟们接纳了我。从冰天雪地到柳绿花红，不仅让我身体上感受到了温暖，成都儿童村这个大家庭的热情招待也让我心里感受到了温暖。他们闲暇之时带我观赏成都的名胜古迹、品尝成都的美食小吃、感受成都的风土人情，让我一个人在异地感受到了家的温暖，我感觉我不是一个人在战斗！这种感觉很幸福。在这里我收获了梦想，更收获了纯真的友谊。各地的儿童村就像一个大家庭在祖国的环抱之中散发着无限光芒。在这里我祝愿每个有梦想的小伙伴"有梦想，别放弃，去坚持，去努力，就会有奇迹！"

如今回首我自己的一切，妈妈永远是我黑暗中指明方向的灯塔，当我迷茫时给我指引方向、当我无助时给我力量、当我绝望时给我希望！是您成就了我，您是我一辈子最重要的人。也许是缘分在冥冥之中将我们像绸缎一样连在一起，让我做了您的儿子。

展望未来，我在这里要对您说；“妈，您辛苦了。滴水之恩涌泉相报，您养育我到大，我养您到老！”

最后祝妈妈和全天下的妈妈们永远身体健康，幸福快乐！！！

我的童年

乌鲁木齐SOS儿童村孩子 雷 宇

2002年某个飘雪的周一，我怀着满心好奇来到了有着一栋栋小别墅的儿童村，那一天开启了我的新生活，让我有了不同的生活轨迹。当我进入2号家庭时，我见到了我美丽的妈妈，她用那双大眼睛看着我，那眼神温柔慈爱，让我的心田充满了暖流。

“快来练琴，时间都到了，别磨蹭！”妈妈一脸严肃地看着正想偷懒磨蹭时间的我。我将手中的课外书往桌上重重一甩，心里十分不情愿地走向古筝。我心想：“为什么别的小朋友都可以玩，我却得坐在这练琴？”想到这只能对琴发脾气，于是重重地弹起了琴。之后你们可以想到结果了吧，我被骂了一顿。现在回头想想：学琴十二年，和妈妈斗智斗勇十二年，时间过得真快。我的古筝十级已过完，现在的我为自己有门特长而自信，感谢妈妈这么多年对我的陪伴，一路上有督促和鼓励。

小时候的我们很淘气。记得在小学的时候，中午在小饭桌吃饭我们几个就没闲着，把小区花圃里一位老奶奶种的蔬菜全给踩坏了，不过我没参与这次破坏行动。当天晚上东窗事发，大晚上十一点，妈妈和另一位阿姨问姐姐和我都有谁参与了这次破坏行动，我和姐姐一五一十地告诉了妈妈。我当时心里很害怕，害怕妈妈生气，但是妈妈并没有，只是对我们说：“穿好你们的衣服，和我一起给老奶奶道歉。”虽然只是简单的一句话，但让我们懂得什么是承担，面对自己的错误我们要勇敢面对。

我的童年是五彩缤纷的，我有很多兄弟姐妹；我的童年是幸福的，有来自世界各地的爱心人士关心我们；我的童年是精彩的，我拥有很大的舞台来展示自己；我的童年是充实的，在充满爱的儿童村我学习到很多东西；我的童年……也许我缺少别人所拥有的，但我却收获了别人所没有的。抛却所有愤恨不平，抛却所有怨天尤人，让我们心怀感恩。

感谢我们的妈妈，一直悉心照顾着我们，为了我们奉献出自己的青春。曾几何时，慢慢长大的我们开始和妈妈有所争执；又是什么时候，我们为一件小事和妈妈赌气。随着时间的流逝，妈妈为我们各种操心，头发出现了斑白，而妈妈却始终没有放弃爱我们，依然为我们人生的道路亮灯引航，只为让我们能够成为更好的自己。也许普通的家庭认为那是平凡的，但是在我们心里，这样的母爱比任何的爱都要温暖、厚重。感恩妈妈的这份深沉的爱，感恩您对我们的不离不弃！

感恩社会的爱心人士，没有你们的帮助，也许我们没有办法顺利完成自己的学业；没有你们的关照，也许我们就没有这样多彩的童年。每当穿上新衣新鞋，每当拿起新文具的时候……是你们让我们和其他孩子一样，让我们可以像他们一样完成自己的梦想，让我们和他们没有什么差别。

儿童村是我永远的家，是一个让我完成自己学业的地方，是一个让我与众不同的地方，是一个让我内心充满爱的地方，是一个载满我的回忆的地方，无论我身处何方，都是我永远的家！

我在儿童村的生活

乌鲁木齐SOS儿童村孩子　马文轩

我是2009年来到乌鲁木齐儿童村的，现在是10号家庭的一名成员。我是阳光帅气的男孩。

来到儿童村的那年我才6岁。当时一进我的新家，我兴高采烈，就像“人来疯”似的。那天中午，我们吃的是汤圆，那汤圆真像蜜一样甜啊！下午，妈妈给我介绍了儿童村。可是第二天我就发烧了，那天中午，我睡午觉感觉身体不舒服，妈妈带我到医院，接着就是天天打针。医院旁边开了一家牛肉面店，发烧的第七天，妈妈带我进去吃了一碗牛肉面，吃完的第二天我就不发烧了。

记得二年级的那个元旦，我们家孩子在电脑上轮流玩CS，每轮到我，我要不就是输，要不就是让下一个人玩。那时我一直打瞌睡，哥哥感觉不大对劲，他说：“你不会又发烧了吧？你最爱发烧了。”说完，他把手放到我的额头上一摸，大声说：“你发烧了！走，我带你去吃药，吃完药你去睡觉。”睡醒后我的体温降了下来。

在这生活几年里，我的体质越来越好。我在儿童村生活得也很幸福。我会好好学习，为儿童村多争一些光。

向阳花开

乌鲁木齐SOS儿童村孩子　高碧霞

世界上最美的花朵，永远都向着阳光盛开。

——题记

常常在想，幸福究竟是怎样一个浪漫的瞬间？

当晨曦的第一缕阳光射入眼帘时，恍惚之间，便想到初来时的那一年，不是很怅然，甚至有点欣喜与庆幸。

浅浅地想起，以前真的会不服气，为什么无缘无故地被冠以“孤儿”的称号？后来想想，这也许是命运送给我的礼物，因为展现在我眼前的是另一个家，一幅崭新的风景画。

刚来村的那一年，我十二岁，喜欢说闹、喜欢嬉戏，对什么都很好奇，什么都想知道却什么也不知道。性格开朗的我有时也会思考，思维天马行空，也认识了许多新伙伴。

儿童村的早上格外清静，每天早晨上学在大门口总能碰上同路的小伙伴，鸟鸣声点点地从头顶啼过，亲耳聆听，像舒缓美妙的音乐让早起的心情更明亮。而不上课的早上却是像睡着了的孩子，这时出门去，你可以感受到不一样的自然气息。入冬了，早上晨练的人也少了，偶尔有阿姨在散步，陪着阿姨一起迈着轻松的步子，心情瞬而变得明朗。

周末的早晨，妈妈们也十分辛劳，早早起床给我们做可口的早餐，她们总是起得比我们早，晚上等我们熟睡她们才去睡觉。吃过早饭，家里的兄弟姐妹各自干起家务，棒棒的他们每个人都很为这个家着想，忙得不亦乐乎。清早，就在这种快乐的忙碌中溜走了。我们是向阳花，妈妈就是那一缕最重要的阳光。

中午的时光总是最快乐的，我们总是会坐在客厅的椅子上，看着《今日说法》，联想现实，一起谈心，一起反思，一起说着玩笑。节目结束了便下下象棋、军旗，看着“马走日”“象走田”，痴痴发笑。如果有时间，我们会自己动手做“宴席”，妈妈总是主管担当，不时地说两句“再放点盐……”不乏有“捣蛋鬼”猛地撒一把糖进去，就真的是“五味杂陈”了。

如果说一天中最安静的时候，那就是下午时光。大家拿出各自的作业，问题的声音与笔尖的沙沙声一唱一和，奏出动人的乐章。

夜晚，当月光映射入门的时候，家里的我们正开着属于我们的会议，笑声充满了整个房间。在月光的光耀下，向阳花又成长了一点。

无论是骄阳还是阴雨，身为向阳花的我们都要追随着光的方向，因为在青春的道路上，我们即使失败也是一路荣光。

恍惚之间，耳畔响起那句歌词：“奋进吧，那美丽的向阳花！”

幸福之家

乌鲁木齐SOS儿童村孩子　姚紫山

回家路上，一位母亲正在教育她的孩子："你要好好学习，以后找个好工作，嫁个好人家。"

话语把我的思绪引到了十三年前的那个夜晚。在那个让人不堪回首、也不敢回首的夜里，父母因为我的天生缺陷想不开而自杀。从那晚开始，我便沦为了一名孤儿，但这仅仅只是噩梦的开始。在这之后我便随伯伯生活了六年，在这段时间里，我时常听到"你要好好学习啊"之类的话语。在伯伯的家里，我生活得很不自在。从我踏进伯伯家门的那一刻起，婶婶就很不情愿，几乎每天与伯伯吵架都说要赶我走，双方的观点总不一致。我感觉自己又将被这里抛弃，所以我时时刻刻都祈祷着伯伯能"打胜仗"。当伯伯不在家时，婶婶就对着我痛快地发火，我身上到处都是被她打伤的痕迹，每天晚上躺在床上那难以忍受的疼痛都令我无法入睡。我总想远离她，甚至想奋起反抗她，可惜我没有任何反抗的能力，而且越和她顶嘴她就越打我。我只能悄悄地躲在被子里哭，只能默默地忍受这没日没夜的黑暗和皮肉之苦。这些还不算什么，最可恶的是婶婶还不允许我吃饭，也不让伯伯给我送饭。每次我饿得头晕眼花疲惫不堪时，我都会偷偷溜进厨房找点食物充饥，可一旦被婶婶发现，后果可想而知。依稀记得有一次婶婶命令我干家务，在洗碗时我不小心把碗给摔碎了，婶婶就用拖鞋打我的脸，最后鼻血被打得四处乱溅。

饥饿加皮肉之苦，使我无法再忍受这无底深渊里的生活，我决定尽快离开这噩梦般的地方，于是我偷偷把这想法告诉了伯伯。无奈之下，伯伯便开始四处打听能接纳我的地方。几个月后，终于在伯伯同事的介绍下知道了儿童村这个对于我来说仿佛天堂一样的地方，让我有幸脱离了噩梦，到另一个世界去开始我的新生活。

初来乍到，看着村里一栋栋红色的大别墅以及小朋友们脸上洋溢的笑容，我曾经的痛苦也随之慢慢地消散。因为我的姓氏和十三号家妈妈的姓氏一样，所以我被送到十三号家定居了。家里有一位慈祥又不失严肃、可爱又不失分寸、热心又不失礼节的妈妈。她的性格极像小孩子，似乎永远也长不大，但认真起来是谁也比不上的！我们的性格很像，所以相处得十分融洽。在这个温馨的大家庭里还生活着三个姐姐和一个弟弟，我们兄弟姐妹们团结合作，有福同享有难同当。

节假日时，许多爱心人士来看望我们，我们同时也会表演节目来表达感谢和祝福。我在村里学了许多特长，生活过得多姿多彩。平时我就像个小太阳，而妈妈就像行星，成天围着我转，要什么有什么。冬天到了，妈妈给我穿上棉衣，冻不着；夏天到了，妈妈给我穿上新衣服新鞋子，好看极了；饭桌上，妈妈不停地给我添食物，饿不着。

时间就在幸福与快乐中流淌而过。七年后的现在，十三岁的我正是青春美好的年华。在这里，我拥有青春的活力，我用每一次奔跑、每一次跳跃来展示青春的热情，同时也预示着青春的希望。在这里，我拥有青春的欢乐。在班级比赛中、在空旷的操场上，我尽情地释放着青春的激情，天空中飘荡着我银铃般的笑声。我享受着青春给我带来的欢乐，同时也感谢青春为我带来的成长。在这里，我拥有青春的自信。面对不会做的题，苦思冥想也得不出结果，但我并不气馁，不肯放弃，因为我拥有青春的自信。我静下心来冷静思考、认真分析，终于我紧锁的眉头舒展开了。“我做出来了！”我兴奋地叫起来。

这就是我在儿童村拥有的青春，一个充满活力不乏快乐自信和坚强的青春。在这片幸福的沃土里，我可以高兴地对着天空大声说：“我拥有青春和一个比同龄孩子更幸福的家——我最爱的儿童村！”

不知过了多久，我已经到了家门口，家里传出的浓浓饭香把我的思绪又引了回来，我立刻放下书包，一心投入到了学习中。我要好好学习，以后报答所有曾经帮助和呵护过我的好心人，因为有你们的帮助才有我今天出色的表现，谢谢你们！

遇见你，好幸运

烟台SOS儿童村孩子　范丹丹（长春师范大学2015级应用心理学）

回忆，是一种味道，是一种无法逝去更无法追寻的味道。我将回忆写在风里，看着它飘动飞舞消逝于视野，任泪眼打湿我的心房，眸中泛起一波的微澜轻漾，搁笔落字，素心微澜。人生一路无畏前行，回忆却不能原路倒退。记忆跳跃式的存在使人不能完整地连贯往昔，却又总是在那些最刻骨铭心的瞬间跳不过，怅然若失，怅然已失……

站在寒冬的冷风中，漫天雪花正纷纷扬扬地包裹着这座寒冷的城市。尽管孑然一身在一个完全陌生的城市，我却并不觉得孤单寒冷。因为我清楚地知道有许多人在背后默默地支持着我、温暖着我，而这些默默无闻的人就是儿童村的各位工作人员以及我的妈妈。

回首往昔，日子中全是斑斓的光影，转眼间我已经在儿童村这个大家庭里生活了八年。八年，足够让一个孩子走出悲伤的泥潭；八年，也足够让一个孩子积极乐观地拥抱生活。记忆的屏障中，曾经感动的声音还依旧回荡在耳边。

鲁迅曾在《两地书》中说：在生活的路上，将血一滴一滴地滴过去，以饲别人，虽自觉渐渐瘦弱，也以为快活。在我眼中，儿童村的工作人员和妈妈们就是这样一群奉献青春年华却无怨无悔的可爱的人儿。

依稀记得高三某一天，那天是我的生日，妈妈照旧中午到学校来给我送饭。那天妈妈还亲手为我做了生日蛋糕，并且带了贝儿（我家小萌狗）来。贝儿还是那样蠢萌蠢萌的，看见我就颠颠地摇着小尾巴，一个劲地扒拉我的小腿。本来那天我因为月考成绩不理想而郁闷着，但是看见贝儿我就忘却了所有烦恼，心情赛过蜜。妈妈还带了相机来，妈妈说这是我的成年生日，有纪念意义，所以想给我拍个纪念照。其实当时我的内心是抗拒的，因为校门口有好多学生（重要的是有我们班同学），我觉得被他们看见会尴尬，看起来像傻瓜。虽然当时不情愿，但最后还是拍照了，否则我现在一定会追悔莫及。

爱是一种牵挂，无论步迹到哪里，心却依旧系在那披肩秀发的尾梢。我的妈妈，一个温婉柔弱的女子，她的内心有时真的很强大，强大到可以抵抗住一切流言蜚语：因为妈妈每天去学校给我送饭这件事情并不是被所有人理解的。也许我无法体会到妈妈的艰辛和无奈，但是，我始终相信人在做天在看，这也是妈妈常常教诲我的一句话。我知道妈妈是多么质朴无私的一个人，人不及中年却白了头，一根根银发饱含的都是妈妈的爱，最纯真的爱，没有功名利禄的爱……

人生一世，白云悠悠，飘走的是多少沧桑与眼泪；人生苦短，汗流尽，沉淀的又是多少往事与回忆。千古佳人，荷笠斜阳，最终都不过是红颜怅老，青山远归。真正能在心中美丽永恒的，是那些奉献自己一生光辉岁月陪伴安抚受伤心灵的人。

在这世间，有些路是需要一个人去面对、一个人去跋涉的。我希望我能不忘初心，不辜负妈妈的期望，也不辜负所有给予我帮助的人们的期望，在我的求学路上孜孜不倦，开辟一条光明的大道！

最后，感谢儿童村这些年对我的关怀和支持！祝愿儿童村越来越好！

这，便是幸福

烟台SOS儿童村孩子　范文秀（高中一年级）

仰首是春，俯首是秋。时光匆匆，红了樱桃，绿了芭蕉。时间像手中的细沙，安静地一点一点滑落，我已在这个大家庭中生活了近一年。

这个大家庭温馨、和睦、团结，在我茫然时，有这么多人的鼓励；在我生病时，又有那么多人的关心……这何尝不是一种幸福？

妈妈，世界上最无私、最伟大的人，而我的妈妈，她在自己正值青春时放弃了自己的工作，来到了儿童村，过早地承担起与她年龄不符的责任。在过去的20多个春秋，妈妈带大了一批又一批的孩子，她早起晚睡，为孩子操心劳累却毫无半句怨言，这难道不比社会上的任何一位妈妈都伟大吗？

妈妈在来到儿童村前是一名英语老师。当我刚进入这个家时，映入眼帘的便是整齐的书籍，好学便是我对妈妈的第一印象。每逢周末，妈妈便会教村里和社会上的孩子学习英语。“Believe in yourself，anything is possible!”这是妈妈教给小孩子的第一句英语，这不正是鼓舞着孩子向上的态度吗？

“对人以诚，人不欺我；对事以诚，事无不成。信用即是无形的力量，也是无形的财富。”“言必信，行必果。”妈妈教导我最多的便是做人。一个人只有具有良好的品德才得以在社会上立足，倘若拥有万贯家产而没有基本的品德，也没有多大作用。不说谎，讲信用就是第一起点。

依稀记得今年暑假的某天，外面的空气吸入鼻中都感到燥热无比，胃部一丝丝的阵痛使我更加难受。我蜷缩着蹲在地上，当妈妈回来时，我告诉她我难受。让我最难以忘记的是，妈妈来不及换下衣服便开始照顾我，让我坐在床边，按摩着身体上的相关穴位。到了晚饭时间，妈妈仍在照顾生病的我，顾不得吃饭，这种感觉……对，是母爱，是母爱！眼中的泪水不禁流出，妈妈，谢谢您！谢谢您无微不至的照顾。

进入高中，学习时间更紧张，压力也更大了。妈妈为了让我全身心地投入到学习中，她不让我干一点家务活，自己包揽了所有的家务。妈妈，谢谢您的付出。现在的生活就是家、学校两点一线，早起晚睡。妈妈为了保证我的营养跟得上，早晨要比我早起半小时熬粥，中午她总是能用仅有的几种蔬菜做出可口的饭菜；晚上，妈妈为了等我，直到十点才关灯睡觉。

每当家中的哥哥姐姐带着他们的孩子回家，妈妈总会非常高兴，看着孩子成家立业，这不正是一位母亲最欣慰的事情吗？

有人说，感恩是漫天霓虹中的一丝焰火，给繁华却又充斥着冰冷的艳光带来一丝温暖。“百善孝为先”，感谢妈妈，正是因为您，才让我有了幸福的家；感谢您，让我又得到母爱。

生活在儿童村，生活在这样一个大家庭，有着陪伴、有着关怀、有着鼓励、享受着母爱，岂不幸福?!

我村很大是个家

烟台 SOS 儿童村孩子　郝爱心（德州学院2014级英语专业）

蓝天、白云、鲜花，我就是生活在这样一个充满自由与快乐、温馨与幸福的地方。这里就是烟台 SOS 儿童村，就是这里让我们这些失去双亲的孩子重新感受到了家的温暖，大家都说美好而快乐的时光总是过得很快，毫不犹豫地说在儿童村的日子就是这样的，随便拿出一天的画面都会浮现出当时的快乐，嘴角不自觉地扬起。

说实话，在来儿童村之前我是很不愿意的，因为当时的我和那些对儿童村不了解的外界人士一样，以为在这大门的里面是个低落、无望、忧郁的大院，犹如那断翼的小鸟失去了飞翔的天空。可是进村以后，我发现我错了，而且错得离谱。当我第一天踏入儿童村大门的时候，它之前在我脑中的印象一下烟消云散，在这里，我看到了清新美丽的室外环境，看到了脸带欢乐的孩子们，在他们脸上我看到了满满的幸福。

现在的我是多么庆幸儿童村养育了我，多么庆幸我来到了这样一个温馨而幸福的家庭。我有了相亲相爱的兄弟姐妹，最重要的我们共同拥有一个最可亲可敬的妈妈。来到儿童村的我们正如那鲜花绿叶一样蓬勃着生命力，而母亲就如那春风细雨般滋润着我们。我与十几个兄弟姐妹共同拥有一个和蔼可亲的妈妈，虽然不是亲生却胜似亲生，我们每一个孩子的成就都归功于我们伟大的她，她是我们身边最亲的人。

当我们匆匆忙忙从床上爬起时，她已经为我们做好了可口的早餐；当我们急急走出家门时，她还徘徊在门前张望；当我们带着一身疲倦回家时，她已为我们备好了洗澡水；当我们还在为学习挑灯夜战时，她已悄悄在桌角放上牛奶和水果，然后默默陪我们到深夜。我们这么多人却只有她一个人照顾，而且把我们照顾得很好。每当遇到困难的时候，妈妈总是形影不离地陪伴着我们。

时间如流水一般匆匆而逝，很多的记忆已随日子的消失而渐渐褪色，但有些事却是历历在目，让我感动不已。

读高三的时候，妈妈一到周末就会到学校看望我，给我带来换洗衣物和营养品，一直嘱咐我要保持良好的心态，不要担心其他，好好学习就好。妈妈永远都是我学习的“铁杆”支持者。那时我的成绩总是忽上忽下，每当我取得好成绩时，妈妈总是在远处高高地竖起大拇指，为我祝福；每当我失败的时候，妈妈总是鼓励我继续努力，耐心地给我分析原因，不断为我带来心灵鸡汤。

还记得高考的前几天，感冒发烧严重的我半夜给妈妈打电话，妈妈二话没说，十分钟后已经出现在了校门口，然后急匆匆地用电动车带着我去医院。一路上妈妈不断问我冷不冷，又把自己的围脖戴在我身上。在医院里，她一会儿帮我量体温，一会儿帮我拿药。第二天早晨，我睁开眼睛看到的是她充满了血丝的眼睛和一脸疲惫的样子。我知道，她一夜没合眼。为了我能好得快一些，妈妈每天等到晚上九点半我下晚自习了就去诊所打针，然后第二天早上早早起来为我准备丰富的早餐再把我送回学校。可以说在高考的那段日子，妈妈不比我轻松。

她不光照顾我们的生活起居，她还是我们成长路上的教育者。妈妈经常跟我们说她学生时代的学习方法，说她的工作经验，说如何做人处世，说如何与人交往……她将无价之宝传与我们，将燃烧得无比灿烂的火炬传给我们。我们怀着感恩的心接受这一切，听她一席话，远胜于读十年书，受益匪浅。我们怀着细腻的心感受着这一切，感受亲情的无私与毫无保留。

家里孩子多，一碗水总难端平，可是妈妈却一直努力让我们每一个人都得到她的爱。她为我们倾之所有，而自己却因为常年为我们操劳而慢慢老去，那双粗糙的手、那额头上的皱纹记载着我们每一个人身上多少的心酸与泪水呀。为了我们，为了我们这一个家，母亲付出了太多。她牺牲了她可贵的青春、美丽的容颜、珍贵的岁月……

我的兄弟姐妹有很多，我们同生活在一个屋檐底下，平日家里总是充满我们嬉闹玩乐的逗笑声。但是玩归玩，我们兄弟姐妹之间也会互相学习。我有一个钢琴弹得相当棒的姐姐，而且她还会其他乐器，空闲时她就会教我们学乐器。周末，姐姐哥哥们也会给弟弟妹妹们辅导功课。我们始终相信：家人齐心，其利断金。

最难忘是过年时我们一家团聚的情景：大年三十我们齐动手包饺子，擀皮的擀皮，包的包，人多力量大，一大盆饺子馅，一个小时我们就忙活完了。整个过程我们说说笑笑，各自说一下我们在外面的见闻，有时候也会吐槽一下哥哥包的饺子好丑，然后妹妹的脸就会变成小花猫，旁边观战的我们就会哈哈大笑……

有一种关心不请自来，兄弟姐妹永远相互关怀；有一种默契无可取代，兄弟姐妹心有灵犀一点通；有一种思念因你存在，兄弟姐妹血浓于水情常在。悲伤时，有我为你分担；开心时，有我与你分享；失意时，有我陪你左右；得意时，我的祝福最真挚。这就是我们兄弟姐妹感情养成记。

我将儿童村称作是一个神圣的地方，是儿童村让我们有了美好的未来。在这里，我们获得勇气，让我们在每一个充满阳光的日子里，坚强地面对每一个人、每一个新的挑战。我们的母亲，她是那么平凡而又伟大，是她使我迈向更精彩的旅程。母亲用她的平凡，为我们撑起了一片朗朗晴天。她总是教我们要知恩图报，所以我们时时刻刻都记得儿童村对我们的恩情，我们更会记得母亲对我们无私的爱。每每想到这些，我们的心里便有一股难以名状的强大力量支撑我们去拼争、去奋斗、去成功。毫无疑问，那力量是儿童村以及我们伟大的母亲赐给我们的。

一个小男子汉的宣言

烟台 SOS 儿童村孩子　李俊杰（高中一年级）

我叫李俊杰，过完年我就 16 岁了，身体棒棒的，是一个小男子汉了。去年，我考上了高中，人生的梦想开始启程，我的目标是考上中央美术学院。

我去年离开了 3 号家庭，离开了我亲爱的妈妈身边，像哥哥们一样去了青年公寓。我从 6 岁就跟着妈妈，在我的情感里，她就是我的亲妈妈，我舍不得离开这个家，舍不得离开妈妈的怀抱，所以只要有时间，我就回家。家里没了大孩子，我要尽一个哥哥的义务。周末，我会早早起床，吃完饭，和弟弟妹妹们收拾完碗筷，打扫房间，帮妈妈洗衣服。妈妈很辛苦，家里有做不完的活儿，我们做些力所能及的事是应该的。

小时候我很淘气，经常惹妈妈生气，现在想起以前犯下的错误，我就非常后悔。从小我失去了亲生父母，是儿童村的妈妈把我养大，她包容了我的无知和顽皮。偶尔去了次教堂，我听了一节神父的课，我更加懂得了妈妈的辛苦。我要孝顺妈妈，听妈妈的话，少让她为我们操心。

我从小喜欢画画，村里人都说我有画画天赋，妈妈就把我送到了少年宫学画画。学校举办绘画比赛，我获得了少年组第一名。也许我成不了画家，但我会用心去画每一幅画，画我的家、画妈妈，画……

我没有爸爸，所以我头脑中爸爸的模样就是我的助养人的样子，我只见过他的照片。有一天，希望能见到我的助养人，我要为他画一幅肖像画，用一颗感恩的心去画这位善良的好人。我虽然见不到他，但我感觉他就陪在我身边，时时刻刻鼓励着我。

当我把一幅以《爸爸去哪儿》为主题的画给妈妈看时，妈妈哭了，她告诉我说：爸爸去了天堂，爸爸一直在天堂保佑着我。我已经长大了，对生死有了浅浅的认知。她怕我自卑伤心，编织了善意的谎言。生命是脆弱的，意外事情经常发生，唯有珍惜现在！

和那些贫困山区的孩子相比，我是幸运的，有妈妈的精神支持，有社会上好心人的物质帮助。我学习成绩一般，喜欢语文，不喜欢数学，老师说不能偏科，所以我要努力学习数学，全面发展，争取更上一层楼。

我还喜欢小动物。去年，家里收养了一只兔子，灰色的毛发，我为它取了个名字“小灰灰”。冬天特别冷，我发挥自己的特长，用纸片为可爱的兔子建造了小屋。它爱吃红萝卜、青菜、苹果等，它是个吃货，现在成了个“胖子”。我家里人都喜欢它，它原来也没家，妈妈可怜它，把它从市场买回来。有人建议吃了它，可我们家里人把它当成宝贝。它也是一个生命，一个孤儿，我们要用爱去善待生命。

我现在的任务就是好好学习，然后考上大学，不辜负妈妈对我的期望。等我有能力的时候一定做个慈善家，给妈妈买个大房子。

我的家

烟台 SOS 儿童村孩子　李文豪（初中三年级）

踏入时光长河，岁月在指间纷纷落下，不知不觉，我到儿童村已有三年。我特别喜欢这里，因为我有一个漂亮温柔关心我的妈妈，还有温馨自在的家。

我的妈妈很漂亮，圆圆的脸蛋，大大的眼睛，总是荡漾着暖暖的笑容。她总是鼓励我们多接触社会，多亲近大自然，经常带我们去爬山，去动物园、博物馆、鲸鲨馆等好多地方。我们不仅锻炼了身体，还增长了见识。

记得在不久前我们一起去了冰宫，出门前妈妈万般叮嘱我们里面应注意的事项：什么里面很冷，要穿得足够保暖；什么鲜艳的衣服拍照片才好看；还要我们几个大的要多注意弟弟妹妹，别让他们走丢了……

去蓬莱的路上，妈妈看到什么就给我们讲解什么，路边的万亩葡萄园、烟台的葡萄酒文化、八仙过海的传说、戚继光抗倭的英雄故事、蓬莱阁等古典四大名楼等等，让我深切感受到读万卷书不如行万里路的道理。

终于到冰宫了，我和兄弟姐妹们迫不及待地冲了进去，立刻被里面晶莹剔透、光怪陆离的景象吸引住了，丝毫没有感觉到冷。每当看到喜欢的冰雕就让妈妈给我们合影，简直太棒了！最好玩的是冰滑梯，从高高的滑梯上滑下来，滑入装满海洋球的大池子里，真是太爽了！我们互相嬉戏打闹，又是投海洋球，又是摔跤，还把对方摁到池子里用海洋球埋起来，情绪高涨，笑声不断。

我玩累了，都要出汗了，就跳出池子想要喘息一会儿，不经意间，看到妈妈正在那冻得直搓手。是啊，我们只顾自己玩得高兴，可有谁注意到妈妈？她要给我们拍照留念，还要目不转睛地盯着她的八个孩子，哪一个孩子疯狂的动作都让她提心吊胆，她怎么会有心情玩呢？

这时候，姐姐站在一个红色的大舞台上喊：“妈，我要在这儿拍照。”妈妈赶紧走过去，不小心差一点就滑倒了，还好我在旁边眼疾手快扶住了她。妈妈的手冰凉冰凉的，可是妈妈依然微笑着说：“没关系的，你姐姐还等着我呢。”我亲爱的妈妈啊，你的心全都用在我们身上了，都忘记了自己。

第二天，妈妈就感冒病倒了，我心疼地说：“早知道这样就不去了，害得你感冒咳嗽还头疼。”妈妈却说：“没事的，都计划好久的事了，怎么能半途而废呢？你们不是早就期待着这一天了吗？”我代替不了妈妈的病痛，能做的就只是端一杯热水给她。

我的妈妈虽然没有自己的亲生孩子，但她把我们都当成自己亲生的孩子对待，不仅细心照顾我们的生活，更教会了我们许多做人的道理。

真的非常感谢儿童村，让我遇见这么优秀的妈妈。等我将来有能力的时候，我是不会忘记儿童村，不会忘记妈妈的。我一定会回报社会，多做一些力所能及的事情。

妈妈，我永远爱您！儿童村，我永远的家！

是你让我懂得生活

烟台 SOS 儿童村孩子　李文慧（初中四年级）

我从小没有妈妈，心里充满了自卑。在老家时，村里的孩子欺负我，我不敢辩解，只要他们说一句“你是没妈的孩子”，我就落荒而逃。爸爸的突然离世，让我彻底失去了依靠。正当我最孤苦无依的时候，我来到了烟台 SOS 儿童村，有了一个新家和一个妈妈。

来到陌生的地方，第二天我就病倒了，需要住院治疗。那时候家里正在装修，除我之外还有五个兄弟姐妹需要妈妈照顾。妈妈每天马不停蹄地奔波在家和医院之间，尽量抽出时间陪伴我、开导我。虽然第一次住院让我深感恐惧，但同时也第一次体会到了母爱的温暖。有一次送妈妈到电梯门口的时候，眼见她马上就要上电梯离去，我突然心中十分不舍，轻轻地叫了一声：“妈——”她立刻就停下脚步回过身来：“怎么了？”我的眼泪止不住就冲出了眼眶：“没什么，我就是想说，有妈的感觉真好。”妈妈也落泪了，她把我抱在怀里，轻轻拍着我的背说：“会好的，以后什么都会好的。”从那一刻起，我就知道，我的人生将因为有妈妈的爱而洒满阳光，令我无所畏惧，我再也不是没妈的孩子了。

我的妈妈，她是一个朴素善良的人，她的笑容能带给我满满的正能量。她热爱生活，喜欢唱歌，经常教育我们要敬畏生命，亲近大自然。她很细心，看似微不足道的小事，她都能分析出很多道理来，不知不觉中就让我学会很多东西。

我的学习成绩不好，她说：“没关系，没有书本知识也可以活得很幸福，死读书的人未必就能活得比你明白。只要你努力了，将来不后悔就行。”我炒的菜不好看，很难吃，她说：“挺好吃的，再多练习几次就好了。能吃上现成的饭菜真是幸福啊！”我之所以能有现在这样乐观开朗的生活态度，都得益于妈妈的鼓励。

在我们家里，兄弟姐妹间都非常融洽，家务活都是自觉自愿地干。妈妈说：“现在你们吃的好，穿的好，什么事情都不用操心，这样的日子能过多久呢？你们将来是要独立生存的。再有几年，你也会成为一个家庭主妇，掌管一个家，你要怎样教育你自己的孩子、怎么打理你自己的家呢？”原来，现在的学习和劳动，都是为我们自己的将来做准备的，这些都是我们自己的事情。妈妈是希望我们离村以后可以自食其力，可以受人尊敬，将来依然可以过得幸福快乐。这就是“父母之爱子女，必为之计深远”的道理吧。

妈妈在我心目中的地位是无人可取代的。我对妈妈的感激之情，真的无法用语言来表达，就借用一句歌词——“任时光匆匆流逝，我只在乎你！”——献给我最爱的妈妈。

无血缘的亲情，无血缘的爱

烟台 SOS 儿童村孩子　苏晓慧（西北师范大学在读）

妈妈，也许我永远不会把你猜得明白，不知道是什么支撑着你为我们付出所有、倾尽一生。

2008 年，我走进儿童村这个新家，有了一个没有血缘关系的妈妈。百度上这样解释亲情："亲情，特指亲属之间的那种特殊的感情，不管对方怎样也要爱对方，无论贫穷或富有，无论健康或疾病，甚至无论善恶。它有两个特点：一是互相的，不能是单方面的；二是立体的，不是专一的。"在我看来，"亲情"重在那个"情"字，无血缘关系建立的感情也可以超越亲情，有血缘关系的却未必有感情维系，又何谈亲情。所有的情得到升华后都会成为亲情，那应该是人间最美的一种情感。

我和妈妈并无血缘，但我们之间的亲情更胜过亲属之间。我们也发生过争吵，也有过不愉快的时刻，刚开始我也有过不理解，满心不服气地顶撞她。但有一天，我看到她站在窗边借着那一抹亮光穿针引线，那情景似曾相识，触动了我心底最柔软的部分。我蓦然明白，其实她和我的亲生妈妈和天下所有的妈妈都一样，所做的一切都是为了我们孩子。

作为一个 SOS 妈妈，她没有自己的婚姻、没有自己的家庭、没有自己亲生的孩子，她把自己的一生都奉献给了我们。她每日的必修课就是我们兄弟姊妹的衣食住行，满脑子想的就是怎么才能让孩子们更加身心健康快快乐乐地成长。这偌大的一个家，这么多的孩子，全靠她一个人支撑，哪个孩子蹿个儿该买衣服了、哪个孩子成绩下降该找老师了解情况了、哪个孩子到了青春期该提前打打预防针了、哪个孩子身体素质差该调理调理了、哪个孩子今天说话少了似乎有什么不顺心的事、哪个孩子放学回来晚了是不是又调皮捣蛋了、哪个孩子个性容易偏激应该想什么办法纠正、哪个孩子又摔破了衣服该去缝缝补补了、哪个孩子想学习特长该去寻找好老师了、哪个孩子又跟兄弟姊妹闹矛盾了该如何去调解、哪个孩子考不上高中该找个适合的专业学校、哪个孩子快毕业了、哪个孩子该找对象了……她的心到底有多宽大，才可以装得下这么多孩子的这么多事情。

现如今，我已然步入大学的校门。回想当初艺考之际，妈妈带着我奔走在不同城市的几个考场之间，她背着我的古筝走在前面，我拿着琴架跟在后面，看着她因吃力而倾斜的身影，我想起了朱自清的那篇《背影》，心里说不出的滋味……

如上所说，情是相互的、是立体的，那么我们既然接受了妈妈的爱，又该如何回应互动呢？亲爱的弟弟妹妹们，你我现在的生活来之不易，是来自政府的关怀，是来自千千万万双手辛勤的劳动，千万不要觉得大家对你的关爱都是理所应当的。记住我的一句话：没有人有义务要对你好，你也没有权力浪费别人奉献的爱心。碰到对自己好的人要懂得感恩、知道回报。做人要有一颗惜福的心，否则你就是在透支你将来的幸福，也丧失做人起码的良知。

“没有人是不可替代的，没有东西是必须要拥有的。”不要什么都想得到，你想要得到的东西要靠自己的双手去劳动去创造，靠自己辛苦付出得到的才具有意义。抛掉你可怕的虚荣心吧，你没有爹可拼，要拼就跟同龄人拼一拼开创幸福生活的能力。也不要把自己看得太重，你并没有什么与众不同，你曾经的不幸不是你过度索取的借口。当今社会，最不缺的就是人，更何况现在的你还是个没什么本事只能依靠社会捐助才能生存的人。

珍惜我们拥有的生活吧，珍惜这不平凡的亲情吧。有人说，亲情这个东西，下辈子无论爱与不爱，都不会再见。这话让我感觉有些心酸。与我们并无血缘关系的妈妈在我们身上付出她的全部，我们回报给她们的又是什么呢？或许你还小，但是“感恩”这个词我们必须从小就要知道。其实妈妈们是最容易满足的，虽然她的付出并不是为了索求我们的回报，但我们懂事的举动足以让她感到欣慰了。做饭的时候帮她打个下手，看她站得累了就搬个凳子让她坐下，她生病的时候给她端一杯热水，她出门的时候也叮嘱她注意安全，时常跟她一起说说心里话分享一段见闻……虽然只是一些不起眼的小事，但只要是你用心做的，妈妈一定会喜欢的。

我现在离家千里，虽然有 QQ 有微信，但每隔几天还是要给妈妈打个电话，不听到她的声音就感觉是个缺失。我知道，真的有一根亲情的电话线连接着我和妈妈的心。

亲爱的弟弟妹妹们，我们正在享受着优越的社会制度，享受着人间大爱，可我们不能永远这样不劳而获，终有一天我们是要走进社会独立生存的。现在能做些什么呢？就从身边的小事做起吧！好好学习，努力生活，将来用自己的劳动所得来回报社会，播撒博爱的种子，这也是我成长的最大动力。愿我们共勉！

给助养我的恩人的一封信

烟台 SOS 儿童村孩子　孙春娟（蓬莱师范学校学前教育专业 2014 级）

妈妈要我写一篇感恩的文章，去感谢那些帮助过我们的好心人，我把以前写给我助养人的一封信交给了妈妈，所有的话都在这封信里。

——题记

Dear：

我是孙春娟，一个明朗的 17 岁少女。谢谢另一个国度的您，远隔千里之外，我真诚地感谢您的资助，让我衣食无忧、静心地坐在教室里上课。我是一个孤儿，爸爸妈妈在一次车祸中丧生，我在妈妈肚里安然无恙，幸运地活了下来。

我的家在一个偏僻的小山村，从我出生我就成了没人管的野孩子，披头散发，光脚走路。是儿童村救了我，使我有了家，有了妈妈。在这里我度过了美好的童年，10 年，我从一个野丫头蜕变成亭亭玉立的女孩，说一口流利的普通话，学会了礼貌待人。

妈妈要我学会感恩，是您，还有社会上好心人的帮助，我才能享受到家庭的温暖和良好的教育。我曾是个叛逆的少女，觉得妈妈不是亲妈妈，她不爱我。我对学校老师说谎话，说妈妈虐待我们。这么多年，妈妈为我们操碎了心，我却伤透了她的心。去年，妈妈累倒了，进了医院，突然一夜之间，我长大了，我后悔自己曾经的种种顽劣行为：我把自己屋子弄得一团糟，让妈妈去收拾；我不开心了，把怨气撒在妈妈身上，摔盘子、摔碗；我是大孩子了，还经常欺负弟弟……还有很多很多令我后悔的事情。

我不是一个乖女孩，我现在把这些说出来，向妈妈道歉，让大家来监督我。

在一次晚会上，大家做一个“认妈妈”的游戏，我的眼睛被蒙住，可我一下子就认出了妈妈，当主持人问我原因时，我眼含热泪说：“我妈妈的手是冰凉的，她的手是为我们洗衣服冻凉的。”我现在终于知道我怕失去妈妈，所以才若即若离着她。我以后会像个橡皮胶一样黏着妈妈，为她遮风挡雨。

17岁已经是个大孩子了，我自我感觉是个文艺女青年，多愁善感。业余时间喜欢看小说，时不时自己写一篇心灵散文。妈妈说我长大了，有了自己的思想。小时候，我说我喜欢朗诵，妈妈就把我送到少年宫，学习当小主持人。我学过舞蹈，学过唱歌，后来加入村部的演出队，成了一名号手，经常参加文艺表演。妈妈经常带我们去部队玩，我总是像个小大人一样和部队的哥哥叔叔们聊天，他们都喜欢我这个伶牙俐齿的俏小妞。

我现在的理想是当一名记者，为社会伸张正义，关爱社会弱者。我要向您学习，大学毕业后去帮助那些贫穷的孩子。我还有一个伟大的目标：有了钱，为妈妈在海边买一套大房子，春暖花开，面朝大海，颐养天年。

妈妈说如果我有机会出国，让我去看看您。谢谢您多年的无私资助。如果梦想成真，我要对您大声说：I LOVE YOU ，THANK YOU VERY MUCH！

我的母亲

烟台SOS儿童村孩子　王　磊（小学五年级）

打我记事起，我就知道自己是个不幸的孩子，因为我从没有见过我的父母，我身边只有一个年迈的爷爷。爷爷太老了，有时候喝点酒就忘记了我还饿着。就这样，我像野草一样长到了七岁。

突然有一天，我被几个叔叔阿姨带到了一个叫烟台SOS儿童村的地方。从此，我的人生改变了，我终于尝到了幸福的滋味。在这里，我从不缺少衣服鞋袜，也不用担心挨饿，有一大群兄弟姐妹的陪伴，更有妈妈无微不至的关爱。

每天放学回到家，迎接我的一定是满屋子的饭香和妈妈暖暖的笑容。我不禁有疑问：妈妈，您是怎么变出那么一大桌花样繁多又美味可口的饭菜的？您为什么那么和善那么爱笑呢？我暗暗观察着，寻找答案。

记得那次去蓬莱冰雪世界玩，里面的温度可低了，有零下十几度，晶莹剔透的冰雕配合着五颜六色的灯光，好神奇啊。我和兄弟姐妹们兴奋地跑来跑去，抱着冰雕让您拍照留念。快到出口了，您问我们："还玩不玩了？从这出去就再进不来了。"我们都意犹未尽，向四周巡视着。这时候我看到您朝手上哈了口热气，然后快速地搓着手。可不是吗，您光顾着担心我们的安全，给我们挨个照相，连手套都不能戴，早就冻坏了吧。

我问："妈妈，您很冷吧？""没关系，只要你们还想玩，我可以坚持的。"您仍然笑着回答。这时候，我们都表示不玩了，赶紧催促您离开了冰宫。

还有一次去爬磁山，到了半山腰的时候，您已经累得气喘吁吁了，可您还是鼓励身边的弟弟不要放弃，还大声呼喊我们几个跑在前面的孩子要注意安全，让我们在平坦的地方停下来等着拍照。其实我知道，您这是在找借口，您是不放心我们的安全，不让我们每一个孩子离开您的视线范围。

每一次出去，您都会被精力充沛活蹦乱跳的我们累得精疲力竭，回到家还得赶紧张罗饭菜，顾不上歇息。可就这样，您还是鼓励我们要多享受阳光，多亲近自然。您心里面只想着怎么让我们身心健康，快乐成长，常常忘了您自己。

一次次的切身经历，让我解开了心中的疑问，那就是——爱！

放心吧，妈妈，我一定会带着这份爱走到最后。等您老了，我会把您接到我的房子里，给您养老，逗您开心，一定不会让您冻着饿着，就像您对我一样。

儿童村

——我的家

烟台 SOS 儿童村孩子　徐平平（高中一年级）

我的母亲

和母亲间发生的点滴，总让人回味。母亲对我的爱，很细腻，细腻到我生活的每一步。

刚来时，很不适应，经常想家，而母亲总会在我最无助的时候陪我一起玩耍，让我适应新环境。

当我开学了，朋友多了，也不太想家了。那一次中午放学回家，忽然肚子疼得厉害，母亲急忙找来医生阿姨，阿姨说我得了急性阑尾炎，母亲匆匆忙忙与司机一同将我送去医院。在我被推进手术室的那一刻，母亲止不住地流泪。手术后，我被推出手术室，母亲知道我很渴，但医生嘱咐过母亲，手术之后不能马上喝水，母亲便用棉签蘸了蘸水，轻轻地涂在我的嘴唇上，并不时抚摸我的额头。接下来的几天，母亲每天奔波于家和医院之间，毫不停歇。为了我，母亲操劳了不少，却毫无怨言。

时间一晃，我长大了。在临近中考的几天，我压力很大，总怕考不上高中。每天早上四点准时起床学习，晚上学习到十一二点，好几次，我看见母亲屋里的灯也一直亮着，直到我去休息，母亲屋里的灯才会关掉。母亲怕我这样会把脑子熬坏，告诉我不要熬那么长时间，熬到最后，高中考不上，脑子又熬坏了何苦呢？只要以平常心对待考试，一定可以考上。

中考过后，上网查成绩的那一刻，我的心中充满了紧张。当得知我和弟弟都考上了高中时，母亲高兴地流下了眼泪。

上了高中，虽然住宿，但母亲对我的爱丝毫未减，每周都会给我送来她亲手做的饭菜，因为母亲知道我在学校不舍得一顿饭花八九块钱买肉菜。有一次母亲为了给我做虾，都弄伤了自己的手。

母亲为我付出了太多太多，和母亲间的故事花上一天一夜也说不完。一路走来，是母亲的谆谆教导指明了我前进的方向，是母亲的爱与关怀让我学会了为人处世、学会了宽容，明白了很多道理。

我和兄弟姐妹

俗话说："走在一起是缘分，而一起走过是幸福。"我很幸运，来到这里，有了兄弟姐妹，交到了来自各个地方的朋友，使得原本陌生的面孔成为自己熟知的人，我感到十分幸福。

我还清楚地记得，刚来时，有好多哥哥姐姐过来和我亲切地打招呼，他们不管玩什么，总会加我一个，带我一块玩。

还记得，刚上初中，我和弟弟分在了一个班。有一次，一道数学题我怎么也算不出来，可是我的思路很清晰啊。弟弟看到了便拿过去，很快就发现是因为我写错了一个数字，他对我说："太马虎了吧！小学生都不一定会把原题的数字抄错，你一开始抄错了，怎么可能算出结果来。"每次因为物理题或数学题做不出来而暗自流泪时，他总是先说一句："都这么大了，还哭哭啼啼，真是个小孩子啊！"然后，才会安慰我，并鼓励我前进，教给我正确的思路，让我学会了变通。周末我们一家人总会在闲暇时下象棋或五子棋，以此来放松自己。每次下象棋，下到一半时，弟弟嘴上总会露出一种莫名其妙的笑容，仿佛他已料到下一步走什么，一定会吃掉我的一颗棋子。

哎，时光匆匆流逝，回想在我身上发生的点滴，好似一场梦，让我无法相信这竟然是现实。转眼间，我和弟弟都迈入了高中的校门，每两周放假一天。我们都忙于各自的学习任务，哪有时间像初中那样时不时下下棋，时不时以娱乐来放松自己！我们有的只有那些压力。但每次回到家，只要我有不会的题，他都会细心地给我讲解。

一路走来，是弟弟的"冷嘲热讽"，伴我走过了春夏秋冬；是他的"冷嘲热讽"，让我奋力前行、全力以赴。更重要的是，他的细心讲解，让我品出了一些学科的趣味。

儿童村，我的家。因为儿童村，我重获了母爱；因为儿童村，我拥有了兄弟姐妹；因为儿童村，我交到了五湖四海的朋友；因为儿童村，我得以茁壮成长，得以攀登上那层层的学习山峰，得以体验学习中的种种乐趣。

儿童村——我的家，这儿就是我的乐土。

妈妈心语组

一分耕耘　一分收获

齐齐哈尔 SOS 儿童村妈妈　陈保荣

人们常说“一分耕耘，一分收获”，要想收获，就必须付出。

我是 2015 年 6 月进入家庭的。家里有一个小姑娘叫美鑫，由于身体原因，她 9 岁还在尿床。为了让孩子养成不尿床的好习惯，我让孩子跟我睡在一张床上，这也是为了方便叫她。每天半夜都得叫醒她去小便，可是偶尔睡过了，孩子就尿在了床上。短裤、睡裤尿湿了就得马上换下来，连床被也得撤下来。小便后孩子就睡着了，几番折腾我也没了睡意。

为了给孩子治疗，村里护士帮助联系了一个小儿推拿馆，但路途很远。治疗期间，每天下午我早早把饭做好，晚饭后我们立马去按摩。按摩占据了晚上很大一部分时间，孩子作业就得写到晚上 11 点，有时为了能让孩子早点休息，就把作业带到推拿馆，一边等候一边写作业。美鑫写作业，幼儿园的美华在旁边玩，因为家里大孩子都去补习班了，她还小，不能独自在家，也只好带着。儿童村是公交车的终点站，经常是车里就剩我们娘仨了，有的公交车司机就问：“这么晚了，带孩子干嘛去了？”后来时间久了，好心的司机就每次把车停在村门口，让我们提前下车。

记得是 11 月中旬的一天，晚上很冷。按摩回来走到中环路口的时候，突然刮起一阵大风，当时我就下意识地把两孩子搂了过来，用自己的身体为孩子们挡风。就这一个小小的动作，令美鑫感到无比幸福，她在日记中写道：“我觉得妈妈是最伟大的妈妈，妈妈的爱冲进了我的心窝里。”

我不相信迷信，但我相信这因果关系。有一次我颈椎病犯了，那天是星期五，小区马老师到我家吃饭，我强忍着把最后一锅包子蒸上屉。马老师心疼地说："这小身板，维持这么大一个家，真不容易。快去休息吧，我来看时间。"看见我病了，孩子们都静悄悄地把晚饭吃完，跟随马老师去了补习班。晚上9点多钟，听到外屋有动静，我起来看看，这时丽娜走过来对我说："您明天不用起早做饭，我把包子放锅里，明早起来热一下，我们就可以吃早餐了。"虽然第二天我仍然起来做了早餐，但孩子这份心意令我欣慰。我相信，我用自己的言语和行动，让孩子们真切地感受到了温暖，知道了感恩。

11月份，老爸被诊断直肠癌，需要做手术，听到这个消息的时候我在做晚饭，眼泪止不住地流了下来，毕竟80多岁的人了，真怕进手术室就再也不能出来了。可一想到孩子们那么小就失去父母，都那么坚强，突然间我就有了勇气和信心。就是在这种状态下，我仍然每天照顾着孩子的饮食、起居，也没有向村长请过假。老爸需要我照顾，可孩子们更需要我。就这样，每天早上把孩子们都送走后，我就去医院照顾老爸，每次老妈都催促我回来："快回去给孩子做饭吧，这里有我和你哥呢。好好照顾孩子。"老妈啊老妈，善良的老妈。这期间，孩子们问我最多的话题是："姥爷怎样了？""姥爷好点了吗？""姥爷啥时出院啊？"孩子们一句句的问候又一次温暖着我的心房。纵使两边奔波令我心力憔悴，孩子们仍然让我看到生活中的美好，也给了我走下去的信心。

平时，我给予孩子们充分的空间让他们自由发挥，从不束缚他们的思想。圣诞节的时候，孩子们不但精心布置了家，还准备了几个小节目，这几个小节目他们完全没有告诉我，孩子说让我有神秘感，给我一个惊喜！晚会前，孩子又是化妆又是换衣服，忙得不亦乐乎。虽然节目不多，观众也只有我一个，但是我和孩子们的心走得更近了。我成为他们生活中的一部分，这简单而又纯粹的快乐既美好又真实！

为了让孩子吃上可口饭菜，我就利用业余时间参加烹饪班学习，每每学了一个新菜品就给孩子们做，孩子们进入厨房第一句话就说："做什么好吃的啊，这么香？"这时我就像小孩受到老师表扬一样心里特别开心。小雪过生日的时候，我准备了一桌丰盛的晚饭。晚饭后，小雪对我说："我想抱抱您。我觉得我很幸福，谢谢您为我们做的一切，谢谢您对我们的爱。”

我经常在微信上晒孩子的生活照。一天美鑫的小姨看见了，指着美鑫的照片问我：“这是美鑫吗？”我笑着说：“咱家孩子怎么还不认识了？”她小姨说：“这孩子变漂亮了，笑得真开心，我都不敢认了。自从家里出事，就没看见孩子笑过。”听了这句话我很伤感，伤感的同时也为孩子感到遗憾，对于美鑫也更加疼爱，似乎总想弥补美鑫些什么。

关爱孩子健康成长就需要我们付出艰辛的劳动。一声关切的问候，一次温情的抚慰，很多看似简单的举动，却能让他们感受到亲人的爱护。我坚信只要心中有爱，我们一定会让孩子们那记忆的长河里留下最美好的回忆。

我的“走心教育”

齐齐哈尔SOS儿童村妈妈　崔俊贤

世界上最伟大的爱是母爱。作为儿童村的妈妈能用母爱滋润每一个干涸的心灵是一件十分伟大的事，但是让每一个孩子都温暖起来又谈何容易啊！村里的孩子每一个都有戒备心理，他们很难信任任何人，更不容易相处。这时候就需要妈妈用爱来感化，只有爱才能和孩子们成为真正的朋友，才能走进孩子的内心深处。

我的孩子心灵都受过伤害，或多或少都有心理阴影，无论说什么他们依旧我行我素，不考虑别人的感受，所以我经常对他们进行“走心教育”。“走心教育”具体来说就是深入到孩子们的心灵深处，用爱融化孩子心灵的创伤。

孩子被送到村里之前，他们幼小的心灵很多都有一种被抛弃的感觉，他们带着戒备、警惕和怀疑的目光，甚至是“仇恨”的心理走进儿童村。为了走进孩子们的内心深处，我会在平时生活中仔细观察孩子们的一举一动，包括他们的眼神、表情，不放过任何一处细节。我经常找机会和他们聊天、做游戏，一起上街买菜……希望能尽快地融入到孩子们的世界里，找到打开他们心门的钥匙。

遇到执拗的孩子，我会观察孩子这种情绪产生的原因，根据问题，试探地和他们聊天，告诉他们不要带着“仇恨”生活，转变一种心态可以活得更好。摘掉“怀疑”的眼镜，你会看到生活的另一面，你会发现还有那么多的人爱你。你的“仇恨”只是给自己增添烦恼，而被恨的人却丝毫感觉不到痛苦，所以与其怨恨地生活不如开开心心地过好每一天，当你敞开心扉的那一天你会发现，爱早已驻满心间。

还有些孩子不会与人相处，认为一些善意的批评和帮助是“找茬”。

这时我依旧会找机会和孩子进行“走心教育”，晓之以理、动之以情。首先要让孩子明白有些批评是为了让你更好，这些批评的人是因为爱你才会批评你，如果是过路人是不会在乎你的好坏的。其次对于别人的帮助要懂得感恩，别人是出于善良才会帮忙，要懂得知恩图报。其实孩子们的种种反常表现都是因为心里缺少爱，每当想到这里我都觉得我的孩子们需要我更多的爱，他们需要包容、需要耐心、需要沟通。我会用我更多的爱去包容每一个受伤的心灵，感化每一个孤独的灵魂。

有时候孩子们真的很难沟通，这时候我就会劝自己要有耐心，孩子们的心都是肉长的，慢慢就会更加柔软起来。每当这时我都会找各种机会和孩子们聊天，有时我会这样说：孩子们，你们不要钻牛角尖，把自己往死胡同里赶，这样你们永远都不会幸福的。你们想想看，有多少人在爱你们，你们拥有比别人更多的爱。虽然你们没有父母，但是你们却拥有了更多的祝福。当你们吃着香喷喷的食物、骑着帅气的自行车、穿着漂亮的衣服、抱着可爱的玩具的时候，你有没有想起捐赠这些东西的好心人，他们是如此善良才能做出这样的善举，他们是如此有爱，难道他们的爱心都不足以让你动容吗？所以只有用一颗充满爱的心来对待生活中的每一件事，你才会有真正的快乐。每天都用微笑和爱心来对待身边的人，慢慢地你就会发现自己是一个多么幸福的人。

很多的孩子不愿意与人沟通，他们性格内向沉闷。当你主动找他谈话时他会故意躲闪或者逃避，这时我会用书信的形式来和孩子们进行“走心教育”。无论什么形式，我的最终目的是让孩子们接受我，让孩子们的世界充满爱。以下是我写给孩子的一封短信，我称它为“走心家书”。

致我最爱的你：

孩子，你虽然失去了亲生父母的关爱，你的童年有无限的痛苦，但是这个世界并没有抛弃你。儿童村就是一个大家庭，这个家庭里的妈妈、兄弟姐妹和村领导都是你的家人，会给你超越家人的爱。当你遇到困难的时候我们会第一时间为你解决问题，当你在人生的旅途里走得疲倦的时候我们会做你心灵的按摩师，当你在生活中遇到不如意时我们会做你坚强的后盾助你乘风破浪。所以，珍惜这个充满爱的世界吧！无论明天你在何处，妈妈都希望你是一个有爱的人，都会记得我们的生活里充满了爱，我们生活在一个叫作爱的世界里。让我们的爱走进你的心间，走进你的灵魂，化解你内心所有怨恨、所有惆怅、所有不满，在未来的道路上披荆斩棘，成为一个有用的人。

孩子，对于现在的你最重要的任务就是努力学习，夯实基础，不能荒废学业。当然，除了学习你还要成为一个正直、诚实、勇敢、懂得感恩的人。妈妈希望你可以成为行业的精英，无论什么时候都严格要求自己，要有自己坚定的信念和远大的抱负。妈妈和村里所有叔叔阿姨都是你坚实的后盾，不管你做什么，妈妈都会支持你！妈妈相信你是一个善良、懂事、自立、要强的人。妈妈对你的未来充满信心！当然希望你永远记得妈妈的那句话："只有心中充满爱的人，才是最幸福的人。"

此致

敬礼

爱你的妈妈

这封信虽然字数不多，但是每个字都是我的真情实感，都是我最真实的告白。我希望孩子们可以通过文字感受到我对他们的爱，我希望孩子们都能够成为心智健全、成绩优异的人。面对一个个"受过伤"的孩子，作为妈妈我能做的就是去爱、去包容、去感化。在我的感化下，越来越多的孩子慢慢地发生了改变，慢慢地愿意和我交流，慢慢地学会了微笑，慢慢地把我当作了他的亲人。我看到这无声的改变，为了这样的改变我愿意用我的一切去换取，即使是青春，即使是爱情。

最令我欣慰的就是，当孩子们走向社会依然会惦记我这个毫无血缘关系的妈妈。他们打心底承认我这个妈妈，也证明我的努力没有白费，更证明我的孩子都是充满爱心的，我的"走心教育"是有效果的。

新的一年悄然而至，新的一年祝愿我的孩子们一切顺利，也祝福每一个在儿童村里长大的孩子都能健康、快乐。

（SOS儿童村妈妈有许多人研究了心理学课程，有的还是研究生课程。她们是用行动落实着"一切为了孩子"。——李进国注）

平凡的人生，温馨的家园

北京村SOS儿童村阿姨　杜莹莹

当一个人回首往事时，不因虚度年华而悔恨，也不因碌碌无为而羞愧，这样，在他临死的时候能够说：我把整个生命和全部精力都献给了人生最宝贵的事业。前苏联作家尼古拉·奥斯特洛夫斯基《钢铁是怎样炼成的》中的这句名言耳熟能详，却鲜有机会体会到它的真正含义。我们这一代人生长在和平年代，没有经历过战争的残酷，没有经历过饥荒的艰苦，甚至没有经历过多少平凡生活的磨难。但在这里——SOS儿童村——短短的几年时间，和这里平凡的人们在一起，我深刻地体会到能铭刻到生命中的一些东西。

儿童村的工作是辛劳、枯燥、琐碎的，超市、菜市场、学校，日出而作，日落不息，年复一年，重复着同样的轨迹，面对着同样的人。特别是当你看不到自己的付出有什么成效，甚至有时候孩子的各种行为让你心力交瘁，好像等待自己的是一眼望不到头的黑暗时，我有时候也会疑惑，是什么让我们坚持了下来？

带过一个三岁多的小孩子，半夜两点，我睡梦中突然感觉被什么卡住了脖子，黑暗中醒来感觉是孩子的手，再一摸原来是两只小脚。哎，知道她睡觉不老实，可这睡姿大家能想象出来吗？熟睡中被惊醒我很恼火，可是看到她粉嘟嘟的小脸就什么脾气也没了。早晨送这孩子去幼儿园，她一脸稚气地提醒我离路边的树坑远一点，话还说不清楚，但我听懂了，因为她之前骑小车落入过“陷阱”。她那认真劲儿让你觉得既好笑又感动。

回想自己初来儿童村，也曾轻率鲁莽、粗心大意，也曾年轻气盛、自以为是，也曾拈轻怕重、轻言放弃，但是孩子们灿烂的笑脸、窝心的话语慢慢融化了我，孩子们渴求的眼神、进步的喜悦牵引着我。

一天吃晚饭时，有个孩子说：阿姨，今天我们写作文了，题目是《最有意义的一件事》。我写的是学骑自行车，那是您教会我的呢！听到孩子的话，小小欣喜盈满我心间，突然意识到自己的举手之劳可能对孩子成长意义非凡。这个孩子有先天心脏病，做过手术，长得很瘦小，胆子也小。两年前，当一年级的小弟弟都已经骑着儿童车满院疯玩的时候，上三年级的他却只敢骑着三个轮子的小车瞎晃悠。我给他壮胆，让他试着骑两轮车，他很快就能掌握平衡，如今连大人的自行车都敢骑。偶尔得到孩子的肯定，就觉得还有什么付出不值得呢？人生的酸甜苦辣，我都愿带他们去领略。

有个孩子因先天疾病走路很吃力，为了让他生活方便不用爬楼梯，也避免发生意外，我们没有让他睡楼上男孩房间，而是让他睡在楼下客厅。有天他突然说想去楼上和弟弟们一起睡。大姐姐说：如果你能自己爬上楼就能睡楼上。本以为会打消他的念头，没想到他真的去爬楼梯了。我怕他摔倒，但想到他一个人睡楼下的冷清也就默许了他的行动。我紧跟在旁边，一路担心中他终于独自完成了上楼下楼。在这个家庭的两个月来，我第一次看到他眼睛闪闪发亮，脸颊红扑扑的，这健康的颜色于他如此难得。

他兴奋地说："阿姨，我每天锻炼腿就能好吧？"

我刚泛起的一点快慰一下子消失了，只得强忍着伤感装出高兴的样子说："是啊，当然啦！"

我默默希望有奇迹发生的那一天，希望不久的医疗技术能再发达一些，我们不必再对孩子重复这善意的谎言。

我也曾因这份工作单调琐碎而烦闷，也曾因工资太低、成效缓慢找不到价值感，但这些似乎都不足以成为我离开的理由。相比其他工作，这里的孩子更需要我们。他们牵动着我们，让我们获得心灵的满足和存在的价值。

在儿童村待的时间越长就越感觉自己很渺小，是老妈妈们日复一日、年复一年的付出让我知道了持之以恒是多么的可贵。看到在饭桌上眼观六路、耳听八方，照顾到每个孩子吃饭的妈妈；因为孩子毛笔字的一个笔画没有写好忙到深夜还在收拾笔墨纸张的妈妈；为孩子青春期各种问题焦灼不安的妈妈……孩子一点一滴的进步都凝聚了她们的心血。我知道自己做得还远远不够。

在我遇到困难时周围的妈妈们纷纷伸出援手，生病时姐妹们更是悉心照料。她们的能量、她们的温度、她们对孩子的坚忍无私感染着我。一路走来荆棘密布，回首望去早已鲜花满地。

接手过几个很小的孩子，又有残疾，吃喝拉撒都要料理。我是有点小洁癖的人，本以为自己做不到。第一次上夜班，两岁多的一个小女孩半夜突然大哭起来，我第一次手忙脚乱地弄奶瓶，轻轻拍她，她依旧大哭不止。扒开尿布一看，原来是拉了好大一坨便便。我几乎是咬着牙、闭着眼处理完那堆东西。换上干净的尿布她居然止住哭声，很快睡着了。听着她均匀的呼吸声，我也开始了把处理排泄物当作家常便饭的生活。

孩子生病是最让人揪心的事情。有天晚上，更小的一个男孩突然发烧，喂完药我还是不放心，把他抱到自己房间，让他睡在我床上。一晚上我不知是醒了无数次还是根本没睡着，量体温，哄他喝水。第二天他退烧了，早晨坐在我床上喝了大大一碗米粥，我的心也终于落下了。

任何旁观者都可以轻松地说一句：这只是一份工作。但我要替所有SOS 儿童村的妈妈们说：这远远不止是一份工作。

一时心血来潮做一件好事并不稀奇，一世始终坚持做好一件事情才可贵。

儿童村的妈妈都是从最初的满腔热情，经历了挫败、迷茫、麻木、顿悟、坚持，最终化为每日餐桌上冒着热气的一顿饭菜，衣服上的一个纽扣，乐器上的一个音符，成绩单上的一个数字，孩子进门时的一个微笑、一声问候，出门时的一丝担忧、一句叮嘱。最终，爱这些孩子成为了自己的本能，水滴石穿的意志成为了自己的本能，善良、包容、不计得失、始终如一真诚地面对成为自己的本能。

儿童村的妈妈们都是平凡的人，也有着普通人的七情六欲，也会软弱，会崩溃，会有撑不下去的时候。在儿童村也许会看到一个充满慈爱的妈妈关爱孩子的场景，也许会看到一个凶神恶煞的妈妈管教孩子的场景。但我要说你看到的永远不是全部。儿童村这个大家庭似乎有股神秘的力量，在这里我们互相感染着、扶持着，克服了自己身上的弱点，度过了一个个最煎熬的时期。我看到每个人身上的变化，那是一种破茧成蝶的蜕变！

在儿童村工作的这几年，似乎时间就在柴米油盐间、每日的琐碎中虚度了。我也曾经质疑这份工作：一个女人，把儿童村的孩子作为自己生命的全部，在这里熬走了青春，作为事业，收入又很少，似乎也没有资历的积累，没有晋升的渠道，她的未来在哪里？后来我渐渐明白，她的未来是孩子！还有什么比哺育一个孩子，引导他健康成长更为重要？孩子让我们求知若渴，督促我们在各方面提升自己，以跟得上他们不断成长变化的需要，这便是积累，是晋升。我现在很认真地面对自己的内心，知道自己收获了很多，成长了很多。看着一个个温馨的家庭，我为自己身在其中感到幸福和骄傲。

"人的美并不在于外貌、衣服和发式，而在于他的本身，在于他的心。"用自己的一生去成全几个孩子的一生，儿童村的妈妈们难道不是把整个生命和全部精力都献给了人生最宝贵的事业吗?!

我的心语

烟台SOS儿童村妈妈　杜永洁

自从拿到“妈妈心语”这个命题后，我就一直陷入深深的思考中，不敢轻易落笔。所谓心语，自然是心里的语言，是心里最想说的话。心里想说的话有很多，但是面对SOS妈妈这个特殊群体的时候，还真是想说又不能说。想来想去，除了表达对姐妹们的崇敬之意外，我不知道还能为大家做点什么。

为了教育的一致性和持续性而放弃休假者有；为了孩子学习特长，人到中年仍然苦修五线谱者有；为了孩子能上好学校，寻门路找关系者有；为了提高孩子学习成绩开小灶做培训者有；请家教者有；自学心理学者有；风雨接送孩子者有；夜半送儿上医院者有……但凡能发生在为人父母身上的事情，有哪一样没有发生在我们姐妹身上？一个、两个、十个、二十个……一年、两年、十年、二十年……此处文字能省略多少，各位看官尽可以发挥您的想象。

我们心里的酸甜苦辣咸不是不足为外人道，而是不能为外人道也。我们最直接的苦恼来自我们亲手抚育的孩子，在外人面前揭开他们的伤疤，做妈妈的不忍心。我们的隐痛是我们太弱势，区区200人在泱泱大国中不及沧海一粟，后顾之忧谁能解决？我们的心酸是长年累月地付出，却得不到应有的尊重。在我们困惑迷茫的时候，我们不能对自己父母亲人诉说，只能默默承受……

我上大学的女儿在文中写道：妈妈，也许我永远不会把你猜得明白，不知道是什么支撑着你为我们付出所有、倾尽一生。女儿的话让我欣慰，大学生的境界毕竟不同，她已经开始思考和反思了，并且有了一定的认识高度。但要回答她，我一时间还真是不知从何说起。我想起某年在一档电视节目中，也有记者向一位前辈妈妈提出了类似的问题，面对镜头她说，每当孩子搂着她说“妈妈，等我长大了，我给你买大手表大汽车”的时候，就是她最幸福的时刻，为了那一刻，所有的付出和委屈都是值得的。这样朴实无华的语言，大概很能打动坐在电视机前面的观众吧。但彼时彼刻，我的心真的在流泪疼痛。

媒体朋友，我想对你说，不要总是按照您的臆断，把我们塑造成为旧时代的家庭妇女形象，再怎么含辛茹苦任劳任怨，她们活得也不够精彩。我们早就摆脱了只会洗洗涮涮伺候孩子的老妈子形象了，新时期的SOS妈妈也在与时俱进，学习着先进的教育理念，是孩子幸福生活的引路人。

我还想对那些只重才不重人的人们说，您想快出成绩、出好成绩的愿望是没错的，但要考虑儿童村孩子的实际情况，他们的坎坷经历使其大多没有养成良好的行为习惯和学习习惯。儿童村不是精英训练基地，成才要先成人。与其高学历却愤世不知感恩，我宁愿我的孩子热爱生命、与人为善，做一个品行高尚、受人尊敬的人。

儿童村既然是社会文明的窗口，更应该是倡导节约、博爱等正能量的具有示范意义的社会缩影。我想对热心慈善事业的人们说，锦上添花易，雪中送炭难，任何事情都不是想当然的，一定要先了解SOS儿童村的性质和需要，方不辜负您的一番美意。我想对学校的老师说，请不要给儿童村的孩子贴上某种标签，也许他们会耗费您更多的精力和耐心，请至少保护他们的自尊心不受伤害。我想对某一类孩子亲属说，既然您不具备抚养能力，把孩子送给我们抚养，那么就请您信任我们，我努力想把您的孩子培养成胸怀坦荡、格局大气的人，请不要再用您狭隘的亲情和蝇营狗苟的意识扯孩子进步的后腿。

我不想再说了，还是就此打住吧。

还是回答女儿的问题吧。我想对女儿说，支撑我坚持下去的绝不是虚名浊誉的光环，而是人性的温暖。这些温暖就来自于你们——我一个个亲手养育大的孩子。虽然我还是不习惯当面对你们说爱说感谢，但我曾经不止一次撰文写过这样的话。如果需要，感谢孩子的话我还会说上千千万万遍。诚然，我一直在致力于为孩子们打造一个温馨和美的家，但这个家又何尝不是属于我的。自从我选择了这个职业，就认同于这种生活方式。十年磨砺，不断调整，是孩子们给了我成长的机会和空间，让我不断学习不断沉淀，终于能平和静好地过日子。

我不是没有想过逃离这种生活，当一个人走进死胡同看不到希望的时候，就会选择逃跑。那一次改变我想法的是一个游戏，一个很普通的游戏，一个在亲生母子之间被做滥的游戏：孩子们被蒙住眼睛带到打乱顺序的妈妈面前，只能摸摸身前人的手，就要判断出是不是自己的妈妈。游戏之中我一直惴惴不安，跟我一起参与游戏的小泽13岁才来到我身边，那么大的男孩子一般是没有机会触碰我的手的，他能在众多粗糙的手中认出我吗？游戏的结局是参与的孩子都准确无误地找到了自己的妈妈，包括小泽。揭开他眼罩的那一刻，我抱着他忍不住哭了，原来真的有一根无形的线牵扯着我们彼此，我逃无可逃！

亲爱的孩子们，当你们一个个的字里行间都赞美我的微笑时，你们不知道这微笑是你们帮助我找回来的；当你们都说能感受到我给你们的温暖和爱时，你们不知道你们早就把爱回馈给了我；当你们都说我是你们力量的源泉时，你们不知道这是给我的最高奖赏！其实，我也回答过那个“什么时候最幸福”的问题，那时候我的回答是：当孩子们都依偎着我，一家人亲亲热热说话的时候。这个回答是不是比“大手表大汽车”还要简单幼稚？可如果今天还有人这样问我，我还是会这样回答。孩子啊，当妈的想的不是你们出人头地带来荣耀，而是你们都平安地融入社会，做一个幸福快乐自食其力的劳动者。

最后我还有一点想对女儿们说。不知道何时起，社会上竟然有一种流行病，得病的人都不希望自己的孩子做自己所从事的职业，包括一些在普通大众眼里比较受推崇的行业，比如教师、医护人员等。我不知道这是矫情还是真的了解其中的甘苦。但我要说我也得了这种病，而且并不打算治愈它。亲爱的女儿们，外面的世界很无奈，但外面的世界也很精彩。年轻就是你最大的资本，放开手脚在广阔的天地里自由翱翔吧！

（一直记得杜永洁妈妈2014年10月在莆田召开的SOS儿童村孩子教育培养座谈会上的发言，协会官网也能查到。正是这些发言，让我们组建了孤儿抚育培养专委会，并启发我们组织了此次论文活动。——李进国注）

哥哥的感慨

开封SOS儿童村11号家庭　马耐勤

李磊（化名）是烈士的后代，父亲因保护公家财产勇斗歹徒牺牲，母亲病逝后家中只剩80高龄的奶奶，生活窘迫陷入困境，村大队支书帮忙把他送来了儿童村。他现在是中国开封SOS儿童村11号家庭里一名初中毕业后就离村的哥哥。他有时间就回来看我，会和弟弟妹妹们聊天，提起初入社会时的艰难，很有发言权。他对小时候没有听妈妈的话，没有努力学习，是非常后悔的。

李磊是2008年离村的，起初在邯郸学厨艺两年，后又在昆山待了一年半的时间，从事电脑组装工作，从最基本的组装到包括软件组装、程序安装全部熟练，因为学历低，他花了更多的努力。再后来，他在上海外贸公司学习用电脑织毛衣，有时一班工作十四五个小时，非常辛苦，饭食很简单，营养不好，薪水是计件不固定，大多时候挣不到钱，入不敷出。

如今他在广东电子厂打工。刚去厂里时要求男工高中学历，女的初中即可，他知识储备不足，曾多次遭到拒绝。他请求厂方给他一次机会，用工单位抱着试试看的心态把他留下了。他虽然学历有限，但凭着小时候在儿童村培养的吃苦耐劳精神、诚实肯干的良好品质被聘用了。后来他得到领导和同事的好评，比普通工人高一级，还带新手。他说共带过8个徒弟，平时工资3000元以上，还得过奖金。

李磊哥哥用自己的亲身经历情真意切地告诉弟弟妹妹：一定要听妈妈的话，努力学好文化知识，有了足够的知识储备才可以为社会作贡献。

今年李磊是带着妻子儿子一同回村的，我这个当妈的可高兴了，最让我满意的是儿媳是知识女性。李磊认识女友时她还是在校大学生，女孩儿说她是家乡第一个女大学生，她就看上李磊为人厚道、做人实在、人心眼儿好。李磊的儿子见人就笑，不哭不闹，特别乖，长得特像父亲，体格壮壮的，很沉稳，性格随和。

记得我从事儿童村事业，是因为看了沈丹萍主演的电视剧《只要你过得比我好》，片子以中国第一个儿童村为故事原形。现在我非常高兴地坚信，孩子们一定过得比我好，因为社会在进步，时代在发展，我们国家越来越强大富裕，在百姓富足的今天，每个人都可以终生学习，只要勤劳勤奋，都能过上好生活。

（该静默了。我怎么觉得——比所有的作家写得都好。——李进国注）

我爱我家

烟台SOS儿童村妈妈　侯利伟

前几天看了杨绛先生的著作《我们仨》，她女儿钱瑗说：“爸爸、妈妈和圆圆，是一个家。是因为爱而聚集在一起的‘我们仨’。”读完这句话，我想到了我的孩子们：妈妈、儿子和女儿，是一个家，是因为爱而聚集在一起的我们。

烟台儿童村共有十六个家庭，每个家庭是一个单位的独立体，妈妈们是家庭的管理者，一个妈妈最多同时抚养8个孩子。十年前我加入了这个队伍，成了一名妈妈助理。当了一年的助理后，村里新组建了3号家庭，决定由我来接管这个新家。新家没装修之前，我先临时在助理房间抚养两个孩子。

“妈妈”，当两个8岁左右的小孩喊我时，我心里不知是啥滋味，但是孩子们的叫声使我马上感觉到了自己的责任与义务。孩子们的教育需要经验与时间。这两个孩子是从农村来的，无人管教下的他们，顽劣与野性等缺点在他们身上暴露出来，这让我这个毫无经验的妈妈束手无策。由于家庭背景和一直以来交往圈子的限制，我难以应付出其不意的难题。“虚心请教，用心读书。”我这样鼓励自己。

两张小床上躺着和我没有血缘关系却喊我妈妈的两个孩子。冬天来了，为了暖和一点，我和女儿睡到一起，每个晚上，女儿小小的身体会暖热我冰冷的躯体。一天晚上，女儿亲昵地搂着我的脖子说道：“妈妈，和你在一起真的好幸福。妈妈，你不会出车祸吧?”我惊呆了，没有想到女儿对车祸有着深深的恐惧感，她怕车祸再一次夺走她妈妈的生命。这个口无遮拦的小女孩把我沉寂的心唤醒了，她把妈妈传递给她的每一份爱用童真的心去珍藏。

一年之后，我们搬到了装修好的三号家庭，同时也迎来了好几个新的家庭成员。从此我们圈在了一起，一起欢笑，一起走过风雨。

每个春节去部队过年是我家的惯例，孩子们和战士们一起表演节目，他们把自己的问候带给哥哥们，哥哥们也非常喜欢这些带给他们欢笑的孩子们。他们体验和感受了部队的生活，从战士身上学到在家里和学校学不到的东西。他们和战士们成了朋友、兄弟、兄妹，爱在彼此之间传递。在部队，他们知道了什么是纪律、什么是团结。

“五一”的时候，经烟台义工的推荐和筛选，我和孩子们参加了社会公益活动——南山公园扮演小动物。那三天，我和孩子们是动物世界里的米老鼠、唐老鸭，我们和公园里的孩子们合影留念，和那些比他们小的孩子们嬉戏游玩，引领游客们参观景点。孩子们体会到了“予人玫瑰，手留余香”帮助别人的快乐。我告诉孩子们：社会给予了我们帮助，我们要怀着感恩的心去接受，然后尽自己所能把自己的爱反馈给这个社会。三天后，孩子们对我说：“妈妈，这是一个快乐而有意义的五一，我们一辈子都不会忘记。”

玉树发生了地震，电视画面上，一个五岁左右的小男孩坐在废墟上哭泣，李俊杰跑到我身旁，征求我的意见：“妈妈，让他来咱家吧，我会好好照顾他的。”看着儿子那双真诚的大眼睛，我鼻子酸酸的。在他还没有记忆的时候，他的父母发生了车祸。我觉得他对父母的概念是虚幻的，不懂得去理解什么是爱！可是孩子今天的话让我认识到孩子对亲情的渴望是如此强烈。孩子们主动捐出零花钱给玉树那些灾民们，我和孩子们的共同心愿是：希望那些地震中失去双亲的孤儿们早日找到一个温暖的家。

在一次义演中，我和孩子们共同表演了节目。演出的前半个月我专门请来了幼儿园的老师教我们跳舞。正式表演那天，专业的化妆师给我们化妆。在此，我感谢这两位义务帮忙的舞蹈老师和化妆师。当我们站在舞台上，我们双手举起来的那一刻，我知道孩子们成功了，他们战胜了怯懦，从开始的拒绝，到勉强接受排练，直到今天成功演出。台下热烈的掌声，孩子们灿烂纯真的笑容，这一刻，我心情澎湃，可以说每个孩子都是我的骄傲。

至于孩子们身上的缺点，现在的我已经能够坦然面对和接受，缺点改了就会进步。人不可能十全十美，何况对于这些十几岁正是顽皮年龄的孩子们。我已经完全融入到母亲这个角色当中来，在他们心目中，我就是他们的亲妈妈。“我为什么要苛求孩子们的完美?”孩子们身上所显现出的毛病缺点是因为他们还小。我们老是用成人的眼光看待问题，我们妈妈必须学会给他们以明亮的正面引导，使他们认识到什么是对与错。这种优秀的品质教育是他们人生当中最重要的一课，稍有差错，他们就会误入歧途。

我一点都不喜欢别人说我伟大，在人的观念里，这种特殊的职业无形地被公式化。十几年了，我已经习惯了这种家庭生活，喜欢孩子叫我妈妈的感觉。我时时刻刻在进修自己，我不仅想做一个与时俱进的现代妈妈，更想在心灵上做孩子们的好朋友。

“亲情给了我最真实无私的感情，我和孩子们之间的感情会在时间的磨合中培养起来，那种后天建立起来的情愫将植根于我和孩子们的心中。我不祈求将来孩子们的回报，只愿给孩子们一份母爱，愿他们在爱中成长起来。

既然缘分让我们成为母子、母女，我就要承担起母亲的责任。他们失去了双亲，我更要加倍地爱他们、呵护他们。我不祈求他们将来的回报，只愿孩子们能够健康地成长，一家人相亲相爱地过日子，我就满足矣!

而今我已经在向不惑之年靠近，十几年岁月的沉淀让我多了几分从容。春去秋来，年龄大的孩子不断从我身边离开，年龄小的孩子又陆续走进了这个家庭，在或者不在我身旁，他们都是妈妈永远的牵挂。我的青春是在和孩子们的成长中一起度过的，以前的稚童如今已是青春少年。除了老大林永海已经走向社会，其他十一个还在学习阶段，要想成为一块发光的金子，还需要一段时间的淬炼。但是我为他们骄傲，因为他们身体健康、四肢勤劳、心地善良，有一颗感恩的心。青春韶华虽美，但秋天硕果累累的成熟季节更诱人。生活还在继续，携手孩子一路同行。

走过四季　花香漫天

南昌 SOS 儿童村妈妈　刘俊芳

年轮在日月交替中递增，日月在四季轮回中往复，人的成长和四季一样循环。经过一个个春播、夏耘、秋收、冬孕，不断蜕变、升华。

春之声

又是一年踏青时。郊外，春风和煦，鸟语花香。湛蓝的天空飘着朵朵白云，金黄的油菜花铺满了田间、溪畔，蜜蜂在花丛中飞舞忙碌。油菜花与青山绿水相映，构成一幅水墨画卷。清风徐来，泥土的清香和着油菜花的幽香，弥漫于整个大地。我们醉情于花海，感受着春的气息。孩子们尽情地玩耍、嬉戏，不觉已夕阳西下。

带着一身花香，还没进家门孩子们就急不可待地要看照片。打开电脑，硬盘已满，先整理照片。岁痕叠加，时光流逝。随着照片的翻动，思绪自然也跟着回放，照片背后的故事历历在目。二十多年的照片，记录了孩子成长的点点滴滴，凝聚了所有爱心人士的帮助。欢笑背后的努力、付出，眼泪背后的坚持、忍耐，只有经历过这些才知道，张张都是爱的凝结和沉淀。

“妈妈，这是你刚来村时的照片，好年轻啊！哥哥姐姐那么小，旁边这位大伯是谁？”围在电脑边的快嘴八哥好奇的问话打破了我的思绪。

“你猜，猜对有奖。”我喝着水卖起了关子。

他瞪大了双眼，接着又眯了几下，“这个嘛，有点难度，照片比我年龄都大，没法猜。”

其他的孩子也都着急起来，妈妈快点说吧，这是谁？

我慢慢放下水杯，把照片放大，“这是洪城大厦的周董周爷爷。”

“不对，这哪是爷爷，一点都不像！”孩子们异口同声。

“没错，这就是二十一年前的爷爷。”

那年南昌早春，虽然还没有草长莺飞，但也到了小雨润如酥、万物复醒的时候。沉睡了一个冬季的小草，轻轻地探出头来试探着春的气息。孩子们也踏着春的脚步，来到了我们家，探索他们未知的生活。

家庭刚成立，很多物品需要购置，由于资金紧张急需社会帮助。市委号召大型企业和家庭结对子，采取一对一帮扶。周董来到我们家，仔细询问了家庭成员情况，详细查看室内设施。两天后，他带来了新衣服和文具，还赠送了空调、音响等一大批生活用品，解决了燃眉之急。

“妈妈，这张下雪照片也是那年春天吗?”坐我身边乖巧的五妹歪着头，指着下一张。

“是的。”我微笑着答道。

二月，乍暖还寒，又恰逢多年不遇的倒春寒，天气更加寒冷。周六早晨一开门，我惊喜地发现下雪了，赶紧把他们喊起来。

“对了，有首诗是怎样描写下雪的?”

“忽如一夜春风来，千树万树梨花开。”眼镜九哥脱口而出。

“很棒，九哥就是有学问。大家要向他学习，多看书，多动脑。”我边说边摸了摸他聪明的小脑瓜。

南方的雪是阴冷、湿散的，边下边化。他们都兴奋起来，可想堆个雪人都堆不成，手一会儿就冻得通红不听使唤。身上的衣服虽然在增加，但依旧不能抵御严寒，我们只好开一个取暖器，集中在楼上的小房间里看书写作业，写半小时，再去跳绳活动一番，热乎一点再接着写。

“咚咚”，楼下有人敲门。飞毛腿三哥跑下楼急切地喊：“妈妈快下来，周爷爷来了。”周爷爷头上身上沾满了雪花，不顾天冷路滑，送来了被子等防寒物品，并亲手给孩子们穿上棉衣、棉鞋，拉着手嘘寒问暖。哥哥姐姐们穿在身上，暖在心头，围着爷爷又蹦又跳，可开心了。

“妈妈，这张照片是万阿姨带我们去游乐场玩，那天阿姨不舒服，可是一直陪我们玩到天黑。”懂事的五哥抢先说。

二十多年来，集团上到董事长下到员工，始终把我们家庭当作他们中的一员。周爷爷退休后就把资助的事情，交待给了万总万阿姨。

“每逢过年过节，妈妈让我们给爷爷奶奶电话拜年、寄贺卡。目的就是使我们懂得知恩感恩是一种美德。在学校帮助更困难的同学，主动把自己的学习用品分享给别人，也是一种爱的传递。”大姐从厨房出来。

夏之韵

忙碌中的春天总是那么短暂。我们的生活也和绚丽多彩的夏季一样丰富、有趣，有惊喜连连，也有惊魂一刻。

“二姐，这张照片是哪年去泰山的？泰山好雄伟啊，我也想去！十二哥那么小就登上泰山了？”坐在后面一直默默看照片的大眼睛三姐小声问二姐。

“可别提了，那年他没把我们吓死就不错了，现在想起来都后怕。”话匣子二姐提高了嗓门，声音明显听得出有些激动。

2006 年，大姐二姐经过努力，终于考上了心仪的大学。特意安排这时休假，正好带着她俩和两岁半的小机灵十二哥跟我回老家，并顺道去济南、泰山、曲阜游玩。

会当凌绝顶，一览众山小。当我们登上向往已久的泰山时，兴奋得手舞足蹈，不停地拍照、欢呼。登山的疲劳一下子被眼前的景色抵消，刚才还大汗淋漓，不久就被清凉的山风吹散。

从天街一路欣赏着美景走到探海石，时间过得很快，不知不觉两个多小时过去了。我们商量着走路下山，十二哥说，有点头痛不想走路。我仔细看了下他，他脸色发白，摸一下额头有点发烫。都怪我们玩得太开心，一时疏忽，可能是上山出了很多汗，在山顶被风吹干感冒了。他有遗传性癫痫最怕发烧，我们一下子紧张起来，立即改乘缆车下山。

一路上，我不停地试体温，并不是很高，心里稍许有些安慰。到车站刚坐上车，他突然四肢发硬，口吐白沫。我第一反应就是一只手掐住他的人中，抱着冲下车去，边跑边喊，大家帮我喊出租车去医院。泰山站的工作人员迅速跑到路边，拦了一辆车到最近的医院，没想到医院没有儿科，司机师傅立刻带我们到了泰安儿童医院，连钱都没要就走了，至今都不知道他的名字和车牌号。两个姐姐跟在出租车后面跑，为了抢时间，没让师傅停车，只是打电话让她们到泰安儿童医院来。

“你们知道吗，第一次出远门，就把我俩丢在大街上不管了。”二姐转脸对着低下头的十二哥，“你倒好，妈妈带着你坐车走了。”

“我也不愿意生病啊，我……我还想去大明湖玩呢。”十二哥嘟起了嘴巴，显得满脸委屈，眼泪都快掉了下来。

到医院立即转入重症监护室。他高烧持续，病情不稳，一会儿，医生就下了病危通知书。我当时就蒙了，感觉天已塌下来。看似表面强大的我，内心怕极了，恐惧、无助、自责一齐袭来，悔不该不听姥姥的话。上山前姥姥打电话就说他太小，体质弱，不能登山。悔不该不听村长的嘱托。来山东前，村长一再叮嘱我要照顾好他们，特别是十二哥。悔不该我疏忽大意。我们在山上玩得太嗨，没有时刻把照顾他们放在心上。万一……我不敢再想下去。姐姐不停地安慰我，努力睁大模糊的双眼寻找签字的地方。虽然这已是第四次为他签字，可手还是在不停地发抖。他瘦弱，血管不好找，他的每一声哭喊都扎在我心上。我极力控制着情绪，积极配合医生治疗。姐俩跑前跑后忙到很晚，就在监护室门外睡着了。知道她们没有休息好，第二天吃过早饭，打电话让舅舅把她俩接回了肥城老家。五天后他才康复出院。

哎！山东之旅就这样在惊魂中结束，完美的旅游计划泡汤了。我已不敢再带她们去济南和曲阜，只好待在老家休养。

秋之舞

从池塘草绿到梧叶秋黄，从映日荷花到橙黄橘绿，大自然把所有的颜色，全都赐给了这个季节，我们也沉浸在丹桂飘香、童话般的金秋中。

“饿死我了，你们先看吧，我得去找点东西吃。”大胃王胖哥嚷着冲进厨房，“先吃个馒头，照片的故事再好听，也不能饿着肚子啊。”

我哈哈大笑起来，“如果生在战争年代，没有饭吃，一块糖都能让你叛变。”

“没错，妈妈说得太对了，根本用不上灌辣椒水就投降。胖哥，快点来看，再下一张就是我们摘桂花的照片，那桂花雨可美了。”平时话少的十哥也跟着搭上了腔。

“大姐，我也饿了，先吃饭吧，以后再看好吗？”小精灵六妹边说边要夺大姐手中的鼠标关电脑，她知道大姐最宠她。

大姐指着她的鼻子说：“就你鬼精灵。好吧，那我关电脑，大家去吃饭。”

大姐边说边偷着笑，十哥再也憋不住了，“明明到了我摘桂花的照片，却要关电脑，别以为你俩搞鬼我不清楚。”

“搞什么鬼了？”大姐故意问。

“哼！别装了，六妹是有意不让我们看她的杰作。”十哥一语道破天机。

六妹瞬间蔫了。

他一说六妹的杰作，我也忍不住笑了。“好啊，那我们就先吃个苹果，欣赏完她的杰作再吃饭。”原来六妹让大姐关电脑是为了这个。

孩子们喜欢吃桂花糖，也喜欢在煮汤圆时加一点，那淡雅的芳香总会在唇齿间萦绕回味。每年桂花盛开，我和孩子们都会一起收集桂花，用糖或蜂蜜拌好保存起来，等吃时再取。

秋风送爽，幽香扑鼻。桂花或淡黄、或金黄、或浅红，一簇簇挤在一起。孩子们在树下铺满报纸，只要有风，桂花就会随风舞动飘落。真的是桂花开，等风来，喜滋滋，乐开怀。十哥最喜欢在桂花飘落时拍照，或许和他出生在中秋有关。

那天，我们光顾着收集桂花，不知什么时候六妹就不在了，喊也没人应。“砰！”突然楼上传来响声，我到楼上房间一看，瞬间石化。地上满是颜料，刚换的新床单被画了大半面，墙上也染上了星星点点。整个房间被上幼儿园的六妹涂鸦了。我本能地举起手，突然意识到应该先问清情况再说。于是我就装作捋了下头发蹲下来。

“为什么在新床单上画？”

她怯声说：“老师说纸上能画，地上能画，布上也能画。前几种我都画过，今天想在布上画，结果不小心颜料洒了一地。”说着还哭了起来。

拿相机的大姐拍下了这张照片，成了证据。六妹每次看到都觉得不好意思，怪不得让大姐关电脑。

冬之恋

一场秋雨一场凉，窗前的枫叶，带着秋霜未了的情愫和眷恋着的金秋挥手作别，冬季不约而至。虽然是万物肃杀，天寒红叶稀，但依然有可怜冬景似春华的喜悦。

“妈妈，这张照片是去年我扎伤脚拍的。以后再也不敢隐瞒了，自以为聪明，差点把脚给废掉。”上体校的十一哥主动爆料自己的糗事。

“你就是诚实。知道错在哪，这就是进步。”

下午，住校的十一哥从体校回来。远远地发现他走路有点跛，心细的大姐扒掉他的袜子惊叫起来，原来脚上发炎了。前些日子在赣州比赛扎伤脚，教练已带他在当地医院处理过。仔细一看，竟然还有玻璃露在外面，吓得我赶紧带他到医院。医生说是由于上次没处理好的玻璃残片引起的，要拍片看下具体情况，怕是里面还有残留。好不容易排到我们，机子却坏了。只好带他到另外一家医院。挂号、排队、拍片、取片、手术、包扎，等全部处理完毕，天已经黑了。

“下面这张温馨的照片，还用我说吗？这是你们早已策划好，送给我的生日礼物。”

“说吧，让我们再重温一遍。要不是那天去医院看脚伤误事，我们会准备得更好。”

转两次车，终于回到家，却没有一丝灯光。这个时间你们应该都在家的，我又紧张起来。拖着疲惫的身子打开门，突然烛光闪亮，音乐响起。你们手捧插着点燃蜡烛的橘子，齐唱生日快乐歌，地上是用点燃蜡烛的橘子摆成的一个心。墙上挂满了你们的自制贺卡，中间贴着一幅我们捉迷藏的绘画，旁边写着：妈妈陪我们长大，我们陪妈妈变老！

早已忘记了那天是我的生日，你们却记在心里。瞬间，已双眼模糊。那一刻，我沉醉在爱的包围中，幸福地醉了。

四季变幻，循环往复，我们不得不惊叹大自然的神奇。春的复苏、夏的烂漫、秋的诗意、冬的纯洁，在我们心中总能开出不同的花朵。不经意间，我们被外界的变化而感动，用心、用笔、用镜头记录下孩子们生活中的喜怒哀乐、成长足迹，在四季的轮回中不断成长、完善、提升。

走过四季，花香漫天……

小花小石寄深情

齐齐哈尔 SOS 儿童村妈妈　刘晓娟

在北方嫩江的下游有座美丽的城市——鹤城，因洪水的原因修建了一条雄伟的大坝，九十年代初在大坝的下面方圆三万七千多平方米的地方建起了具有欧式风格的一群建筑，这就是中国齐齐哈尔 SOS 儿童村。世界上这样的地方有很多，都以当地的城市名加上 SOS 儿童村命名。村子由家庭、幼儿园、青年公寓、村部组成。漂亮的建筑与当地建筑的迥然差别给这个地方蒙上了神秘的色彩，这神秘的气息又被爬满院子的喇叭花、满院子活蹦乱跳的孩子的欢笑声冲淡了许多。

那年我二十五岁，在这里开始了奇妙浪漫的人生。经过了二十五年的忙忙碌碌，苦中有乐、乐中有苦，五十岁的我养育了二十五个孩子，他们都叫我“妈”。和孩子们生活的日子非常简单幸福，诠释着我母性的情怀，这是我想要的生活。

2015 年 9 月的清晨，空气清新温暖，这可能是我抚育的最后一拨孩子，几个小的孩子赖在被窝里嬉戏打闹，几个大的女孩在梳洗打扮，两个大男孩在菜地浇水。每日三餐我最喜欢做早餐，简单别致可以充分发挥我的厨艺。今天是豆浆、小菜、馒头，豆浆要自己磨，再煮到生豆味变成豆香味；馒头自己蒸，大小不太均匀。无论我做什么食物在孩子们面前都是美味，他们都会毫不犹豫地吃光，让你有永远做下去的冲动。孩子们洗漱整理完毕吵吵闹闹地来到厨房，直到食物把他们的嘴堵上才安静下来。接着上学、放学、写作业，写错了再改，改了再写……削铅笔 10 根 20 根的，听写生字一遍两遍不厌其烦，背诵课文背到我都能背下来。孩子们练习乐器，二胡、中阮的声音好像渐渐远去了。夜深人静每个房间的灯终于熄灭，孩子们很快进入了甜美的梦乡。

会经常被叫到学校。有一次儿子跟同学打架，因为同学说他没爸没妈，他一直争辩说自己有妈妈。听到这，我不再向人道歉，回到家我向他伸出大拇指表示感谢。最糗的是被老师叫去说孩子穿的裤子短。原来那是哥哥穿过的，根本就不合适。孩子回来照样玩乐，我心里却不太是滋味。

我们村子很大，别人都说像个大花园。我家挨着房西有一片空地，还记得刚入村那年夏天长出的杂草很恼人，还有建筑砖瓦，大儿子们决定把他开垦出来种菜。后来全家齐心协力用整个的五月闲暇时间完工，平整黝黑的土地更让我和孩子们把这里当成家园。小手磨出泡又长出茧子，孩子们的勤劳给我带来不小的震惊。六月，茄子、辣椒、黄瓜、豆角还有小菜都种在了这块辛勤汗水开垦的土地上，我们还跑到好远的乡村买来樱桃树。这块土地成了孩子们思乡的乐园。村子里来了个喜欢农耕的村长，在菜园子边上打了口土井，也是为了村落的绿化。鹤城的人很少见这东西，把它当稀罕玩物来看。井很深，二十八米，井水比自来水甜。炎热的夏季用井水泡过的手幹面爽得让人难忘。九月，我们自己种的菜都下来了，樱桃也红了，全村的孩子都来吃果子，那是最热闹的季节。多少年来，走出村子的孩子不论离家多远，都打电话回来询问，家里的菜咋样？酿的樱桃汁给他留了没有？水井还在不在？我心里清楚孩子们想家了。

多少年来孩子大人经常在村门口迎接来自全国各地的各色人物和爱心人士。客人们抚摸着孩子们的头，抱起小一点的孩子亲他们的脸。客人们走后，孩子们还兴奋地没完没了地讲述着被关爱的幸福。为了能记住这美好的时刻，家里建立了留言簿，请来的客人写上几句心里话，留下他们的姓名，留言簿写完了一本又一本。有一年董浩叔叔来到村里，孩子们都激动地去欢迎。我家小哥最有心眼，拿了笔和本得到了签名和留言。孩子们把这份留言小心翼翼地粘贴到留言簿里，兴奋欢乐在心中流淌。国际主席库廷伯伯每一次来家，我们都请他在留言簿上留言，工整漂亮的英文是我们永远的记忆。每当全家浏览留言簿，里面的每一句话都给我们带来无限幸福。

女儿们多了，叽叽喳喳的事也就没完。女儿们常常抱怨说妈妈偏疼儿子，我微笑着不发一言。女儿啊，你们可以一直住在家里，可是你们的哥哥弟弟到了十四岁就要离开我、离开家到青年公寓生活，他们将面临很多问题。每到过年男孩们都找借口回家住几天，我坐在儿子们的床沿看着他们睡得很沉很香很踏实的小模样，真是看不够，舍不得离开，不知为什么眼泪会不由自主地流下来。我盼着每一个春节的到来。

日子慢慢地过着。那年儿子从大学放假回来，还没放下行囊就兴奋地讲述他的经历：他遇到一个女孩，圆圆的大眼睛高高的个，他们很说得来，他恋爱了。女儿回来脸上带着甜美神秘的微笑，总是躲在自己的房间，在她房间出现了漂亮的令人爱不释手的东西。这个假期家里流淌着美妙神奇的味道。现在他们都已为人父母，打电话来还说想吃妈妈做的油条汤锅，还想回到和兄弟姐妹上树摘果子的时光。他们亲昵地把这爬满喇叭花的村庄叫老家。

日子过得越来越好，家里也装修得好看又舒服，我也购买了像样的餐具，但是跟了我二十几年的缝纫机仍然缝制出带有花边的家居。村落空旷的地方铺上了砖和草坪，种植的树木优雅挺拔，喇叭花在随意地开放，深紫色的薄薄的花筒让人怜爱。

村子周围建起了高高的楼，马路也变得平整宽阔。村子对面有个很大的椭圆形的会展中心，夏季，中外商人带着各种石头珠宝来这里展示销售，我买下了二十五块大小体积完全一样、图案风格相似的吊坠。这二十五块吊坠摆在一起，一看就会知道是出自于一体。这石头让我兴奋又欣慰，把它们装在一个精致的木盒里，等待着儿女们回来一个一个地给他们带走。想着这石头会越来越少，想念会越来越多。最后要是剩下两块，那就挂在这房檐上永远迎接着喇叭花盛开的季节。

生日愿望

莆田SOS儿童村妈妈　许绍丽

21年前，因一部电影《只要你过得比我好》，她知道了儿童村。6年后，她走进了莆田SOS儿童村，成了其中的一名“职业”妈妈，开始了与二十几个孩子爱与被爱的故事……

——题记

11月的北京，雪下得比往年要早一些。

小涂是昨天到达北京的，一下飞机就碰到北方的雪。从小在南方长大，这还是第一次见到真雪，她顿时兴奋起来，急急忙忙拍照发微信，反倒一点都不觉得冷。朋友看了，称这是：“瑞雪迎贵客啊!”这次来北京，主要是因为大儿子大学毕业后，跟着老家的叔叔在北京做生意。小涂自己一直都想过来看看孩子在外打拼的情况，却苦于没有合适的时间。适逢休假，儿子特地订了机票请她过来玩，同时更是想在北京亲自好好地为他妈妈过个生日。这不，今晚非要在酒店订宴席，还请了在北京的老乡过来一同庆祝！时间真快啊，不经意在儿童村已过了16个生日。望着桌前的蛋糕，小涂不禁陷入了回忆中……

16年的光阴，5000多个日夜（除去每年一次的休假外），工作时间基本都是“白加黑”、“五加二”，活动地点呈固定的四边形：超市—学校—家庭—医院，一日三餐、思想、学习、卫生、健康，事无巨细都要操心。说不累，那是假的！有些人不理解怎么会有这样一份职业，会有这样的特殊职业要求。但在她自己看来，它只是自己对生活方式的一种选择，对儿童村理念的一种信仰！记得刚入村考核时，老村长曾郑重地告诉我们要慎重考虑自己的选择："这里的孩子因为各种原因已经失去了亲生父母，如果你们不稳定，这对孩子有可能造成又一次的伤害……"不记得是谁说过："父母是世上唯一不下岗的职业。"当选择来到儿童村时，便决定把她的岁月奉献给这些孩子，孩子便是她永远的期盼和牵挂！

还记得大儿子小时候腿骨折，行动不便，自己背进背出，日夜照顾；还记得小儿子刚来时才三岁，天天喂饭、洗澡……；还记得"调皮蛋"小勇因呼吸道息肉动手术，她每天医院家庭两边跑；还记得为了培养孩子的第二课堂，每个周末都要带孩子们去少年宫画画、跳舞；还记得大儿子高三时，为了给孩子鼓励，增加营养，每周都要去学校送两三次饭菜；还记得因为孩子调皮捣蛋，自己急急忙忙去学校跟老师积极沟通、交流……

光阴似箭催人老，日月如梭趱少年！一桩桩的往事历历在目，仿佛就在昨天。如今，大孩子都二十好几了，而她也从当初的小涂变成了老涂！这些年，是孩子让她懂得了生命的脆弱和坚强，教会了她懂得珍惜身边的亲人和朋友。看着孩子们渐渐长大、离村、在各自的岗位努力勤恳地工作，成为自食其力的劳动者，还有什么比这让人更欣慰的呢！

物换星移，春华秋实。她收获了孩子的成长，也收获了孩子给妈妈的"礼物"：每年在漳州老家休假，几个大孩子都会大老远跑过来看望她及家人，左邻右舍看见了，连连夸孩子们懂事；二女儿领到第一个月工资后，毫不犹豫地给她，并说："女儿的第一份工资就应该给妈妈。"二女儿知道她腰椎盘突出，不能弯腰，身为护士的她逢着休息日就回来帮忙洗头，一根根剪着白头发；大女儿一到周末就回家帮忙搞卫生，带着弟弟妹妹做馒头、包包子；每年的妇女节、母亲节和生日，家里或在外的孩子或打电话或寄礼物问候，已经成了一种氛围。

"嘟——"，微信的铃声把小涂从回忆中拉回来，消息是大女儿发过来的，一段生日祝福的视频：孩子们围着蛋糕，唱着生日歌，一个个对着镜头表达自己的祝福。原来孩子们知道妈妈今年没有在村里过生日，于是就想出这么一个"千里传音"的方式，让祝福传到远在北京妈妈的身边。听着孩子的歌声，小涂喜极而泣：我那些可亲可爱又可气的孩子们啊，谢谢你们，谢谢你们给了我一个如此惊喜的生日！大儿子此时走过来，拍了拍肩膀说："妈妈，该吹蜡烛许愿了！"是啊，该许愿了，小涂闭上眼睛，双手祈祷："第一个愿望——祝孩子、家人、朋友和自己身体健康、平安，孩子学业进步；第二个愿望——愿我们的工作能得到更多的理解和支持；第三个愿望——成年的大孩子们，事业顺利，早日找到心仪的另一半，家庭幸福，早日……"想到这，小涂睁开眼睛望着大儿子，会心地笑了……

窗外，万家灯火，儿童村家庭这盏心中的大灯分外明亮；窗外，白雪皑皑，"瑞雪兆丰年"，妈妈的愿望明年一定能实现吧！

柴米油盐半辈子，喜怒哀乐一生情！岁月如斯，足矣！

使　　命

南昌 SOS 儿童村妈妈　陈思豆

我相信，每一个生命都是为完成某种使命才来到这个世界上的，而我的使命就是给一群失去父母的孩子母爱和家庭的温暖。

二十多年里，为了不辱使命，我几乎每一天都是在如临深渊、如履薄冰中战战兢兢地履行着一个儿童村母亲的职责，因为我深深知道一个妈妈的素养对孩子的一生将产生什么样的影响。她关乎孩子的世界观、人生观、价值观，关乎孩子一生的幸福！所以，在翻阅了大量书籍后，我安放了一个合格的儿童村妈妈应该具有的四颗心——爱心、关心、同理心、奉献心，我也了解了儿童村妈妈所承担的角色——妈妈、老师、朋友、榜样。我要让我的孩子成为阳光、自信、进取、坚毅、敢于担当的人。当然，这种守望也让我的生命因此丰满起来、富足起来、温暖起来。

二十多年的故事实在太多太多了，一一诉说恐怕几天都讲不完，我这里就不说故事了，只谈心得体会和不成熟的建议。

感恩父母和祖宗赋予我利益众生的慈悲，它让我选择了生命中伟大、美好、无私的儿童村事业作为自己的使命来到世界。

儿童村妈妈的职责说到底是一种家庭教育，而家庭教育最重要的任务是建筑孩子的人格长城，帮助孩子建造一个良好的人生平台，让孩子有很好的人格修养，懂得做人做事，懂得感恩回馈社会。

不错，儿童村孩子都是因为各种不幸才来到儿童村的，所以帮助孩子坦然面对不幸、接受现实是他拥有乐观人生的第一步。这个情结不打开，孩子后面所有的能力都不会得到很好的发挥，所以妈妈们一定要了解孩子进村前的原生家庭生活，这一点尤其对青春期孩子的跟进教育非常重要。我的第一批孩子有几个由于资料不实，后来的人生态度上或多或少地出现了一些问题，一定程度上影响了他后面的发展，这是很遗憾的事情。

儿童村家庭是一个妈妈 8 个孩子的大家庭模式，所需资金来自社会各界的捐助。所以必须把诚实、宽容、相爱、互助、感恩、珍惜以及良好的沟通合作能力等这些美好的品格，植根于孩子的生命中。当孩子拥有了这么多美好的品格后，他就有了求知求美的动力了。我的第二批孩子、第三批孩子之所以能以自己理想的成绩进入自己理想的学校并在后来的日子里取得骄人的业绩，都是源于他们拥有美好品格。

当然，孩子成长的过程难免会遇到许多困难和挫折，这就要求我们做妈妈的帮助并引领孩子拥有直面困难和挫折的勇气和能力，让他们加强意志力，正视自己的失败，然后利用自信和智慧想办法战胜困难、战胜自己！孩子只有把困难挫折当成常态，他才有能力融入社会、有免疫力面对诱惑。过分的保护是会伤害孩子的，孩子是独立于我们之外的独立个体，他一定要学会自我保护、自我发展、自我成长。

其实，我最鼓励孩子拥有的是敢于梦想和善于创造的头脑。被爱心包围和感恩信念熏陶下成长的儿童村孩子，灵魂里若多了梦想和创造的种子，他的生命不会不绽放最绚烂的花朵。我相信我们的孩子一定会是未来社会大有作为的人。

看到这里你一定会问，这样说的底气和自信来自哪里？当然还是来自于你我、来自于我们这个充满爱的社会。儿童村无时无刻不感动着社会的关爱、身边人的温暖：常态化的每年中高考接送孩子，不间断的送米送面送油改善孩子们的生活，节假日带孩子出去娱乐或者参与社会活动；有些爱心人士甚至从一个城市转战到另一个城市，从一个岗位转换到另一个岗位，却从没有中断过资助儿童村孩子的成长；更有许多义工朋友把自己微薄的收入和满腔的热情洒向儿童村……被感动感染着的儿童村孩子每天都汲取着满满的正能量，他们能不挥洒传递这些能量给每一个遇见的人吗？

履职二十多年儿童村妈妈一职，其中的酸甜苦辣不计其数。回望来时路，我只想对后来的年轻妈妈提几点建议：我们都是普通的平凡人，爱孩子的同时也爱自己多一点吧！身体撑不住时就去休息一下，有了健康的身体和精神状态，才会有精力和资本去照顾好孩子，才有心情让人生变得更加温情绚烂。千万不要像我们第一批妈妈一样，累了病了还要勉强自己。现在，几乎每个退休妈妈的身上都会有这样那样的病痛。

我们儿童村妈妈都不同程度有追求完美的心态，忙碌一生没有成就感的也大有人在，还有纠结于找不到自我或者自责内疚于对孩子心有余而力不足者。我要说的是，无论如何我们都要告诉自己“我已经做得很好了”！我们一生全心全力的付出足以证明了一切！请带着轻松的心情去改变自己吧！为了健康，一定要调整好心态，以不完美的自己去欣赏接纳不完美的孩子，然后再同孩子一起成长并改变，不是很有趣吗？

一声“妈妈”的呼唤，让我们这些儿童村妈妈们抛弃所有，义无反顾地奔赴到这些渴望爱的生命群体中。当我们用全部的爱滋养着这些生命的同时，千万不要忘了我们身后也有渴望我们关爱的父母亲人，我希望“子欲养而亲不待”的遗憾不要在你们后来人身上重演。

身为孩子的依靠，我们常常在责任中变得越来越坚强，甚至忘了自己也需要帮助支持了。今后要记得哦，我们帮助别人时也要善于求助，互助才能让彼此变得更加强大。

亲爱的姐妹们，不要太压抑自己的天性，想笑就笑，该哭就哭好了，甩掉包袱，收拾好心情才能继续前行啊！儿童村的事务实在是太烦琐，但你千万别在别扭的事上纠缠。我们的生命应该消费在美好的事物上。抱怨、不平既然不能解决问题，那就心怀感恩吧！随着时间的推移，相信你会收获意想不到的美好。

去旅行吧，世界那么大，旅行中的心灵会更充实，忘情的出发也是为了更好的归来啊！去培养兴趣爱好吧，它能让我们的内心更加丰富，眼界更加宽广，它还能为坏情绪找到宣泄的途径。去运动吧，它可以修炼我们的气质和身材，使我们容光焕发啊！去阅读吧，它会让我们内心缤纷，从容淡定。无形中，我们强大了自己，何乐而不为呢？

亲爱的姐妹们，阳光下，我们用最灿烂的笑脸享受着我们最伟大的儿童村事业和我们特殊的生活。儿童村不仅仅是儿童村孩子成长的乐园，也应该是儿童村妈妈们最优雅风采、最幸福姿态的人生大舞台！

哈哈，看到这里是不是感觉我的文章有点教科书的味道啊！抱歉，我知道我没有资格和资本教导任何人。二十多年的儿童村生活已经把我的一切融化在了这里，我深深地爱着这块土地，更希望这里的孩子健康、快乐地成长，这里的妈妈们幸福、安详地生活。

姐　妹

齐齐哈尔SOS儿童村妈妈　王婷婷

百度百科上说，姐妹是有一种被血缘的纽带连接起来的亲情。这种感情通过日积月累，不断升华、不断积累，最后，成为一种亲情，一种不亚于父母对孩子的亲情。狭义的姐妹关系是无法选择、不能改变的亲情关系。通常情况下，因为姐姐的年龄长于妹妹，所以姐姐对妹妹的照顾要多于妹妹对姐姐的。很多姐妹之间的情感不亚于跟父母之间的情感。姐姐像一个长辈一样爱护她的妹妹，而妹妹也以有疼她爱她的姐姐为荣。而在我们SOS儿童村生活的女孩子们，生活在一起的就叫姐妹，生活在一个家庭的就叫亲姐妹。

2012年的9月，家里来了最小的妹妹丁丁，这样我们10号家庭就有了五朵金花，她们分别是杨杨、刘刘、婷婷、莹莹和丁丁。不知不觉两年多过去了，就像五个手指有时也不顺一样，她们之间也有打闹别扭、钩心斗角的时候，但同时亲情也在磕磕绊绊中慢慢产生了。

杨杨是大姐姐，因为高中的课业繁重，每天都是早出晚归，有时我们会开玩笑说她是村里认识人最少的，因为她上学时村里人还都在家，没人出来，而她放学时也只有门卫在值班。但即使是这样，只要她在家，她一样会承担家务。有时候，因为一些特殊原因，比如学校开家长会，我可能不在家，她就会用她有限的厨艺——煮面条，给弟弟妹妹弄点吃的，她的原则是“饿不到就是好的”。每当自己有了用不到的衣物和学习用品她都会主动拿给妹妹们，永远记着省一点总是好的。每次放假，她都会最后一个走，第一个回来，她对我说：“我陪您！”

刘刘是二姐姐，经过两年多的适应，慢慢融入这个家庭，虽然仍有一些不足，但作为姐姐已经小有模样。虽然自己的学习也很紧张，但她说弟弟妹妹作业少一些，先写完可以先睡。村里有什么活动她都会主动积极地参加，即使放学已经很晚了也没有耽误民乐的课程与练习。经过锻炼，越来越有姐姐的模样。一次，婷婷放学后帮助老师辅导同学，比平常晚回家，等车的时候一个人也没有，平时人就少，而且冬天又黑得早，婷婷很害怕。好不容易等到公交车，上车后，婷婷一回头看到了刘刘姐，立刻抱上去，眼泪霎时流下来，哭得很委屈。晚上吃完饭，我问婷婷，如果上车没看到姐姐或看到的是妹妹莹莹，还会哭吗？婷婷很坚定地告诉我：不会。我问她，为什么不会哭？她更坚定地告诉我：刘刘是姐姐。从那时我发现，弟弟妹妹们真的承认了这个后进家的姐姐。

婷婷是三姐姐，是一个多面得令你无法定义的个体。说她开朗，她会在考试成绩不理想或者受委屈时在你怀里哭得惊天动地；说她内向，她会在见到你时露出令太阳都为之失色的灿烂笑容。说她马虎，她会在你不舒服时第一个发现；说她细腻，她又会在你再一次指出她的错别字时哈哈一笑。说她多才多艺，她会在唱歌时调子不知道跑到哪里去；说她无才，她又会在联欢会上演出好几个节目。说她男孩子气，她会穿上裙子展现她最美的一面；说她女孩子家家的，她又会在你搬不动米面时来一句："放着，我来。"说她高大，她会在姐姐面前玩着芭比娃娃笑得一脸明媚；说她弱小，她又会在弟弟妹妹面前成为可以遮风挡雨的姐姐。有时我看着和姐姐妹妹玩闹着的婷婷，会不禁产生一缕忧愁：她这没心没肺的，真的好吗？可又一想，哎，算了，童年只有一次，她高兴就好，以后的事以后再说吧。

莹莹是家里的小姐姐，和婷婷来自同一个家庭，虽然自己还是小孩子，但因为下面还有三个弟弟妹妹，已经有姐姐的样子了。莹莹刚来时6岁，刚上幼儿园大班。初到儿童村，因为环境的不适应和"家人"的不熟悉，她真的好沉默。每天，莹莹除了同婷婷讲几句话外和谁也不说话。慢慢地经过引导以及和她老家人的沟通，莹莹开始展现她活泼的一面。而最令人惊喜的是在丁丁来之后，莹莹终于找到了自己的"用武之地"。

丁丁刚来村里因为身体存在先天不足、后天营养不均衡的问题，不要说跑和跳，就是最基本的走路都会摔倒，让我们第一次见到了什么是自己把自己绊倒，而且她自己还起不来。来村之前丁丁受到的可能是不正规的全托教育，所以一些最基本的生活常识和文明礼仪都不懂。这时，莹莹突然发现自己也是姐姐了，她可以教妹妹自己会的东西啊。于是，在我和大姐姐们都忙的时候，莹莹开始了她的“计划”：首先，重复地教丁丁我们教的而她又会的生活常识和文明礼仪。她会一遍又一遍地教丁丁怎么洗脸、怎么刷牙、怎么穿衣、怎么叠被，在外面看到人怎么打招呼、怎么问好，等等，只要她会的她都教一遍。接着，莹莹开始教丁丁怎么走路、怎么跑步、怎么跳绳，领着丁丁在门前的小操场上走了一圈又一圈，在水泥的路面上跑了一轮又一轮，在门前的空地上跳了一天又一天。只要她有时间，她就带着丁丁和自己的小伙伴们一起做游戏。直到丁丁上小学，她依然在丁丁写完作业后先检查一遍，讲讲做错的题，然后再拿给我签字，我签字合格后，她比丁丁都高兴。

而丁丁也越来越有女孩子的样了，参加了村里的舞蹈班，走路不再摔倒，每天高高兴兴地上学去。她在班级居然参加了跳绳比赛，笑容第一次主动浮现在她的小脸上。我问她为什么笑得那么开心，她说：“莹莹姐教会我跳绳了！”村里有什么活动时，她都会跟在姐姐身后帮姐姐拿衣服、递水，俨然一个小帮手。暑假时我问她：“暑假可以不回家探亲吗？”她没回答，接着她问我一句：“姐姐在吗？”我说：“当然在。”这次她很快地回答：“那就好。”

姐妹是什么？你冷她知道，你热她也知道；高兴时，与姐妹共享，愉快的心情充盈弥漫开来，占据的岂止是整个身心，她会与你同喜；忧伤时，淡淡的愁绪在姐妹关切的眼神中如轻烟袅袅升起，飘走的不止是忧愁，而她不会只记得你的狼狈。

五个姐妹，她们就像是一棵树上的五朵金花，慢慢地由小小花蕾到含苞待放，再到崭露头角。灿烂开放的她们使得十号家庭这棵小树不是森林中被淹没的那一棵，我不期望她们永开不败，只希望她们最后都结出香甜而饱满的果实。

爱在传承

齐齐哈尔SOS儿童村妈妈　王秀玲

北方的冬天，在下大雪的日子里人们很少外出，来不及清理的积雪被车轮碾压得又硬又滑，即使什么都不拿也容易滑倒。每场大雪过后医院都会收到不同程度的骨折患者，所以在银装素裹的世界里有时走很远的路也看不见一个人。

2015年的冬天，雪格外的多，刚进12月，一场暴雪悄然无息地覆盖了齐齐哈尔市。

一名妇女抱着与身体极不协调的大兜子非常努力地往前走，尽管刺骨的北风无情地拍打在她身上，但是在她的脸上看不出对寒冷的畏惧。她小心翼翼地前行着，走不多远就把怀中的东西由左挪到右，再走不多远，又从右挪到左，大兜子的沉重压得她瘦小的身躯步履维艰，厚厚的积雪在她脚下叫嚣着，一块块坚冰在她走过的路上渐渐远去。

是谁在这样的天气里还买这么多东西？是儿童村的妈妈。这场大雪连续下了好几天，其他东西也许可以相互借借，饮食却无法借用。无论天气怎么糟糕，妈妈们都毫无怨言地奔波忙碌。因为她是妈妈，是许多孩子的妈妈，是SOS妈妈，她看到的是孩子的需要。

还没进家，就有一群“小燕子”飞奔出来，一个个争先恐后地卸下妈妈怀里的东西往屋里送，一个小男孩因为没“抢”到东西愣住片刻，赶紧过来抱住妈妈的胳膊：“妈妈，我知道你很累，我帮你揉揉胳膊。”妈妈刚撩开门帘，就看见自己的拖鞋整齐地摆放在地上。看着笑容荡漾在脸上的孩子们，妈妈的心暖暖的，暖暖的心被这暖暖的爱包围着。

妈妈用爱撑起大家庭，孩子们也在妈妈身上学会传递爱。

爱是支撑，爱在传承。

我是如何发挥“母亲”作用的

乌鲁木齐SOS儿童村妈妈　帕日扎提

显而易见，在世界上无论成为什么人，每个人在自己的生命世界里都会根据相应付出得到回报，并且给后代传授该做什么、不该做什么。

母亲一手摇着摇篮，一手摇着世界。母亲不仅是一个性别概念，更是构成一个民族、一个国家、一代人的文化思想道德的基本因素。一个民族、一个国家、一个时代的妇女的文化、思想道德、情感、教育和责任，是这个民族、这个国家、这个时代的整体素质的代表。

而在SOS儿童村，家庭、民族、社会和时代的责任自然转移到了儿童村母亲的肩膀上。来到儿童村的孩子都是孤儿，他们因为各种原因失去了父母，儿童村的母亲重新给予他们母爱和教育。这些不辞辛苦的母亲们的事迹激励我付出宝贵的青春年华给那些与我没有血缘关系的孩子们，并通过自己的爱心给予他们温暖。这也是我来到乌鲁木齐SOS儿童村成为一位母亲的原因。

2001年7月我来到了我现在的工作单位中国乌鲁木齐SOS儿童村工作了。来到这里以后，得知为了更好地全身心地照顾这些孤儿，儿童村的妈妈不允许结婚生子，我有些犹豫，但是凭借心中的信念，我最终决定去从事这个需要付出很多很多的工作，并全身心投入到工作中去。我的工作最初开始于SOS儿童村的幼儿园。在幼儿园工作3年以后，村里把儿童村7号家庭的钥匙交给了我，我成为了这个家庭孩子们的母亲。

最开始家里只有两个不同民族的男孩子，那个时候，我意识到我肩膀上的任务绝对不是一个简单的工作，我所学的知识就像大海里的一滴水，还需要不断地深入学习，只有这样做才能更好地抚养教导孩子。但是，对于像我这样一个没有结过婚而且没有生活经验的年轻母亲来说，这不是一个简单任务。后来家里又陆续来了 3 个男孩子，这样我就成为了 3 个民族 5 个男孩子的母亲。5 个月之后又有 3 个可爱的女孩子来了，半年之内我成为 8 个孩子的母亲。

这些孤儿渴望母爱的那颗凄凉的心需要我全身心地付出母爱，我希望我的孩子像那些正常家庭的孩子一样也得到家庭的温暖。当我的孩子来到我身边叫我妈妈的时候，我感到我是这个世界上最幸福的人。

工作前几年，我全身心地为孩子们投入，以细心认真的态度解决问题，但循环往复的琐碎工作，洗漱、饮食、系统式的课程和教育、安排日常活动等把我累坏了。我感觉自己自愿选择的这个工作越来越无聊、越来越没有意义，有时候甚至因为孩子们的一些小小错误而发脾气、烦躁。有时候我就静静地待在屋里哭泣，有时候发呆，那时候我尽量避开孩子们。渐渐地孩子们开始害怕我，不愿跟我多说话，不再喜笑颜开，开始变得沉默寡言。我那时候认为这件事的基本原因不在于我，并且我也根本听不进老一辈的“妈妈”们对我的劝告。现在想起这些事真是愧疚啊。

但是生活中发生的一些小小的事情往往就会彻底地改变一个人的命运。

我的生日是 3 月 8 号，也是三八妇女节，对我来说这是双重节日。有一年的三八妇女节，那天所发生的事情，是我生命中一个重大的转折点。那天早晨我起床顺便把孩子们也叫了起来，然后我又回到了房间里呆呆地坐着。这时我的三个女儿从门缝里看到我在发呆，就走进来，她们三个依次亲吻我的额头并且说：“妈妈生日快乐、妇女节快乐。”那时候我差点在女儿面前流下眼泪。之后，我的五个儿子又纷纷祝我生日快乐和妇女节快乐，当时我真是无法用言语来表达自己的感动。早晨孩子们的美好祝福让我非常高兴。虽然他们不是我亲生的，我也不是他们的亲生母亲，但是当我捕捉到他们渴望得到和追求母爱的那颗心时，我极度心痛。我对他们产生了发自内心的母爱，我决定全心全意地照顾孩子们。

早晨我做好早餐，孩子们吃完早饭上学去了。那天我在家做了丰盛的午饭，想着跟孩子们共享这份喜悦。中午孩子们回来了，孩子们进门时手里面握着花还有我喜欢吃的食物。那些所买的东西，都是我给他们的零花钱，他们攒下来，在这特殊的一天用来给我买礼物。有一个顽皮的孩子给了我写着“祝妈妈健康长寿”的卡片，他告诉我字都是他自己写的，然后涂上不同的颜色，修饰字体。这个卡片看起来应该花费了他很长时间。每当拿起这张卡片的时候，我的心里都充满了温暖。

想想在那之前，我只是看到了自己的辛苦，而没看到背后的幸福。生活中最温暖的事情莫过于得到这些孩子、得到了世界上最真挚的情感，然而当时我却没有意识到。我眼前出现了电影场景中那些为了教育孩子放弃一切并且让他们得到接受全方位教育的机会、以至于断送了性命的伟大母亲们的形象。她们好像在嘲笑我，好像在问我：你做了多少母亲应该履行的义务？我的脸不由自主红了起来，内心无比痛苦。我此时想到“人活着就应该让他人知道自己的存在”这个道理。

我想用下面的话来结束我的文章：我们总是想着对方改变，你先问问你自己，你能改变你自己吗？我们首先要学会改变自己，那样自己才能过得更好，而对方才可能以改变的方式回报你；如果你不改变，他也不会改变。

无怨无悔 永不放弃

开封SOS儿童村妈妈 柏红霞

你们看过《只要你过得比我好》这部电影吗？20年前，我就是通过这部电影了解到儿童村，并被此深深地打动，决定用自己爱孩子的一颗心选择这个事业。1996年，我通过招聘来到了开封SOS儿童村，来到1号家庭，成为了8个孩子的妈妈。

冬去春来，时光荏苒，不知不觉中，我已经跟孩子们一起生活了20年。我的孩子也由8个增加到了16个。回忆跟孩子们一起生活、一起成长过程中的一些往事和糗事，好像就发生在昨天，历历在目，感慨颇多。

1997年3月15日，这是一个我一辈子都无法忘记的日子，8个孩子同一天进家，大的7岁，小的3岁。看着这些来自各地，灰头土脸，鼻涕口水满脸的孩子们，心里满满的心疼和难过，更使我明白这份工作远不是我所想象的那么简单，我身上肩负着8个孩子的未来。如果说每一天就像打仗一样，这真是一点都不为过。刚开始，一日三餐都要做9个人的饭，孩子们每天从起床到睡觉，事无巨细，所有的事情都需要照顾到，对于我来说不仅仅是体力上的考验，更是精神上的考验。但是，有些事情还是我始料不及的……

作为老师出身的我，当然希望孩子们都可以学习好，也认为学习成绩是判断一个孩子好坏的标准。我开始使出自己所有的教学经验和方法，每天“逼”着让孩子写日记，周末我会统一批改。每周末都会挨着给孩子们默写生字，每天都会早早把孩子们叫起来跑步、读书，所有的课文都要求孩子们必须会背……我尽了我所有的努力，可是结果却不尽如人意。孩子们爱看电视、爱跑出去玩，每次我不在就会偷偷地看电视。三儿子喜欢小昆虫，偷偷地把虫子养在床底下，把屋里弄得都是虫，我也被吓过无数次；二儿子爱玩游戏机，怎么说都不听，每次把我气到流眼泪。我所有的方法都试过了，可是孩子们好像心思都没有在学习上，成绩更是不用说了。我有各种头疼事，却一点办法都没有。我不明白我那么努力的为了孩子们，可是孩子们却没有一点的进步，也不理解我，我的所有耐心都跑到了九霄云外。我开始跟孩子们较劲，制定制度，条条框框贴在门后床头。这让我筋疲力尽，心脏也出了问题，心情更是郁闷。我怀疑了我当初的选择，更怀疑我的能力，真的一度想要放弃这个事业和这些孩子。

这时村里安排外出学习，就是这次的学习让我静下心来反思自己，慢慢平复自己的心情。通过和别的村里有经验的妈妈请教学习，听取她们的建议，还有专家的指导，开始多看一些关于孩子教育和心理方面的书籍，重新思考孩子的教育问题和反省自己的问题。再回到家里的时候，我不再急于求成，不再是说教，不会忽略孩子们的天性，而是放慢节奏心平气和地试着坐下来跟孩子们沟通。我和孩子们一起做家务、一起游戏、一起做手工，周日大家一起做饭，一起和他们去亲近大自然。跟孩子们讲自己的童年趣事，孩子们也讲自己的趣事。我既是他们的妈妈，也是他们的朋友。以身作则，身体力行，做到了解孩子们内心最真实的想法，针对不同的孩子使用不同的方法，对症下药，换位思考。孩子们也愿意和我谈心了，把自己的苦恼和想法告诉我，也开始慢慢明白我的良苦用心。他们有了自己的目标，学习也开始努力，家里有了欢声笑语，成绩也一点点地上去。看着孩子们一天天健康快乐地成长，我开始慢慢明白和孩子们相处不是那么简单，是真正需要你用心去浇灌的，但是又不是那么难。因为你总能从孩子的笑脸中得到正能量，让你不断向前，你也会从中不断地完善和改进自己。现在想想，这也是我能够一直坚持 20 年的原因吧。

20 年，说长不长说短不短的 20 年。对于别人来说普普通通的 20 年，可是对于我来说我用 20 年的时间养育了 10 个儿子、6 个女儿。16 个孩子不敢说个个优秀，但是都是身心健康、阳光善良的孩子。第一批最让我头疼操心的 8 个孩子现在最小的也已经 23 岁了，其中 3 个孩子上了大学，3 个女儿已经成家，而我早就当了姥姥。大儿子当兵 3 年，立了三等功，是一个优秀的士兵，现在已经靠自己的努力买房子结婚了；二女儿在上大学的时候加入中国共产党，连着两年拿了国家励志奖学金；今年郑州大学毕业的儿子考上了中南政法大学的研究生；还有两个儿子今年毕业走进社会，靠自己的努力找到了属于自己的工作；还有……

好想把孩子们所有的故事都一一叙说，但是又感觉这些故事怎么都讲不完。每到过节，孩子们都会从各个地方回来，大家聊聊天，讲讲小时候调皮捣蛋的趣事，热热闹闹的，有时候都聊到了深夜。看着孩子们还有孙子们开心的笑脸，我总会觉得自己这20年是值得的。

还记得当年告诉别人我在儿童村工作时别人异样的眼光和不理解；还记得当年培训时自己许下的誓言——“持之以恒，永不放弃”；还记得第一个孩子拿到大学录取通知书时，我是那么的开心和自豪；还记得第一次当姥姥时的那份激动……人生只有一次，最美好的20年也只有一次，可是我从不后悔这个选择，更会把这份爱一直传递下去。因为只有爱，这个村子里的故事才会一直持续下去……

心与舞台

莆田SOS儿童村妈妈 李 莉

协会组织征文大赛，叩开了我回忆的大门：转眼来儿童村十七个春秋了，回首往事，历历在目，可提起笔来又千头万绪。今摘抄三篇我的日记，并添加了标题《心与舞台》，与大家分享。

2015年12月5日

1999年8月5号 星期四

昨天接到了莆田SOS儿童村的录用通知，心里忧喜参半。晚上父母把我叫到跟前，心情很沉重地问我，真的下定决心去儿童村工作，决心一辈子不结婚做一个单身妈妈吗？并且再三强调抚养八个未成年的孩子是如何如何的辛苦，面对的问题会层出不穷。父母看我决心不改，话锋又转了回来，说我性格稳重，心细又有耐心，倒是适合这工作。得到父母的同意，我转身回到了自己的房间，泪水却止不住地流个不停，蒙上被子大哭了一场。

也许命运就是这样。今早醒来，心情特别轻松，我下定决心挑战自己，一定要把这份工作干好！吃过早饭，告别了父母，背上行囊，踏上了去儿童村的路。

2001年9月28号 星期五

今天，送孩子上学回来的路上，我顺便去市场买了菜，一回家，就忙着收拾起来。九点半刚想坐下来喝口水，学校一年级的老师就打来电话，说我家老五发烧，要我赶去学校接他回来。一听说孩子有病，哪里还顾得上喝水，骑上车就奔向学校。把老五接回来，去医务室拿了药，抓紧让他服下。正要让老五睡觉，电话又响了，是三年级老师打来的电话，说老三在学校打架了！我很担心，老三平时就有点不知轻重，说不定把人打重了。正如我所料，孩子真的用石子把同学的嘴唇砸破了。我除了用好话安抚受伤的同学和家长外，马上带受伤的同学赶到不远的九五医院治疗、拿药。孩子不懂事，责任在谁呢？我深深地陷入自责中。离开医院，已到放学时间，我又匆匆返回学校接上学的孩子回家。到家后，因为不放心发烧回来的老五，便又跑上二楼看他。他稍好一些，就去学习间玩了起来。我摸一下他的头，不那么热了，这才把心放下。可发现他拿着他大哥的铅笔盒在玩，我下意识地拉开了大儿子的抽屉，让我吃惊地瞪大了眼睛——初一所有的课本都在。难道是开运动会或是有什么活动不需要带课本，我边思量边下楼。一会儿老大背着书包蹦跳着就进了门，回答我的是今天正常上课，我气不打一处来，一把扯下他的书包扔向他。我总感觉大儿子很懂事，在家里很有大哥哥的样子，总拿他当榜样。此时我身心疲惫，一下子瘫坐在地上，泪水禁不住噼噼啪啪地滚下来。老大看到我这样，吓得跪在我身边晃着我的肩膀说再也不敢了，以后一定好好学习。我擦干眼泪对老大说晚上再谈，便起身向厨房走去。

这一天，我感到很累，同时也感到肩上的担子真重。

2014年1月31号　星期五

今天春节，公寓的三个男孩和家里的五个孩子都回各自的老家过年了。本以为会冷冷清清过年，可三十号二儿子带着老婆孩子回来了，二女儿也带着孩子回来了，老五也从浙江老家回来了，在福州和莆田上班的孩子也回来了。家里一下子热闹起来，我心里那个高兴劲，幸福感一下子就涌了出来！

孩子们很懂事，他们不让我干活，大女儿带领回家的弟妹洗菜、烧菜、炖汤、做饭，没多长时间，一桌香喷喷的饭菜就做好了。我左手牵着孙女，右手牵着外孙，在操场上还没玩够，就被孩子们叫回来吃饭了。

说实在的，能和孙辈们在一起玩耍、散步，这是刚进儿童村时连想都没想过的事情。这个春节使我感到无比的幸福。

门前的樱桃树

成都 SOS 儿童村妈妈　熊　碧

雨过天晴，春回大地，风姑娘带着花的芳香，混着泥土的气息，迈着轻盈的脚步，飘飘然来到我的家门前，温柔地抚摸着我的脸颊，很惬意、很舒适。门前的樱桃树也嗅到了春的味道，一串串、一簇簇、一团团，花儿开满枝头，相互拥挤着、搀扶着，又谦让着，有一枝从细缝探出头来，直伸向天空，格外娇艳醒目。偶有枝头结出小小绿珍珠般的果实，粉白翠绿，分外美丽。樱桃树下，一群孩子正围着下棋，旁边，我的二女儿带着一岁多的小外甥正在学走步，孩子战战兢兢，很想挣脱大人的保护，偏偏倒倒，跌跌撞撞地向前迈步。此时此景，让我感慨万分，我这一路走来，在儿童村工作二十年，不也像个孩子学步，深一脚浅一脚试着向前走，不知前面的路是沟壑还是山峰，是崎岖还是平坦，都鼓起勇气，努力朝前。很多时候也是摸着石头过河，遇到困难，咬咬牙就挺过去了，一次次跌倒，大哭一场，擦干泪，爬起来继续走……

梦想和现实是有差距的。记得那是 1996 年的春天，从报纸上看到成都 SOS 儿童村招聘“妈妈”。那年我 26 岁，单纯、好奇、善良、知性、梦想而完美，愿意付出自己所有的爱去帮助那些失去双亲的孩子们，愿意从事这项崇高的事业。我毅然决然地报了名，满腔热忱，信心满满，经过层层筛选，我如愿入选。11 月到天津培训学习，1997 年 3 月迎来成都儿童村的开村仪式。同月，我有了来自不同地区、不同年龄、不同家庭环境、不同社会背景、不同性格脾气、不同生活习惯、不同语言、不同民族的 6 个孩子，我成了真正意义上的妈妈。

记得孩子们刚来的第一顿晚餐，我累得满头大汗，做了满满一桌菜，可他们并不领情，有的孩子不吃饭，哭闹不止；有的端着碗，脸上挂着泪；有的脾气大的直接把饭菜摔一地；有的撞门要回去；有的躺在地上要赖。有个孩子趁我没注意跑出去了，在工作人员的帮助下，在村里追了三圈才找回来。我傻眼了，感觉很无奈，但我能理解他们离开亲人的惶恐。在大家的帮助下，孩子们慢慢安静下来，可是最小的3岁孩子哭闹不止，我只好带她到别的家庭去玩，哄到半夜1点，孩子自己也累了，睡着了才抱回家。我第一次体验到了当妈妈的心酸和不易。

这些孩子大多来自偏远山区，不懂城市生活，甚至不知道如何上厕所，随地大小便，牙刷也不知道怎么使用。有的听不懂我的话，我只能用手比画，对着口型教。我的嗓子嘶哑了，很久才治好。可想而知，要理顺这个家、处理好这些困难和矛盾要费多少心血，这和当初想象的可爱的孩子有着太大的落差。不过既然选择，就不轻言放弃。我是个不服输的人，收拾好心情，抛开情绪，继续全身心投入到孩子的行列中。

接下来的日子，我和他们一起玩老鹰捉小鸡的游戏，一起跳绳、一起跑步、一起做早操、一起捉迷藏，一起在草地里拔野草。我教他们唱儿歌、背唐诗，教他们学认字、数数、下棋、拼图、涂鸦，等等。我帮女孩扎上小辫，配上漂亮的裙子。我给男孩子在嘴上贴纸胡子，逗得他们哈哈大笑。孩子们开始和我亲近了，也活泼开朗起来，开始给我说他们老家的事，给我讲他们的喜好、感兴趣的话题。渐渐地我了解了他们，自己也变成了6岁的孩子。

一天傍晚，在玩耍的时候，一个孩子在草丛中发现一棵小树苗，孩子们都围过去七嘴八舌地说不知道这是什么树苗。我说："咱们一起把它种在门前，给它浇水、施肥，和你们一起成长，说不定长成大树结很多果实呢！"它就是我家门前现在的那棵樱桃树。自从种了这棵树，孩子们特别关心它，每天一起床就围着看它是不是长高了，还相互打赌猜是啥子树。

树得慢慢长，孩子们也要有新的生活。一切从零开始，教他们洗脸漱口、牙刷的使用、上完厕所要冲水等生活常识，就连吃饭也得教，因为有的孩子鼻涕滴溜到嘴边还在吃，有的边吃边撒一地。现在说这些觉得有点贬低他们了，不是。就是为了纠正他们这些坏习惯，我费了九牛二虎之力，有些甚至几年才改掉，而我也就成了那个不讨好的唠叨妈妈了。

树在长高，孩子们也在成长。村里开设了第二课堂，有舞蹈、钢琴、书法、国画、足球、声乐等，根据孩子的兴趣选择。大女儿选择了跳舞，二女儿选择弹钢琴，男孩子喜欢足球和书法。有一天，大女儿跳舞回来，就拉着小妹在那棵樱桃树旁学舞，手拉手旋转，转晕了，跌倒了，刚好把那棵和她们差不多高的樱桃树压断了，小妹的额头被断枝划了一条大口子，鲜血顺着脸颊流下来，她自己的手也蹭破了皮。我也吓着了，顾不得大哭的她，抱起二女儿就往医院跑，缝了 3 针，幸好口子不是很深，没有留下疤痕。真的，从那以后，我总是提心吊胆，晚上也睡不安稳。通过这件事我教育她，过失也会带来不可弥补的灾难。从那以后，她做事很有分寸，对弟弟妹妹也时常教导和帮助。

后来，大女儿考取了四川省舞蹈学校，学习了 6 年专业舞蹈，期间也遇到很多困难和不适应专业舞蹈苛刻的要求。我买了《倒掉鞋里的沙》这本书让她阅读，我对她说："人要改变环境比较难，只有适应环境才能生存。"她记住了这句话，用坚强、毅力、勤奋、自信克服重重障碍，交了一份完胜的答卷，现在是一名优秀的舞蹈老师。二女儿也通过自己的努力考上了音乐学院，也是一名钢琴老师。其他的孩子也走上了不同的工作岗位，他们自食其力，各尽所能，回报社会。

那棵折断的樱桃树，几经风雨，从那断处冒出了新芽，顽强地生长。孩子们用砖头给它圈了一个家，挂了一个牌子，以此警示提醒。如今，樱桃树已枝繁叶茂，开花结果，孩子们也找到了自己的归属。孩子们也如同这樱桃树，总要经历挫折和风雨才能长大。人总要经历成长的阵痛才会明白很多道理，才会成熟。虽然经历了失去双亲的不幸，却得到了更多的关注、关心、关爱与呵护，获得更多自我发展的机会，还有兄弟姊妹和妈妈的陪伴，有儿童村这个大家庭的温暖，还有社会及爱心人士的帮助。

我也一样，经历了个别孩子的逆反期和不理解，以及误解，加上别人的曲解，甚至诋毁。我陷入过人生的低谷，也灰心、失望和迷茫过。我要感谢在我生命中给我勇气和支持的人，比如，孩子的干妈——民主党人士王进女士和 FCC 头等舱俱乐部创始会长韩建刚先生，他们激励了我，让我保持初心，保留心中的那一片净土。善良是我的本性，做好自己就行，听从发自内心的声音，坚持下来。"路漫漫其修远兮，吾将上下而求索"。我开始学习绘画、书法、太极拳。我让自己静心，我去包容和宽恕那些流言蜚语。俗话说，人之不如意，十之有八九，何必太在意。我把最阳光快乐的一面展现在孩子面前，以此影响孩子们，让他们健康快乐地生活。我要像樱桃树那样，花开花落，日复一日，任凭雨雪风霜，樱桃树都会给我们带来丰硕而酸甜的果实，用果实招待客人、邻居、亲朋好友。这种心情，美哉、善哉！

眼前，又是花开时节，女儿已成家，带着小孙子一起回来看望我和弟弟妹妹，在那棵樱桃树下，教孩子学步，给孩子讲述樱桃树的故事。“咔嚓”，我们用自拍器来了一张全家福，个个笑开了花。

脑海里突然出现了另一幅画面：有一位白发苍苍的老太太，坐在结满红红樱桃的樱桃树下，给一群孩子讲着樱桃树的故事……

因为有你

——妈妈心语

乌鲁木齐市SOS儿童村妈妈 姚懿芸

为什么我的脸上绽放笑容？
为什么我的双眸柔情似水？
为什么我的胸膛心花怒放？
为什么我的脚步稳健轻快？

孩子啊，因为遇到了你，我的生活从此而改变！

还记得，2009年7月5日，那惊心动魄的日子，丧心病狂的暴乱分子以惨无人道的方式，突如其来地夺去了你父母年轻的生命。小洋洋那时你5岁半，第一次由民政局的叔叔、阿姨牵着进入家门。看到你哭红的眼睛，听到你嘶哑的嗓音，目光怯生生地望着我们，小手不知所措地摆弄着，身体不由后退着、畏缩着……孩子啊，我不能控制自己的眼泪，我庄严而坚定地决定：我愿意做你的妈妈，永远和你在一起！请你一定相信吧！我们的党和政府，有能力有魄力，会一举歼灭那些分裂党、分裂人民的敌对分子，让他们永无立足之地！

每晚听到你从噩梦中惊醒，大声哭喊，我发誓我会用母爱的力量驱散你心中的迷雾，温暖你，引领你前行的道路。哼着催眠的小曲，微微摇着你，你安然进入梦乡。

每当你委屈、伤心时，我化身为童话里的小精灵，用阳光的亲吻拂去你眼角的泪珠，抚平你心灵的伤口。让我们心与心交流，血与血交融，一起嬉戏，一起欢笑！

为给你织一件合体的毛衣，我会三番五次请教，别出心裁去选择，潜心精准地计算，夜以继日地编织，只为你能健康、快乐地成长！为了你吃到可口的饭菜，我会刻苦钻研，天天学习。

在你成长的道路上，让我们振奋精神，并肩携手，共同迎接每一个鲜红的日出与日落，共同走过每一个迷幻的春夏和秋冬。

听琵琶的悠扬声响起了，节奏时而欢快激昂，时而低吟呢喃。噢，吴苏格丽写完作业开始练琴了。转眼间一个天真烂漫的小姑娘长成了一个清丽的花季少女了。喜悦、自信已荡漾在你的脸上。是的，琵琶已成为你形影不离的好朋友了，那曼妙的乐曲已融入了你的生活。回忆起你刚刚学琴时，真是有点好笑。那时你刚刚 6 岁，正是顽皮、好动的时候，练琴期间你总会耍点小聪明，使点小性子，一会儿喝水，一会儿上卫生间，一会儿摸摸头，一会儿挠挠腮，有时小脸被你搓蹭得像个“小熊猫”，惹得哥哥姐姐弟弟妹妹们捧腹大笑，偶尔还会弄断琴弦。想起这十年来，杨娜老师为你所做的一切，一幕幕是那样清晰、那样亲切：无论烈日炎炎，还是冰天雪地，无论挺着笨重待产的身子，还是牵着嗷嗷待哺的孩子，从不间断义务上好每一节课。孩子啊，老师付出的心血，你可曾体味？

看，紫山已独立完成了作业，像个老师一样给弟弟洋洋批改作业呢。记得你 7 岁半来儿童村时，身体瘦弱，精神萎靡。别人一个小时完成的作业，对你来说像个沉重的包袱，到凌晨一两点都写不完，一个晚上不知不觉睡过去五六次，半天喊不醒。因为你从小得不到应有的照顾，感染上了慢性湿疹、牛皮癣。我带着你四处奔波，打探秘方，经过了五家医院，最后在兰州军区总医院方医生的帮助下病情得到了控制。白天，妈妈为你清洗衣服、床单，翻晒被褥，定期消毒，分餐做饭（因为皮肤病，不能吃鱼、海鲜之类的食物）；夜晚，妈妈为你擦身抹药、督促夜尿、驱打蚊蝇、提被拉衣……

2010 年暑假，你因为眼睛斜视、“眼肌重症肌无力”住院进行了治疗。我们全家齐心协力，轮流倒班，送菜送饭，没有一个叫苦，没有一个喊累。七年过去了，现在的你精力充沛，妈妈中午督促你小睡一会儿，你也不愿意。看到墙上标注的成长记录，你总会露出开心的微笑。现在的你已是一个阳刚、正义、男子汉味十足的小青年了。

红艳啊，你现在除了上课，周六、周日奔波忙碌于三个琴行，起早贪黑，无怨无悔。十九岁的你在常人看来还是个孩子，你难道不累吗？但妈妈深深地知道，你想为踏入社会多积累一些人生经验，你想为关心、帮助过你的人尽早尽一份力量啊！看到你手把手教小孩子练琴的情景，听到小学生毕恭毕敬喊你老师的声音，耳边传来家长啧啧赞叹声的时候，妈妈为你骄傲和自豪！抚摸那熠熠闪光的奖杯，轻触那烫金的奖状，一种幸福的感觉充盈在我的眉宇间，妈妈的心里流淌着一支甜蜜、温馨的歌！

远在他乡上大学、工作、成立家庭的孩子们啊，借着轻风捎去妈妈诚挚的问候：愿你们身体健康！工作顺利！一切安好！

孩子啊，亲爱的孩子！

我的日子因你而充实，
我的思绪因你而飞扬，
我的生命因你而绚烂，
我的青春因你而美丽！

转眼二十年

成都SOS儿童村妈妈 张孝蓉

前两天，收到村里教育科老师的微信，说儿童村征文大赛的事，她说：你以前给孩子写的信很感人的，不参加可惜了。我并没有什么文学素养，也没有什么文字功底，我会给孩子写信或者便条，那只是一种交流方式，只是将自己想对他们说的话用文字写出来，那样更能完整地表述我的感受和心情，也给他们一个能完整体会和理解我的感受空间。

孙老师的话让我平静如水的心起了一些涟漪。常常觉得自己很矛盾，以前一直是一个不太爱说话的人，但每次面对孩子或者一和别人说起孩子的事情那话好像就会不由自主地往外冒，有时真担心自己成为一个啰唆的老妈子。就如现在要说写文章，真觉得没什么好写的，但脑子里却不断地涌出那些生活的片段，那一幅一幅的彩色画面似带着情绪总在我的眼前晃动着，想组成一卷一卷的故事，但它们却又是那么的跳跃和零散。

那天，在休假回家的路上，突然接到三儿子的电话，他说："妈，我要结婚了，就这个月27号。"平平淡淡的日子，平平淡淡的话，可我的眼中却不由自主盈满了泪。我无法用语言来描述那是什么样的心情，只是在那一瞬间我的脑海中浮现的是一个个不同的画面：一个光着头在地上打滚的小男孩；一个我在KTV找到他，问他是跟我回去还是留下来和他们玩，他说和我一起回家。然后在某一个日子，已经长大的他，突然打了一个电话说："妈，我后悔了，那时候您应该把我管紧一些。"我说："你大姐他们都觉得我那时候对你很厉害了。"他说："我没觉得呢！"那个从小就是家里最调皮、最让我操心的小男孩突然就要结婚了，虽然这已经是我家第四个孩子的婚礼，但我的心里还是充满了满满的感动。

婚礼的前一天，我们去到他现在住的地方，他们兄弟姐妹几个走到一起，聊得最多的就是小时候他们一起做的那些“坏事”、生活中的趣事和一些发生在每个人身上的丑事。每到这时我才知道原来他们背着我做了那么多我禁止的事，我对他媳妇说：“你看他们做的那些事是不是都是该挨打的，那多危险啊。”也许孩子永远也不会懂，他们的冒险和好奇，往往是妈妈的惊吓和担心。不过令我欣慰的是，在他们面对那么的诱惑时，他们能为了照顾我的感受，选择和我一起，这让我很感动。从他们的成长中我发现，我能给他们的东西其实并不多，我能做的最多的就是陪伴他们，等待他们慢慢地长大。

大女儿的大女儿今年8岁了，去年又生了第二个女儿，现在已经8个月大。回家时，家里的舅舅很喜欢这两个小外甥女，即使是他喜欢的东西，只要是他的外甥女要，他都会大方地让给她们玩，有吃的也会先照顾她们。大姐时不时地就会说：“鹏鹏，你还记得你小时候不？你以前就这么大，那时候你老生病，我还帮妈妈给你灌药。”他当然是不记得的，可那却是我很难忘记的一段日子，因为那样的日日夜夜，让我处于了崩溃的边缘。

我始终记得那位送他到儿童村的民政局大姐对我说的有关他的第一句话，她说：“这孩子好养得很，在家里，大人吃什么给他拌点菜汤就是了。”那时的我根本不懂得带一个几个月大的孩子会是什么样子的情况，因为没有带过这么小的孩子，在印象中只是觉得那么小小的孩子都很可爱，从来不知道一个人要一天24小时照顾那么一个小不点会是什么样子，更不知道这样一个孩子会三天两头生病，要照顾起来会是怎么样的艰辛。那么小的一个孩子，抱起来，他的头就自然地搭在我的肩头，和他说话也不理人，不哭也不闹，让我心里直担心他是不是一个哑巴，听不到我们说话。后来他长大些了，一个同事才说：“鹏鹏才来的时候好像大头娃娃哦！”

伴着他的到来，我的生活忙碌了许多，我函授学习的计划也搁浅了。整天一个人带着一个不会说不会走，只会哭还老生病的孩子，那样的日子简直可以用度日如年来形容。但也是在那些日子里，我收获了许多的感动和快乐。家里大孩子的体贴和帮助，邻居妈妈和周围同事的帮忙，都成了我的支持。在那期间有一件特别让我感动的事，其实在许多人看来那也许就不算个事。因为它很平常，但很奇怪，在那段时间它却给了我一种莫大的精神支持，即使到现在已经过了十多年，我仍然能感受到那个拥抱给我的温暖。就在我整天带着一个不能离开大人的小婴儿，我的情绪常常会被他整得紧绷的日子里，有一天，来了一群并不认识的陌生人，他们到村里来参观访问。在儿童村这样的情况很多，大部分人在参观的过程中会说的一句话是："你们真伟大!"而那一天，来的那一群人中有那么一个人，他在了解了我的情况后，给了我一个拥抱，然后只说了一句话："你辛苦了!"不知道为什么，在听到那些人说"你们真伟大"时只是淡淡微笑的我，在那一刻却热泪盈眶，因为在那一刻我感受到一种真正的理解和认同。

今年春节，许多年不回家过年的我，带着孩子一起回老家过年。我妈妈看到已经和我差不多高的鹏鹏，对他说："以后要好好孝顺你妈哦，那么小天天把你背上背下的把你背大。"真是可怜天下父母心。鹏鹏小的时候，我最幸福的日子可能就是休假的两个月，我会带着鹏鹏回老家，妈妈就会照顾我们母子两个。妈妈对鹏鹏的宠爱一度超过对我家的那几个侄儿侄女。有时心里会觉得很愧对父母，他们一直都担心着我，害怕我以后老了无依无靠，没有人陪伴和照顾。但是他们的善良又让他们无私地对我和孩子付出了他们能给予的所有，让我既感动又愧疚。

我一直记得那个夏天的日子，我看到成都SOS儿童村的招聘广告时的第一个感觉是：这样的招聘条件，去的人一定很多。然后我想到前不久在电视中看到的一个关于流浪儿童的跟踪报道，想着那些孩子如果没人管的话，将来一定会成为社会问题；进而想到自己就是一个普普通通的女子，如果结婚生子就会平平淡淡地过一生，如果我能来到儿童村，那么我将可以培养出许许多多的人才。就是那么一个有点伟大的理想，让20多岁的我选择了这条并不了解的路。其实，平凡而琐碎的生活没有一点点的"伟大"，更没有什么"成就"。

而今20年过去了，我当初的理想并没有实现，因为我并没有培养出一个出色的人才，他们都普普通通，日子也过得平平淡淡。但是他们却给了我许多惊喜，给了我许多感动。

不管我在什么地方，过生日那天，都会收到女儿和儿子们的祝福，有时家里的孩子会问："大姐，你咋把妈妈的生日记得那么清呢?"我的大女儿说："每次拿到新的日历我第一个就先勾出妈妈和我的生日。"虽然她的日子并不宽裕，但她在看到什么好东西时，总会想到买给我。面对这样一个女儿，我只有感动。

而当有那么一天，那个一直像个小刺猬的女儿给我 QQ 留言说："妈妈，我以后再也不把对那个女人的恨转到你身上了。"面对这样的情况，我心里那种欣慰的感觉是没有任何语言可以描述的。这个一直认为是她亲生母亲的抛弃才造成她的父亲意外死亡，从而心里充满着恨的孩子，她一直都没有认同我这个妈妈和这个家庭。这是一个好的开始，有了这个开始，我想一切都会好起来。

而当春节过后，一个去了公寓的孩子回来时带回了一些枇杷，家里的小弟弟马上就要吃，他说："这是专门给妈妈带的，我自己都没有。"我一下又有了泪意。要知道，这个经历了父母车祸的孩子，他虽然很听话，但却一直将自己包裹起来，活在自己设定的安全范围内，而这一刻我感受到了一种真正的认同。

年前母亲的 70 大寿，正好我休假，提前回家做一些准备。而在母亲生日的那天，家里几个长大成人，已经独立的儿子和女儿一起回到我的老家给他们的婆婆过生日。在那一天，我不仅感动，而且油然而生了一股作为妈妈的骄傲，因为我虽然没有培养出许许多多的人才，但是我却收获到了一个个孩子的爱，而这每一份爱都代表了他们对我这个妈妈的认可。

转眼之间 20 年，从 20 多岁到 40 多岁，从一个什么也不懂的妈妈到现在做了几个孩子的婆婆和奶奶，没有实现"伟大"的理想，也没有可以展示的成就，但是我却收获了许多许多。现在我常常说的一句话是："感谢生命中的相遇，有你们真好！"

用爱心温暖特殊家庭

——我的心语

烟台 SOS 儿童村妈妈　张雨霄

30 年前，我怀着满腔热忱，来到了烟台 SOS 儿童村，我的工作是做妈妈。

从那一天起，我就下决心把我的爱献给那些失去父母的孩子，让他们得到母爱和家庭的温暖。花开花落，寒来暑往，30 年弹指一挥间，我用心抚养着每一个生活在 13 号家庭的孩子，他们一共有 23 个。在这过程中，孩子不听话我会哭，孩子不好好学习我会哭，孩子生病我会哭……我不知道哭了多少次，但是，为了孩子，我无怨无悔。

摸索着做妈妈

至今，我还记的第一次当“妈”的情景。那时，我接收到的第一批孩子——张建成和张春成。两个孩子营养不良，又瘦又小，我一看，心里不禁犯了嘀咕，可当听到孩子怯怯地叫了声“妈妈”时，我的眼泪流了下来，一股暖流涌进心里。那一刻，我下决心，一定要让他们感受到母爱和家的温暖。

我没结婚，更没有带小孩的经验，一切要从实践中摸索。记得 1986 年刚接家庭的时候，一天深夜，有个孩子突然生病，这时外面正下着大雪，我什么也顾不上，背起孩子就往医院跑。那一夜，我一直守在孩子的身边直到天亮。这是我第一次感到做母亲的不容易。此后，孩子一个接一个地进入家庭，最多时达到 9 个。最小的 3 岁，大的 10 岁。这些孤儿来自全国各地，一人一个模样、一人一种性格，抚养起来难度自然很大。我在摸索中了解孩子的性格，引导他们从顽皮不听话变成了守规矩有礼貌的好孩子。

在这30年中，我抚养的23个孩子中，阳阳是我最操心最受累的一个。1994年，只有4岁的阳阳来到我家，他刚进门时只会说“妈妈”“苹果”等简单的词语。由于他的先天不足，体质差，造成严重的营养不良，瘦小多病，患有气管炎、低血糖、泪囊堵塞等症，眼角常年红肿流泪，尿床经年不愈。虽然他已经4岁了，但吃饭连碗都端不住，没有办法，我就一口一口地喂。他尿床每晚多则五六次，少则3次。我每晚都是跪着拿便盆给他接尿，有时洒在我身上、有时洒到被上，折腾的我一夜不能睡觉，第二天还要早起给其他孩子做饭。在一开始的8年中，我没有睡过一个囫囵觉，直到2009年10月，阳阳尿床的情况才慢慢控制住。

为了给阳阳治病，我到处求医问药，偏方十几个，中药西药一大堆。当阳阳气管炎发作时，每一声咳嗽都揪着我这个做母亲的心。我不顾一切劳累，白天给孩子洗衣做饭，给阳阳煎药喂药，晚上还要用偏方给他治尿床。煎制的中药散发出刺鼻难闻的气味，充斥了整个房间，熏得我几乎难以合眼。他是我所有的孩子中最操心最受累的一个，但我从来没有抛弃他，也没有后悔过，因为我是他的妈妈。

以身作则做妈妈

我作为儿童村的妈妈，和社会上千千万万的父母是一样的，不但要照顾孩子的饮食起居、日常生活，还要关心孩子的学习。父母的心情都是一样的，望子成龙、望女成凤。所以，我对孩子要求非常严，有的孩子不好好学习、调皮，我也批评惩罚他们。我深知，一个母亲的言传身教对孩子的成长起着非常重要的作用，妈妈的一举一动就是孩子的影子，做每一件事都要给孩子起到榜样作用。我一方面自己努力学习，提高自身素质；另一方面为孩子们制订相应的学习方案，督促他们，孩子学到几点我就陪到几点，一直等到所有的孩子都休息，我才上床。我特别重视孩子的品德教育，用生活中的一些事例教他们分辨是非，教育他们要讲道德、讲文明，教育他们要懂得感恩，没有政府、社会各界人士的关心和帮助，就没有他们今天的幸福生活。我教育孩子们不但要好好学习，而且要明确学习目的，那就是将来做一个对国家、对社会有用的人。

随着我国经济的发展，生活水平的提高，社会上家庭经济条件好的孩子，穿衣服讲名牌，攀比心理严重。在这时，我给我的孩子讲道理：妈妈也希望你们打扮得漂漂亮亮，但是也不能过分讲究，穿衣服只要干净整洁、大大方方就行了。因为咱们的钱不是从天上掉下来的，而是库廷先生一分一分募捐来的，咱们要节约，不能浪费。我还给孩子们讲了一些关于节约的故事。从那以后，孩子们再也没有攀比心理了。

无怨无悔做妈妈

孩子们慢慢长大了，按理说，孩子长大离村，我就算完成任务了，再也不用操心了，但我没有撒手不管。儿童村成立之初的那几年，各地民政局都会帮忙解决一部分孩子的就业。但随着国家的进一步改革开放，鼓励自主择业，孩子们的就业越来越困难，岗位竞争越来越激烈。看着孩子们整天为找工作而奔波犯愁，我心里真不是滋味。为了孩子们能找到合适的工作，过上稳定的生活，我用自己的收入继续大力支持孩子们参加各种职业培训。我还联系亲朋好友，动用社会关系为孩子找到了满意的工作。在安排工作的过程中，我不知跑了多少腿、费了多少心、磨了多少嘴，遭到了多少次拒绝，这些只有我和孩子最清楚。

我一心为孩子，早起晚睡忙得顾不上洗脸，忘了吃饭，有时累得腰酸背疼，爬不上床。清楚地记得有一次我洗完衣服又做完饭，蹲下后，腰疼得站不起来。当时孩子们都上学去了，家里没有人，我从家里爬着出去喊来了邻居一个妈妈，她去找了村里的大夫，把我送到了医院。这些年来，虽然很苦很累，可当看到可爱的孩子背着书包高高兴兴地去上学，走出家门口和我招手说再见时，每当听见他们放学第一句话是“妈，我回来了”的时候，我就忘记了一切的劳累，感到十分愉快。

30 年来，我付出了很多，也收获了很多。23 个孩子中，有上大学的，有选送到国外深造的，有军人、教师、船员、外企员工等。孩子们在各自的岗位上尽职尽责，受到了各界的好评。大儿子张建成，1992 年入伍，是中国 SOS 儿童村走出的第一位军人。他懂得感恩，知道回报社会，报效祖国。在部队苦练军事技术，很快成为空降部队训练尖子。在 1998 年抗洪抢险中，被《解放军报》誉为“从SOS村走出的猛虎排长”，并被空军党委授予“抗洪勇士”的光荣称号，出席了抗洪抢险表彰大会，受到江泽民主席的亲切接见，并参加了国庆50周年阅兵式。孩子的成绩，就是对妈妈的最大回报。

后　记

30年来，我没有休过假期，没有出去旅游过，生活简单又忙碌。儿童村的领导和工作人员都是我的朋友，在抚养孩子的过程中，有苦处我会找他们说一说、散散心、消消火。很多来我家的爱心人士都会问，这些年是什么力量在推动着你？静心想来，是爱的力量，只有爱孩子才能把工作搞好，才能甘愿付出一切；再就是良心，做儿童村的妈妈全凭自己的良心，很多事情多干也行，少干也行，不干让孩子去干也行，这就是良心。你对孩子真心真意，付出的越多，孩子才能生活得更好，他才能把你当成妈妈。

我今年60岁了，我的身体还可以，还能为这些孩子再付出几年。我脑海里经常响起革命时期的一句话：“小车不倒尽管推”。我会为我热爱的儿童村奉献一切，孩子就是我的一切，也是我的生命。这就是我作为儿童村妈妈的心语。

最美的呼唤
——妈妈

成都SOS儿童村妈妈

窗外春意盎然，绿草如茵，远处的几株樱花树开得正盛，粉白相间，繁花满枝，团团簇簇像一片片灿烂的云霞。门前的枇杷树和樱桃树已悄然结出累累嫩绿的小果实了。花台上的几盆杜鹃花红红火火，在这细雨纷飞的三月清晨更显娇艳欲滴。

靠在窗前，略有倦意的我无暇欣赏这满园美丽的春色，回想着昨晚的事情……

夜里二点多，手机铃声突然响起来，迷糊中我抓过电话按下通话键，电话那头传来一个焦急的声音："是唐小玉家长吗？孩子在学校生病了，头痛得很厉害，请家长赶快把孩子接回去带医院看医生。"是女儿老师的电话。我的心一下子紧张起来，挂了电话，立即穿好衣服，联系车子。

小玉目前是家里最大的孩子，念高三，平时住校，学校在郊外，离家比较远。外面漆黑一片，还在下着小雨。这次村长亲自开车，怀着焦急和不安的心情我们来到了学校。远远看见小玉虚弱地站在校门口，无助地盼着我们的到来。把小玉接上车后，我们带着她又急急赶往医院，挂号、抽血、化验、CT检查、取药。当医生说吃点药好好休息一下，没有什么大问题时，我整个晚上崩紧的神经才放松下来。当一切结束，拖着疲惫的身体从医院出来时，已是清晨五点多了。

已经记不清楚这样的突发状况出现过多少次了，十多年来，几乎家里每个孩子都有类似的经历。

雨越下越大，小玉回家上楼休息去了，我洗漱一番后，来不及合眼又要开始为家里其他孩子准备早餐了。

上学的孩子吃过早饭走后，我上楼去看小玉。轻轻推开房门，她已经安静地熟睡了，眉头舒展嘴角还挂着浅浅的笑意。我的目光落在床头柜上放着的一张合影上，照片上是小玉和夏兰多年前穿着连衣裙手牵手在草坪上奔跑的镜头。夏兰是家里的二姐，毕业工作后离开家庭已经好几年的时间。看着夏兰小时侯那又萌又可爱的样子，我一下子陷入了深深的回忆中……

回想起刚到儿童村工作第一次见到夏兰时，她上小学六年级，扎着马尾，是一个阳光开朗又有点犟脾气的女孩子。

记得有一天她上课和同桌讲话，被老师点名批评，在课堂上她拒不承认自己的错误，态度桀骜不逊。老师又气又急打电话给我，让我到学校把她带回家反省。

“我上课没有说话，是同桌向我借东西，老师冤枉我。”见到她时，她拉长着脸，噘着嘴向我嘟噜了一句，一副满不在乎又愤怒的表情。回到家里，我试图耐心与她沟通，希望她能意识到自己的问题，但夏兰一言不发，怒气冲冲地跑上楼，将房间门“呯”的一关，在里面大哭起来。

这件事后，我意识到对孩子的教育将不会是一帆风顺和简单的事，那一颗颗敏感、脆弱的心灵是需要用母爱和极大的耐心去温暖和呵护的。在接下来与孩子们朝夕相处的日子里，我尽力与孩子们做朋友，尊重孩子，去感受他们的喜怒哀乐。

常常有人问我“为什么到儿童村来照顾这些孩子？”

我总是不假思索地回答“我有一颗童心，我喜欢孩子”。

这颗童心，使我深深地爱着我的每一个孩子；这颗童心，不止一次使我和孩子们一起欢笑、一起流泪；这颗童心，使我自然而然地走进了孩子的情感世界，也让我一次次的为之感动、成长。

大教育家苏霍姆林斯基说：“我把整个心灵都献给了孩子，每个孩子都引起我的兴趣，总想知道他的主要精力倾注在什么上面、他最关心和最感兴趣的是什么、他有哪些快乐和痛苦……”每每读到这句话时，我的心都会为之一动，对孩子的爱是母亲的一种本能，这种爱的表达方式是无微不至的，又是不由自主的。

初中毕业后，夏兰选择了读职业学校的烹饪专业。进入青春期的夏兰有点叛逆，有段时间她穿着打扮特别夸张，在毫无学习压力的环境下，我一度担心她会被其他不良同学带坏。

有一年冬天周五的下午，放学后她迟迟没有回家，眼看着天渐渐黑了，我很着急，联系了老师和她平时要好的同学，都说没有看见她。我在班级 QQ 群里发了好几条信息询问夏兰的情况，同学们都说不知道她去哪里了。在焦急的等待中，夜里十点半她回家了，我当时特别生气，冲着她狠狠地批评了一顿，她低着头一言不发。

第二天早晨，我起床发现门下塞着一张纸，捡起来一看，是夏兰写的一封检讨书，摘录如下。

妈妈：

对不起，我去同学家玩没有提前给您讲一下。昨天我很晚才回家，让您担心了。我错了，我不应该让您为我这么操心。您真的对我很好，真的非常感谢您，谢谢妈妈！我会管理好自己，不再发生这样的事。

夏兰

收到这份检讨书让我有点意外，没想到她会意识到自己的错误。我俩之间偶尔也会有争执，但在不断的磨合中我们找到了通往彼此心门的桥梁，那就是用书信进行沟通交流，平等对话，在信里她向我敞开心扉，诉说自己的困惑和烦恼。这样的交流让我对她的教育更有成效，也让我们之间的感情与日俱增。

每年的母亲节或我的生日，孩子们都会亲手制作一些简单的礼物和贺卡送我。目前为止，已经积存了满满一大箱，这是我最宝贵的财富，满载着孩子们真诚而浓烈的爱意。已经很长一段时间没有打开过了，今天也许是这三月温润的春雨撩动了心弦，那过往如烟似水的日子一幕幕在脑海里不断回放，让我有了再次打开箱子的想法。

下楼来到房间，从柜子顶上取下大纸箱，打开了盖子，五颜六色的贺卡和许多零碎的小礼品映入眼帘，最上面是一张绿色碎花底的贺卡，封面上还系着一条粉色的彩带，我知道那是夏兰在母亲节送我的，上面这样写着：

妈妈：

谢谢您这么久一直对我的关心，谢谢！虽然我不是您亲生的，但这并不重要，重要的是您把我当作自己的女儿一样，重要的是我对您就像对自己的妈妈一样。这个母亲节我要同您一起过，我要您开心快乐。长大以后我会离开您，离开这个家，但我们的心会永远在一起。

我想我心目中的亲人不一定会是有血缘关系的，您和小玉及其他姐妹就是我的亲人，我不能没有你们，你们已经占据了亲人那个位置。你们真的对我很好，谢谢你们！希望这是您快乐、难忘的一天！

夏兰

看到这张朴素而珍贵的贺卡，再次读着这些温暖的文字，热泪情不自禁地又流了下来。纸箱里还有一个袋子，里面放着夏兰亲手编织的一条红色围巾，上面还附着一张心形的生日贺卡。哦，怎能忘记那是一个冬天的傍晚，夏兰悄悄放在我床头的。翻开来，一行行娟秀的字迹映入眼帘。

妈妈：

祝您生日快乐！谢谢您这三年多对我的照顾！谢谢您给我的建议和鼓励，教我走正道……

我想说我们的感情在“不知不觉”中变得坚不可摧了吧！

感谢您！那么多说不完……在您生日之际，我想送您一件非常“温暖”的礼物，让您时时刻刻都很温暖。

我爱您！妈妈，非常漂亮的妈妈，祝您幸福！

夏兰

看着这些稚嫩又满含感情的文字，回想起那一幕幕温馨又甜蜜的画面。我的心瞬间融化，泪水再次模糊了双眼。孩子们的爱和信任对我而言就是最美好的礼物。

记忆中还有一件让我特别感动的小事。我有一个漂亮的发夹，在一次打扫卫生时不小心掉地上摔坏了，整个从中间断裂无法再使用了，我把它扔进了垃圾桶里。

周末的时侯，我发现夏兰带着几个弟妹聚在一起神神秘秘地商量着什么，整个上午他们似乎都在忙碌着。我心里打了个大大的问号。吃过午饭，当我走进自己的房间时，赫然发现前几天被我丢掉的发夹放在桌上，下面还压着一张小纸条。我惊讶极了，拿起纸条，上面写着一行字："妈妈，我们帮您把发夹修好了，希望您喜欢。"再细看发夹，断裂的地方用火烧化后又粘合在一起，两边掉落的珠子用胶水粘上了，精心修饰过的痕迹非常明显。那一刻，我感概万千，泪花在眼眶里打转，多么可爱的孩子啊！他们的心是多么纯洁和朴实。

夏兰走上工作岗位后，几经周折，她对自己的人生道路有着越来越清晰的规划，一直在努力奋斗着。前几天趁休息她还带着水果回家看望我和家里的弟妹。如今的夏兰有了自己的事业，组建了幸福的家庭，也即将迎来自己的小宝宝，幸福美好的生活在向她招手。

时光匆匆而逝，蓦然回首，坚守着这片花园、乐园、家园的我们青丝白发已悄然而至，岁月依然静好。

"妈妈、妈妈……"楼上小玉呼唤我的声音把我从记忆的遐思中拉回了现实。擦干眼泪，我快步向楼上走去。

"妈妈"，这是世间最美好的呼唤。感恩我的孩子给予了我那么多美好的回忆和感动；感恩我们一路相伴而行，彼此滋润和成长。我会照顾、陪伴你们长大，尽我所能让你们感到安全、温暖与被爱。你们是被祝福的，你们是被深爱的……

有一种女人，叫孤儿的母亲

成都 SOS 儿童村志愿者　邹思琦

依旧清晰地记得，那是 2007 年，一个宁静且被知了声围绕的夏日清晨。那一天是我第一次以义工的身份去成都 SOS 儿童村，也是第一次见到后来成为我生命中很重要的一个人。时隔 8 年，我对他们而言早已不再是一个义工姐姐，而他们对于我来说，也早已是亲人，是挚友了。

一转眼，我从 22 岁刚入世不深的女孩，到了 30 岁——一个告别了稚嫩、经历了曲折、回归了安定的年纪。如果问我这 8 年中为他们都做了什么，我很惭愧地说，我做得太少，唯一做的就是在他们的心中安放了一个对于他们来说也同样重要的角色吧。反倒是他们，给予我的远比我付出的要多得多！这些受过伤的小心灵，比一般孩子更成熟。所以我知道，这一路，他们看到了、他们也明白了我的经历、我的改变。我相信，他们是为我开心的。

除了这些孩子，我最感恩的，就是认识了 W 姐，有时我会轻轻地叫她一声“姐”。因为她总是会在我每次去的时候给我做很多好吃的，会在我遭遇挫折的时候给我安慰和鼓励，会因为我受了委屈而为我愤愤不平，更会因为我过得好而发自内心地祝福。她是一个内心特别祥和、特别平静的女人，也是个了不起的女人。

我之所以认为她了不起，是因为她把自己最美好的 20 年的时间和爱都给了那些叫她妈妈的孤儿们。也许很多人不知道，SOS 儿童村是一个国际慈善组织，1949 年成立于奥地利。1984 年中国第一家 SOS 儿童村成立，如今在中国已有 10 所。这个组织的特点是，收容父母双亡且身体健康的孤儿，并负责他们的衣食住行及教育，直到他们成年走入社会。SOS 儿童村只接受社会人士的助养，不接受领养。孩子们自小由儿童村的妈妈带大，每8个孩子1个妈妈为一个家庭。妈妈除了负责孩子们的起居饮食外，还要像普通家庭的妈妈一样，重视他们的教育，培养他们的特长。可是，要做这个妈妈，必须满足一个条件，就是不能有自己的家庭，不能生育自己的子女，以确保给予这些孤儿所有的关爱。

我想，多数人知道这些以后，都会和当初的我一样迷惑和不解：究竟是什么，让这些女人有这样的勇气和坚持，来接受一个看似不一样的人生？

国庆节，我回到儿童村看望他们。无意中，我们聊起了究竟为什么选择儿童村这个话题。我问姐姐，她告诉我，1996年的夏天，她无意中看到报纸的中缝有一则成都SOS儿童村招聘妈妈的信息，她几乎都没有任何犹豫就去应聘了。当时的动机很简单，她就是喜欢和孩子们待在一起，喜欢待在他们纯净真实的世界里。她说，除了每月可以领到两三千元的工资，其他和养育自己孩子的母亲没有差别。虽然钱不多，也没什么特别的福利，但在这近20年的时光里，她心中是满足的：在这片净土上收获颇多，同伴们彼此帮助，孩子们互相爱护。

“这20年，我已心安此处。”W姐姐这样告诉我。“也许大多数人会觉得一个女性不结婚不能有自己的孩子，来这里工作，多少有些不可思议。婚姻的确是收获爱情和传宗接代的标志，是亲情传递的纽带，是情感需求的必需品。可我觉得，这世上也总有些其他的人和事需要我在，我同样收获了情感，也并不认为这是一种牺牲。我嫁给了儿童村，我满足于现今其乐融融的生活。”

我也问过她，这么多年，你有觉得后悔过吗？她说：“当然不后悔，不过无助过倒是真的。回想当初刚进儿童村的时候，在自己毫无经验的情况下，一下子要带8个孩子，那种手忙脚乱不知所措现在想想都觉得好笑。那时有孩子刚来不适应，撒腿就跑，我就在后面追，追上抱住他，孩子不配合啊，手抓脚踢口咬。后来虽然在大家的帮助下稳定了孩子的情绪，可自己却哭了。不过随着一天天的适应，自己也慢慢强大起来。如今，懂得了怎样做一个好妈妈，也获得了很多来自孩子的爱和依赖。挣扎没有了，退缩也没有了。”

“等我退休了，我会让自己的生活更有趣，不会让孩子们操心我的生活。能守着现在这份心安和知足，就够了。”

听她说完这些，我思绪万千，突然想起了舞蹈家杨丽萍说过的一句话。当别人问起她至今未婚无子，遗憾吗？她说：“这世上，有的人的生命是为了传宗接代，有的是享受、是体验，有的是旁观。而我就是生命的旁观者，我来世上，就是看一棵树怎么生长，河水怎么流，白云怎么飘，甘露怎么凝结……”

这世上的女子千百般，却少有一些人愿意走别人不敢走的路，做旁人不理解的事。活得像一幅画，善良、安静、满足、坚忍……我想，她们也绝对算得上是现代社会中具有代表性的独立女性吧。

爱如阳光，你似彩虹

——一位社工眼中的SOS儿童村

莆田SOS儿童村志愿者 刘 玉

说来生命的轨迹是奇妙的，人的一生据说会遇到2920万人，但与之相识却是微乎其微。爱如阳光普照大地，爱的牵引让我们生命轨迹交叠。也正是爱，让你我相识，更是爱将我们带入一个充满温暖的国度——莆田SOS儿童村。

初次见你，印象最深的是你那呆滞而又惊恐的眼神，还有那伤痕累累的身体。在亲生妈妈的虐待毒打下，你的世界里从此以后被这个可怕噩梦环环缠绕。无疑，童年的你，印象里只有满满的灰色。你所期待的爱的温暖、彩虹般的微笑，似乎是遥不可及的奢望，甚至没在脑海中存在过。

你开始向上帝祷告：我渴望爱的降临。也许是上帝听到了你的祷告，也许上帝也不希望看到你——那个原本该有着五彩斑斓的世界的孩子，处在灰色的天空下。他不愿意丢弃任何一个孩子，其中当然包括那个需要爱、心存希望的你。于是在爱的牵引下，我和你进入了一个温暖的港湾——莆田SOS儿童村。

刚入村，你显得那么的格格不入，看不透为什么其他孩子会有那么灿烂的笑容。在噩梦的阴影下，你甚至连简单的普通话都不会，这就使得平常的交流都非常困难。但是慢慢地，你发现，在SOS儿童村里的点点滴滴让你渐渐感受到了爱的温度。你所在3号家庭跟寻常的家庭并没有不同，但是，这个平凡家庭里的妈妈，一个和你没有任何血缘关系的妈妈却对你充满了浓浓的爱意，她并没有对一个连最基本的交流都不会的你失去信心。不会普通话，那就沉浸在用普通话交谈的环境里，在交流中耐心讲解一字一词一句的意思。不会写字，那就用手温和地握着你拿笔的手，一笔一画在纸上轻舞。不识字，从拼音到释义，林妈妈一个音一个字地教导……也许你比同龄人笨拙，知道的常识少，不会说很多普通话，不懂该做哪些事。但是在这个温暖的家庭中，有“妈妈”用心呵护你、耐心照料你，有哥哥姐姐支持你。一个之前从来不知道爱是何含义的你，内心有了自己的体会。“妈妈”给你做一桌好吃的，这是“妈妈”对你的呵护；哥哥姐姐帮助你，和你一起做家务，这是兄弟姐妹间的互爱互助；还有村长和村里老师的问候和鼓励，这是长辈的关心和爱护。儿童村里就是这么的平凡，一个家，一群人。但是儿童村又有那样的不平凡，一个个缺乏爱的孩子，在这里到处洋溢爱的欢笑，如此的温馨和温暖。

你什么时候感染到这爱的气息？你笑着回答：我无时无刻不在呼吸这充满爱的空气……在你身上，我看到的是一个微笑着的幸福的眼神，我看到的是神采飞扬的笑声，我看到的是热情洋溢的气息。在SOS儿童村爱的怀抱中，你逐渐焕发出新生的气息。在汲取了爱的营养之后，你也懂得爱的回赠，在村内做力所能及的事，参加团体活动，也是家庭的小能手，俨然成为了一名真正的SOS儿童村小主人。

爱是阳光，你似彩虹，正是阳光下的照耀让你冲破灰暗的天际，焕发生命的绚丽多彩。你是SOS儿童村温暖怀抱中最普通的一员，正如同家一般的SOS儿童村只是平凡、恒久地传递着自己的光和热，缤纷孩童的五彩斑斓。

附 录

“一切为了孩子”
——SOS 儿童村简介

国际 SOS 儿童村组织

国际 SOS 儿童村组织（SOS Kinderdorf International，德文缩写 SOS KDI）是国际性民间慈善团体，也是全球最大的孤儿救助保护组织，创建于 1949 年，总部设在奥地利首都维也纳，创始人是奥地利著名医学博士、科学院名誉院士赫尔曼·格迈纳尔（Hermann Gmeiner）。

20 世纪中叶，第二次世界大战给欧洲留下大量的孤儿和寡妇。格迈纳尔先生经长期不懈探索，在友人及社会各界帮助支持下，于 1949 年，在奥地利的因姆斯特（IMST）创建了世界上第一所 SOS 儿童村。1960 年，成立了国际 SOS 儿童村组织，在联合国经济及社会理事会注册，并取得联合国经社顾问委员会咨商地位，负责对世界各国儿童村协会进行管理。

经格迈纳尔和国际 SOS 儿童村组织的努力，已在全世界五大洲的 134 个国家（含各主要大国）和地区建立了超过 550 个 SOS 儿童村及附属设施。

国际 SOS 儿童村组织的第一任主席是创始人赫尔曼·格迈纳尔。格迈纳尔 1986 年逝世后，由他的得力助手海尔姆特·库廷（Helmut Kutin）继任主席。2012 年 6 月，在奥地利茵斯布鲁克召开的第 16 届国际 SOS 儿童村世界大会上，悉达多·考尔（Siddhartha Kaul）当选新一任主席，71 岁的海尔姆特·库廷当选荣誉主席。2016 年 6 月，考尔获连任。

SOS 儿童村

SOS 儿童村是赫尔曼·格迈纳尔创立的孤儿养育机构，其基本特征：

一、为孩子们建一所独立的（一般两层以下）房屋，并为他们找到一位能够日夜相处并照料养育的单身女性成为他们的妈妈，组建起一个非血亲家庭，每个家庭约 6—10 名孩子，以兄弟姐妹相称；

二、为 14 岁以上男青年建一所青年公寓，使他们在公寓中学习和生活，并与家庭保持着联系；

三、为孩子们建一所社交（活动）中心，使家庭之间的孩子更多交往、参加活动、提高能力，并扩大与社区的交流互动；

四、为孩子们建一所幼儿园，除家庭孩子外，还尽可能地收纳附近社区的学龄前儿童；

五、上述设施所形成的半开放空间组成 SOS 儿童村，有专门的工作人员为家庭服务；

六、学龄以上孩子在附近社区就近接受义务教育，儿童村负责养育他们到能够独立生活，鼓励他们接受高等教育，并帮助他们获得职业技能；

七、KDI 负责家庭妈妈的养老，并为她们在 SOS 儿童村中建妈妈公寓。

目前全球 134 个国家的 550 多个儿童村大体都具有上述几个方面的基本特征，已经成为儿童公益领域最知名的慈善品牌，并具有很高的社会公信力。

中国 SOS 儿童村

中国 SOS 儿童村是中国政府和国际 SOS 儿童村组织合作的救助孤儿的公益机构，创建于 1984 年。30 多年来，在中国政府的亲切关怀下，在国际 SOS 儿童村组织，特别是该组织创始人赫尔曼·格迈纳尔博士、前主席海尔姆特·库廷和现任主席悉达多·考尔的热情帮助下，中国 SOS 儿童村事业获得很大发展。

目前全国共有天津、烟台、齐齐哈尔、南昌、开封、成都、莆田、乌鲁木齐、拉萨、北京10所SOS儿童村，总占地面积489亩，建筑物总面积74381平方米。此外还在烟台和齐齐哈尔建立了2所以赫尔曼·格迈纳尔博士名字命名的学校。

中国SOS儿童村由民政部门主管，作为救助社会孤儿的社会福利事业单位，对孤儿实行家庭式养育。每个儿童村有12—18个家庭，每个家庭由按严格条件招聘的妈妈和7—8名儿童组成，十多年来，中国SOS儿童村收养、抚育了大批原本失去父母，失去家庭的孤儿，使他们在儿童村的家庭中，在妈妈的精心呵护下，过上与其他儿童一样的生活，重新感受到了母爱和家庭的温暖。如今他们可以像普通儿童一样，充分享受医疗保健、义务教育、职业培训、就业、人身安全等权利。

截至2016年底，10个SOS儿童村共有138个家庭、1111个孩子，总计收留抚养了2853个孩子，有1732个孩子离村，其中有1457个孩子已经相继走上各自的工作岗位，成为对社会有用的人；共培养了639个大专以上、222个大学本科、38个研究生、16个国外留学生。

每个儿童村都建有青年公寓，14岁以上的男青年集中学习生活在青年公寓中。有辅导老师辅导他们的学习，由管理人员和阿姨管理和照顾他们的生活。

儿童村中还建有幼儿园，都已成为当地优质的学龄前教育资源。

SOS儿童村使孩子们同社会上正常家庭的孩子一样接受到良好的教育。SOS儿童村不只给孩子们一个温暖的家，而且给了孩子们一个光明的未来。

SOS儿童村给孩子们留下终生难忘的美好记忆。全体儿童村妈妈和工作人员按照文明办村、勤俭持家的要求，热爱事业，关怀孩子，为培养、教育孩子付出了辛勤劳动。一个平等、团结、友爱、互助的新型人际关系正在SOS儿童村形成。如今SOS儿童村已成为各地精神文明建设的窗口，成为中国社会福利事业中独特的慈善机构。

中国SOS儿童村协会

中国SOS儿童村协会是根据中国政府与国际SOS儿童村组织1984年

11 月签署的合作协议组建的非政府组织，1985 年 5 月经民政部批准正式成立。同年报经国际 SOS 儿童村组织批准，加入国际 SOS 儿童村组织并成为该组织的正式成员。30 年多来，中国 SOS 儿童村协会认真贯彻协会和国际 SOS 儿童村组织宗旨，逐步走上规范化发展的轨道。

中国 SOS 儿童村协会主要任务是与国际 SOS 儿童村组织合作，在具备条件的地区兴建 SOS 儿童村；按照主管部门与国际 SOS 儿童村组织协议要求，代表中国 SOS 儿童村接收来自国际 SOS 儿童村组织的捐赠资金；制定中国 SOS 儿童村工作计划、规划以及政策规定；检查和指导各地 SOS 儿童村和格迈纳尔学校工作，规范儿童村管理；监督和审查各地 SOS 儿童村财务收支情况；促进与国际 SOS 儿童村组织的友好合作关系，发展中国 SOS 儿童村事业；宣传国际 SOS 儿童村宗旨及其创始人赫尔曼·格迈纳尔先生的创业精神，以及中国 SOS 儿童村事业的发展状况，争取国内外团体、单位和友好人士对 SOS 儿童村事业的支持和资助；按照有关规定，指导各地儿童村村长和格迈纳尔学校校长的任免，并报主管部门和国际 SOS 儿童村组织备案。

协会设理事会、常务理事会和秘书处。协会理事由 10 个 SOS 儿童村、2 个格迈纳尔学校代表、部分公益组织代表和社会爱心人士组成。

中国 SOS 儿童村协会首任会长（主席）是张一知，前任会长是白益华。现任会长为李进国，副会长兼秘书长为周萍。

2013 年 10 月，民政部同意中国 SOS 儿童村协会依靠社会力量筹集资金，以弥补国际 SOS 儿童村组织逐年递减的预算支出。

2014 年 1 月七届二次理事会同意在筹集到资金的前提下，为从事 SOS 儿童村妈妈 15 年以上者增加一次选择，并为选择离村的妈妈提供必要的创业资金支持。

2015年12月，民政部授予289个社会组织为全国先进社会组织，中国SOS儿童村协会也获得了这项殊荣。

2017年4月9日，协会第八次会员大会选举了42人的新一届理事会和19人的常务理事会，选举李进国、周萍连任新一届协会领导人。

天津SOS儿童村

中国天津SOS儿童村是我国与国际SOS儿童村组织合作建立的首批儿童村之一，于1984年11月奠基，1986年10月建成并开始收养孤儿，1987年5月举行了落成典礼。

天津SOS儿童村坐落于天津市河东区，占地面积50亩（33333.3平方米），建筑面积7500平方米，建有20栋家庭住宅楼，并有办公楼、接待楼，有可以容纳68个学龄前孩子的对社区开放的幼儿园，有建筑面积为1124平方米的为社区提供服务和开展活动的赫尔曼·格迈纳尔社交中心，有可以容纳54名14岁以上男孩的青年公寓，有440平方米的SOS妈妈退休公寓。

截至2016年底，天津SOS儿童村有12个家庭，家庭妈妈12名，妈妈助理（阿姨）5名，每个家庭的6—8个孩子由一位未婚女性做妈妈，与孩子们共同生活，使这些孩子在新型的家庭中重新获得家庭温暖和母爱。有工作人员16名；已有17名老妈妈光荣退休。现生活在儿童村的孩子92人，其中生活在青年公寓的男青年10人。

天津SOS儿童村先后收留抚养了来自天津市、河北省、陕西省、山西省、西藏自治区共15个县市区的健康孤儿412名，已有300余名孩子长大成人，参加工作，回报社会，成为各行各业有用的人才。有200余名离村孩子建立了自己的家庭。考入大专以上高校的孩子占总人数的27%；有5名孩子在读或取得研究生学历，有5名孩子在国外大学就读。

天津SOS儿童村多年来为孩子们做出以下努力：一是打造温馨家庭环境，注重发挥妈妈的家庭核心作用，先后有21名妈妈、11名工作人员被国际SOS儿童村组织主席授予该组织的荣誉奖——SOS儿童村戒指奖；有2名妈妈被分别评为市级“三八红旗手”和市民政局“三八红旗手”；妈妈晋朝荣1999年被天津市民政局授予“孺子牛”光荣称号，并当选为天津市劳动模范，2001年被评选为“中国首届十大杰出母亲”。二是开设特长班，充分挖掘每个孩子潜力潜能；1997年齐奇获得国际SOS儿童村组织颁发的“赫尔曼·格迈纳尔学院奖”（音乐奖），他是中国SOS儿童村唯一获此殊荣的孩子，作为中国SOS儿童村孩子代表，他到欧洲为SOS儿童村作筹集募捐款的巡回演出，还参加了中央电视台2000年春节文艺联欢晚会的演出；2007年马山青在天津市古文化街举办了个人书画作品展；2012年京剧班的孙超、董泽嘉登上了央视舞台，两人先后获得全国戏曲小梅花大赛金奖、全国京剧“和平杯”小票友大赛银奖、天津市艺术大赛金奖等。有许多孩子在书法、绘画和音乐等领域在全国比赛中获奖。

儿童村教育是对学校、家庭教育的有力补充。围绕抚养教育孩子的中心工作，创新运用“儿童村、家庭、学校、社会”四位一体教育模式，突出德育、智育和心理健康教育，在培养孩子成人成才上下功夫。建村以来，有百余名孩子先后被评为天津市、区级和校级“三好学生”、文明学生、优秀学生、天津市“美德少年”、天津市“自强少年”等荣誉称号。

天津SOS儿童村于1991年荣获“红十字人道杯”集体二等奖；1994年被评为“天津市未成年人保护先进集体”；多年来获多项荣誉称号。

中国天津SOS儿童村地址：天津市河东区成林道永宁路1号

邮编：300161

电话：022-24564897　　传真电话：022-84585411

官网：http://www.tjsos.org.cn/　官方微博号：天津SOS儿童村

微信公众号：中国天津SOS儿童村

烟台 SOS 儿童村

中国烟台 SOS 儿童村坐落在烟台市福山区西山路 288 号，1984 年 11 月 11 日奠基，1985 年 4 月动工，于 1986 年 10 月建成并开始招收孤儿，1987 年 5 月 22 日举行落成典礼。

烟台 SOS 儿童村坐落在依山傍海，风景秀丽的魅力城市——烟台市福山区，占地 43466 平方米，建筑面积6847 平方米。建有 16 栋家庭住宅，有可以容纳百余名学龄前孩子的对社区开放的幼儿园，可以容纳 40 名 14 岁以上男孩的青年公寓，还有一处社教中心和一处 SOS 妈妈退休公寓。

截至 2016 年底，烟台 SOS 儿童村有 16 名专职妈妈，2 名妈妈助理，每个家庭有 6—9 名孩子，由一位未婚女性做妈妈，与孩子们共同生活，使这些孩子在新型的家庭中重新获得家庭温暖和母爱。行政服务管理人员有 32 名，已有 5 名老妈妈光荣退休。现生活在儿童村的孩子 112 人，其中生活在青年公寓的男青年 29 人。

自开村以来，烟台 SOS 儿童村先后收留抚养了来自山东、河北、河南、辽宁、黑龙江、新疆、西藏共 60 个县市区的健康孤儿 420 名，已有 308 名孩子长大成人，回报社会，成为各行各业有用的人才。有 123 名离村孩子建立了自己的家庭；考入大专以上高校的孩子占总人数的 40%；有 7 名孩子取得研究生学历，1 名在读博士，6 名孩子先后在国外大学读书。

烟台 SOS 儿童村连续 12 年被评为市级“文明单位”，连续 7 年被评为市“十佳文明窗口单位”；2000 年被山东省授予“文明单位”称号。12 号家庭妈妈郑忠燕先后被授予“全国先进工作者”“全国五一劳动奖章”“山东省劳动模范”“最美齐鲁民政人”“首届烟台和谐使者”、烟台市“十佳文明市民”等荣誉称号；13 号家庭妈妈张雨霄先后被授予“中国百名优秀母亲”“全国民政系统劳动模范”、山东省“孝老爱亲”模范、山东省“十大优秀母亲”、“感动烟台”十大人物、烟台市“道德模范”等荣誉称号。11 号家庭多次被评为烟台市“优秀义工家庭”；15 号家庭被评为“山东省最美家庭”。

从烟台 SOS 儿童村走出的孩子们也都在各自的工作岗位上建功立业。张建成是中国 SOS 儿童村走出的第一位军人，在1998 年抗洪抢险中，他因表现突出被《解放军报》誉为“从 SOS 村走出的猛虎排长”，当年 9 月出席全国抗洪抢险表彰大会，受到江泽民主席的接见，被空军党委授予“抗洪勇士”的光荣称号；于兰是 SOS 儿童村第一位双学士，现在烟台市中级人民法院工作；李华曾在英国剑桥大学留学，现在拉萨 SOS 儿童村任助养秘书；于新平已走上县级领导岗位；很多孩子都已成为单位的骨干力量。

烟台 SOS 儿童村知名度不断提升，现已成为烟台市的一张城市名片，人们都知道，在这里有一个充满爱心和温暖的家园。

中国烟台 SOS 儿童村地址：山东省烟台市福山区西山路 288 号

邮编：265500

电话：0535-6331881　　传真电话：0535-6334508

齐齐哈尔 SOS 儿童村

中国齐齐哈尔 SOS 儿童村位于齐齐哈尔市建华区中华西路 237 号，是中国民政部与国际 SOS 儿童村组织合作建立的第三个 SOS 儿童村，筹建于1990 年 9 月，1992 年 3 月正式投入使用。占地面积 37000 平方米，总建筑面积 10230 平方米。现有 15 栋家庭住宅、一栋服务中心、一栋青年公寓、一栋退休妈妈公寓、一所向面向社会可接收 300 个学龄前儿童幼儿园。现有 15 个家庭，每个家庭的 6 至 8 名孩子由一位未婚未育女性做妈妈，承担家长全部职责，以母子相称共同生活。村内有孩

子 150 名，其中 14 岁以上男青年 51 名。自建村以来，儿童村先后收留抚养来自黑龙江、吉林、辽宁、内蒙古等四省区健康孤儿 377 名，其中 227 名孩子已经离村走向社会，成为各行各业有用人才，71 名孩子成家立业。考入大专以上高校的孩子占总人数的 34%，3 名孩子在读或取得研究生学历，2 名孩子在国外大学就读。

齐齐哈尔 SOS 儿童村始终坚持以抚养、教育、管理为重点，以家庭为核心，秉承“爱字当先，推崇善举，心灵关怀，大爱无疆”发展理念，紧紧围绕“人人进步、家家幸福”的办村目标，不断改善条件，营造氛围，切实解决好孩子的衣、食、住、行、学等问题，构建了村内设施不断完备，管理体制更加健全，孩子健康成长的文明村落。在历任村长的带领下，全体员工的共同努力下，齐齐哈尔 SOS 儿童村先后获省文明单位标兵、省巾帼示范岗、省青少年维权岗创建单位、国家先进集体等殊荣。

南昌 SOS 儿童村

中国南昌 SOS 儿童村是我国与国际 SOS 儿童村组织合作建立的第 4 个 SOS 儿童村，于 1992 年 8 月由民政部批准兴建，1993 年 8 月两户家庭试运行并招收首批 10 名孤儿，1995 年 3 月 27 日正式开村。

南昌 SOS 儿童村坐落于江西省南昌经济技术开发区，占地面积 27684.7 平方米，建筑面积 6652.14 平方米，建有 12 栋家庭住宅楼，有可以容纳 120 名学龄前孩子的对社区开放的幼儿园，有可以容纳 48 名 14 岁以上男孩的青年公寓，有 606 平方米的 SOS 妈妈退休公寓，并建有活动室、升旗广场等附属设施。

截至 2016 年底，中国南昌 SOS 儿童村有 12 个家庭，家庭妈妈 11 名，妈妈助理（阿姨）6名，每个家庭的6—8个孩子由一位未婚女性做妈妈，与孩子们共同生活，使这些孩子在新型的家庭中重新获得家庭温暖和母爱。有工作人员10名；已有8名老妈妈光荣退休。现生活在儿童村的孩子105人，其中生活在青年公寓的14岁以上男青年35人。

自开村以来，中国南昌SOS儿童村先后收留抚养了来自江西省内的健康孤儿262名，已有157名孩子长大成人，离村参加工作，走上社会，回报社会，成为各行各业有用的人才。有百余名离村孩子建立了自己的家庭。考入大专以上高校的孩子占总人数的42%；有4名孩子在读或取得研究生学历，有3名孩子在国外大学就读。

中国南昌SOS儿童村在省市领导和社会各界爱心人士的关心下，在全体工作人员的努力下，被评为江西省第二届“最美家庭集体”、“江西省园林化单位”、南昌市第十五届、第十六届文明单位、南昌市“三八红旗集体”、“巾帼文明岗”，并被命名为全国“青少年维权岗”。在村孩子中，6号家庭的邵珊珊考取了美国福特海斯州立大学研究生并获全额奖学金，12号家庭的方柳琴以优异的成绩考取了美国杨百翰大学。在离村的孩子中，有1名孩子在美国西弗吉尼亚大学攻读数学博士，1名孩子考取江西省人大常委会公职人员，1名孩子研究生毕业目前在省儿童医院当医生；4名孩子光荣入伍；5名荣获乒乓球国家一二级运动员称号，1名成为专业教练；3名孩子荣获“国家励志青年”称号；6名成为音乐艺术类专业教师等。

中国南昌SOS儿童村地址：江西省南昌市经济技术开发区庐山南大道1080号支路

邮编：330038

电话：0791-83873451　　传真电话：0791-83873344

官方微博号：南昌SOS儿童村官博　微信公众号：中国南昌SOS儿童村

成都 SOS 儿童村

中国成都 SOS 儿童村是我国与国际 SOS 儿童村组织合作建立的第 5 个 SOS 儿童村，于 1995 年 3 月 29 日奠基，1997 年 4 月 12 日开村正式投入运转。

成都 SOS 儿童村坐落于成都市金牛区，占地面积 50 亩（33333.50 平方米），建筑面积 7899 平方米，建有 15 栋家庭住宅楼，还有办公楼、接待楼、活动中心等附属设施，有可以容纳 120 个学龄前孩子的对社区开放的幼儿园，有建筑面积为 1627 平方米为 SOS 职工提供培训及为孩子们提供特长教育的培训中心，有可以容纳 30 名 14 岁以上男孩的青年社区，有 412 平方米的 SOS 妈妈退休公寓。

截至 2016 年底，成都 SOS 儿童村有 14 个家庭，家庭妈妈 14 名，妈妈助理（阿姨）4 名，每个家庭的 6—8 个孩子由一位未婚女性做妈妈，与孩子们共同生活，使这些孩子在新型的家庭中重新获得家庭温暖和母爱。有工作人员 11 名；已有 1 名老妈妈光荣退休。现生活在儿童村的孩子 99 人，其中生活在青年公寓的 14 岁以上男青年 27 人。

自开村以来，成都 SOS 儿童村先后收留抚养了来自四川省共 32 个县市区的健康孤儿 233 名，已有 134 名孩子长大成人，回报社会，成为各行各业有用的人才。有 33 名离村孩子建立了自己的家庭。考入大专以上高校的孩子占总人数的 27%；有 2 名孩子在读或取得研究生学历，有 1 名孩子在国外大学就读。

在开村的 20 年中，成都 SOS 儿童村培养出了许多品学兼优、品行正直的孩子。村里开设的第二课堂硕果累累，相当一部分孩子获得过艺术类等级认证；SOS 儿童村足球队人才辈出，目前有 4 名孩子在恒大足球学校学习，其中扎西和包成都是其所在年龄段的精英队成员，多次作为主力队员参加国内比赛取得优异成绩；13 号家的花花从小和村里其他几个孩子一

起外出学习打网球，现在已经是国内同年龄组中的佼佼者，近两年来，她已经取得多个全国冠军头衔，2016年还拿到“通往温布尔登之路”全球总冠军。2014年，国际SOS儿童村组织首届格迈纳尔奖评选，表彰那些自身优秀并对周边人群有积极影响的SOS成人。中国三名入围提名的人选中，我村孩子陈守娟、赵紫红均在其列。成都SOS儿童村凭借自身做出的成绩越来越多地得到政府及社会的认可，先后获得了“四川省民政厅先进基层窗口单位”、“成都市文明单位标兵、“成都市‘三八’红旗集体”等多项荣誉称号。

中国成都SOS儿童村地址：成都市金牛区营门口花照壁街281号

邮编：610031

电话：028-87533961　传真电话：028-87528890

网站：www. soscd. org. cn

官方微博号：中国成都SOS儿童村　微信公众号：SOSCD-ORG-CN

开封SOS儿童村

中国开封SOS儿童村是我国与国际SOS儿童村组织合作建立的第6个SOS儿童村，于1996年5月20日奠基，1997年3月建成，1997年4月7日开村并收留抚养孤儿。

开封SOS儿童村坐落于开封市顺河回族区，占地面积56.7亩（37800平方米），建筑面积6000余平方米，建有14栋家庭住宅楼，有可以容纳240个学龄前孩子的对社区开放的幼儿园，有建筑面积为306平方米的为社区提供服务和开展活动的活动中心，有可以容纳48名14岁以上男孩的青年公寓。

截至2016年底，中国开封SOS儿童村有10个家庭，家庭妈妈10名，妈妈助理（阿姨）6名，每个家庭的6—8个孩子由一位未婚女性做妈妈，

与孩子们共同生活，使这些孩子在新型的家庭中重新获得家庭温暖和母爱。有工作人员 26 名。现生活在儿童村的孩子 88 人，其中生活在青年公寓的男青年 37 人。

自开村以来，中国开封 SOS 儿童村先后收留抚养了来自河南省共十余个县市区的健康孤儿 255 名，已有 167 名孩子长大成人，回报社会，成为各行各业有用的人才。有 33 名离村孩子建立了自己的家庭。考入大专以上高校的孩子占总人数的 23.5%；有 1 名孩子在读研究生。

建村以来，中国开封 SOS 儿童村的孩子先后有 31 人次获国家级奖励，117 人次获省、市级奖励，600 余人次被市、区和学校评为“优秀少先队员”、“三好学生”，孩子韩雪文获得了第五届“河南省美德少年”荣誉称号等，5 名孩子光荣入伍，孩子韩好念中山大学毕业后参加援藏支教。14 号、10 号家庭先后获得“全国五好文明家庭”，多个家庭被评为省级、市级“五好文明家庭”、“平安家庭”，4 号、11 号家庭妈妈先后获得“开封市十佳母亲”，10 号家庭侯振华妈妈获得第五届“感动河南十佳母亲”荣誉称号等，儿童村连续多年获得“省级文明单位”、“省级卫生先进单位”、顺河区“少先队优秀校外辅导集体”等称号。

中国开封 SOS 儿童村地址：开封市顺河回族区河大东路

邮编：475002

电话：0371-22850657　传真电话：0371-22850657

网站：www. soscvkaifeng. org. cn

官方微博号：http：//weibo. com/kaifengsos　微信公众号：soskaifeng

莆田 SOS 儿童村

中国莆田 SOS 儿童村是我国与国际 SOS 儿童村组织合作建立的第 7 个 SOS 儿童村，于 1997 年奠基，1999 年建成，2000 年 3 月 18 日开村典礼并收留抚养孤儿。

莆田 SOS 儿童村坐落于福建省莆田市荔城区，占地面积 50 亩（33466. 64 平方米），建筑面积 9400 平方米，建有可以容纳 120 名孩子的 15 幢家庭住宅楼，有可以容纳 45 名 14 岁以上男孩的青年公寓，有 12 个班级的幼儿园，有建筑面积为 1093 平方米的活动中心（设有志愿服务基地、博爱医务室、博爱辅导站、博爱教室、博爱超市、绿色网室、声乐室、社工站和心理辅导室），有 1076 平方米的 SOS 妈妈退休周转房。

截至 2016 年底，莆田 SOS 儿童村有 10 个家庭，家庭妈妈 9 名，妈妈助理（阿姨）4 名，每个家庭的 6—8 个孩子由一位单身女性担任妈妈，与孩子们共同生活，使这些孩子在新型的家庭中重新获得家庭温暖和母爱。

自开村以来，中国莆田 SOS 儿童村先后收留抚养了来自福建省、浙江省共 22 个县市区的健康孤儿 268 名，已有 179 名孩子长大成人，离村参加工作，走上社会，回报社会，成为各行各业有用的人才。考入大专以上高校的孩子占总人数的 49. 5%；有 2 名孩子在读或取得研究生学历。

建村以来，莆田 SOS 儿童村着眼于建设和谐村落、创建文明家庭、培养孩子成才，先后被评为莆田市“文明单位”、“三八红旗集体”；被评为福建省“文明单位”、“花园式单位”、“园林单位”、“创建文明行业工作先进单位”、“青少年维权岗”；被评为“全国精神文明建设工作先进单位”、“中国 SOS 儿童村先进集体”。同时，妈妈团队工作敬业努力，国际 SOS 儿童村组织授予服务年满 10 周年的妈妈荣誉戒指和证书，福建省总工会授予妈妈团队“工人先锋号”。未成年人教育保护等维稳方面成绩显著，实现在村未成年人零犯罪率，多次得到上级表扬，连续多年被评为莆田市一类“平安单位”。

单位地址：福建省莆田市荔城区镇海中街 1486 号（邮编：351100）

值班电话：0594-2961133　传真电话：0594-2796788

幼儿园招生热线：0594-2806166

捐赠账户开户名：中国莆田 SOS 儿童村

捐赠账户开户银行和账号：中国银行莆田分行　419558363088

官方新浪微博号：中国莆田 SOS 儿童村

微信公众号：SOSPT666 或中国莆田 SOS 儿童村

乌鲁木齐 SOS 儿童村

中国乌鲁木齐 SOS 儿童村是我国与国际 SOS 儿童村组织合作建立的第 8 个 SOS 儿童村，于 1999 年 9 月 1 日奠基，2000 年 12 月 1 日建成，2001 年 5 月 29 日开村并收留抚养孤儿。

乌鲁木齐 SOS 儿童村坐落于沙依巴克区，占地面积 50 亩（33333.3 平方米），建筑面积 11918.5 平方米，建有 14 栋家庭住宅楼，有可以容纳 392 个学龄前孩子的对社区开放的幼儿园，有建筑面积为 6226.4 平方米的为社区提供服务和开展活动的赫尔曼·格迈纳尔社交中心，有可以容纳 28 名 14 岁以上男孩的青年公寓，有 485.66 平方米的 SOS 妈妈退休公寓。

截至2016年底，乌鲁木齐SOS儿童村有14个家庭，家庭妈妈14名，妈妈助理（阿姨）9名，每个家庭的6—8个孩子由一位未婚女性做妈妈，与孩子们共同生活，使这些孩子在新型的家庭中重新获得家庭温暖和母爱。有工作人员11名；已有1名老妈妈因病退职。现生活在儿童村的孩子109人，其中生活在青年公寓的14岁以上男青年25人。

自开村以来，中国乌鲁木齐SOS儿童村先后收留抚养了来自新疆维吾尔自治区、青海省、甘肃省、陕西省共42个县市区的健康孤儿206名，已有97名孩子长大成人，离村参加工作，走上社会，回报社会，成为各行各业有用的人才。有20名离村孩子建立了自己的家庭。考入大专以上高校的孩子占总人数的29.3%。

多年来，乌鲁木齐SOS儿童村始终秉着“一切为了孩子，为了孩子的一切”的工作宗旨，从构建和谐村落文化、和谐家庭文化、和谐队伍文化及和谐特色文化入手，开展了形式多样的活动；通过完善制度、严格考核、打造“服务型”工作人员队伍、智慧型妈妈队伍、高水平幼儿园教职工队伍、狠抓民族团结等形式树立了“和谐儿童村”品牌，为孩子们构筑了和谐的村落、温暖的家庭，让他们在这里重新享有了母爱和家庭的温暖。经过大家的不懈努力，乌鲁木齐SOS儿童村2009年至今连续8年被乌鲁木齐市委评选为“群众满意的好班子”，并先后被评为“全国巾帼文明岗”、“全国民政系统行风建设示范单位”、“自治区卫生红旗单位”、“自治区级行风建设示范窗口单位”等多项荣誉称号。原11号家庭妈妈阿扎提古丽·热杰甫2013年曾被民政部评选为第八届“中华慈善奖”——“最具爱心慈善楷模”奖。

单位地址：新疆乌鲁木齐市克拉玛依西街2365号（邮编：830091）

值班电话：0991-8781021　传真电话：0991-8785900

幼儿园招生热线：0991-8781796

捐赠账户开户名：中国乌鲁木齐SOS儿童村

捐赠账户开户银行：乌鲁木齐银行北园春支行

捐赠账户开户账号：000000722112210001386２

网站网址：http：//sosurumqi. org/index. html

官方新浪微博号：@中国乌鲁木齐SOS儿童村的微博

拉萨SOS儿童村

中国拉萨SOS儿童村是民政部与国际SOS儿童村组织合作建立的我国第9所儿童村，位于拉贡公路堆龙德庆县乃琼镇岗德林村，占地面积26668平方米，其中建筑面积5130平方米，绿化面积11500多平方米，是一项国际性的具有人道主义精神的社会救援工程，属一所副县级建制的儿童福利事业单位，其宗旨是收养社会上丧失父母又无亲友抚养的孤儿，并使他们重新获得母爱，得到家庭的温暖。每个家庭由一名单身妈妈和10名到13名不同年龄、性别的孩子组成。

拉萨SOS儿童村1999年开始筹建、动工，2001年6月2日正式开村，建有幼儿园、青年公寓、妈妈公寓、接待楼、家庭住宅、办公室、职工住宅、室外活动场所等设施。拉萨SOS儿童村共有村家庭17户，可收养来自全区各地的孤儿136名（实际床位数），目前抚养着来自全区各地的孤儿181名；离村孩子131人，自建村以来共接收312个孩子；全村共有干部职工55名。目前，在读大学生34名，分别在北京经济贸易大学、中国政法大学、上海金融学院、东南大学、南京农业大学等大学就读。

拉萨SOS儿童村自建村以来，得到了党委政府和民政部门无微不至的

关怀、支持和帮助；得到了各级党政机关、企事业单位、个人的广泛支持和帮助，生活在儿童村的孩子们感受到了社会大家庭的温暖，这些关怀让孩子们更加懂得了感恩，更加珍惜所拥有的一切。儿童村的孩子们在成长的道路上，带着一颗感恩的心做村内的好孩子，学校中的好学生，社会上的好公民。

地址：西藏自治区拉萨市堆龙德庆县乃琼镇岗德林村拉贡公路5号

邮编：851400

电话：0891-6152885　传真：0891-6152885

微信公众号：中国拉萨 SOS 儿童村

北京 SOS 儿童村

中国北京 SOS 儿童村是中国政府与国际 SOS 儿童村组织合作建立的第10所 SOS 儿童村，于 2007 年 4 月 9 日奠基，2008 年 10 月 16 日建成，2009 年 7 月 2 日正式开村并收留抚养孤儿。

北京 SOS 儿童村坐落于北京市大兴区，占地面积 64 亩（4.5 万平方米），建筑面积 7415 平方米，建有 15 栋家庭住宅楼，并配有办公楼、综合楼、培训中心和最多可以容纳 90 名学龄前儿童就学的幼儿园。

北京 SOS 儿童村以家庭模式抚养教育孤残儿童。现有 15 个家庭，3 种类型的家庭模式并存，即单身妈妈模式家庭、夫妻模式家庭和姐妹模式家庭。每个家庭抚育 6—8 名孩子，家庭照料人员与孩子们共同生活，使这些孩子在新型的家庭中重新获得家庭温暖和母爱。

自开村以来，北京 SOS 儿童村先后抚养了各类孤残儿童百余名，已有

2 名孩子长大成人，1 名儿童考入北京联合大学，1 名儿童离村参加工作，走上社会，回报社会。

北京 SOS 儿童村开村以来先后获得北京市首都绿化美化花园式单位、北京市“三八”红旗集体、北京市妇女儿童工作先进集体；北京市政法系统先进基层党支部；北京市民政局“五四”红旗团支部、计划生育先进单位、绩效工作先进集体、综合治理先进单位、无偿献血先进单位、五好党支部等荣誉。1 名妈妈获得北京市“三八”红旗手称号。多名儿童获得校级、区级三好学生等荣誉。

北京 SOS 儿童村地址：北京市大兴区永华路 6 号

邮编：102600

电话：6126774　　传真电话：61217414

后记

这是中国 SOS 儿童村三十年发展历程的当下展示，或许并未全面，但一个个截面汇集起来更可以“窥豹”——那是一只多么神奇、多么绚丽的精灵啊！

三十年第一次搞征文，本人作为行业领头人，是很尽力的，几乎所有的组织者和参与者也都使出了最大的力量。我们没有能力让大家的文章都达到发表的水准——但越来越卷帙浩繁的文字表达和汗牛充栋的专业表达者不是渐渐让大家逐渐产生了一些阅读厌倦了吗？这部作品汇集完全不企图以表达方式和表达能力取胜，我们仅仅想让大家了解并进而理解一种别样的，嗯，别样的生活，关注我们的孩子，和他们的妈妈。

上月我们刚刚在天津纪念了中国第一批 SOS 儿童村成立三十周年，选取了两帧图片，也算为本书努力增加一点“形象化”。

感谢著名作家、我的老朋友兼新偶像陈村先生和张欣女士欣然作我们征文活动的评委——他们两位在我们业内有无数忠诚的读者。感谢北京暖光咨询中心、积宝网、中国社会福利基金会、中社社会工作发展基金会等机构对征文的爱心资助，感谢北大宋磊教授和两位匿名人的倾心相助。最后，感谢中国社会出版社的友情合作。我个人推测，除了给我们爱心资助外，他们所付出的专业努力相当于一种全新形式的志愿服务，并内心深处深深祝愿他们的努力也能获得相应的回报。

中国 SOS 儿童村协会会长　李进国

2017 年 5 月 31 日

2017 年 4 月 9 日中国第一批天津、烟台 SOS 儿童村落成三十周年纪念活动合影

乌鲁木齐 SOS 儿童村妈妈和她的孩子。孩子获评“第十二届中国大学生年度人物候选人”